よくわかる手相の見方

基礎から学ぶ実践手相学

甲斐四柱推命学院
学院長
山田凰聖

知道出版

はじめに

世は、「手相ブーム」だそうである。テレビの「銀座の母」や「手相芸人」などの影響も大きいのですが、ネットの占い部門の人気アクセスや、占いスクールなども、手相が上位を占めており、その人気の高さがうかがえます。

最近は、鑑定所やイベントでも、「手相をみてくれますか？」と言われて、いきなり手を出されることが少なくありません。この本は、そうした「手相ブーム」に便乗した感がなくもないのですが、他書にはない特徴がありますので左記に列挙します。

一、右手がモデル

ほとんどの手相の本は、左手をモデルに書かれてありますが、この本は、**右手がモデル**になっています。左手は過去を、右手は未来を主に占うもので、未来志向型になっています。

ただし実例の場合は、極力ありのままを掲載してありますので、左右にこだわらずに載せています。

二、生徒さんの手相が実例

有名人やタレントさんの手相を実例に使っている本が多い中で、あえて生徒さんの手相を実例に挙げています。実際に手相をみる相手は、何万人分の一のような特殊な人たちではなく、ごく普通の人たちなのです。

三、手相鑑定秘話

著者がアマチュア時代を含めて、今まで三十年以上のキャリアと、何万人もの鑑定実績を踏まえての、鑑定をした時のエピソードや、実践でしか知り得ないような秘話を紹介しました。

この本はもともと、カルチャーセンターなどで開講中の「基礎から学ぶ実践手相学」のテキストとして書かれたものです。授業中にお話した鑑定秘話や、実際に生徒さんの手をみてプチ鑑定をした内容などを、できる限り忠実に再現してあります。

甲斐四柱推命学院 学院長　山田凰聖

手相の見方　◯目次

第一章

手相の基礎

一、イメージで覚える

人間の記憶は、「音や言葉」として記憶されるものと、「イメージ」つまり映像として記憶されるものとの二つに分かれます。

そして、「音や言葉としての記憶量」に比べて、「イメージとしての記憶量」は約一〇〇〇倍になると言われています。文字による理解力と比べて、映像による理解力は圧倒的に優位に立つのです。つまり、小説を読むよりも、絵やイラスト、写真、映画、ＴＶなど映像でみる方が圧倒的に記憶に残って、いつまでも鮮明に覚えているということです。

手相は、「先ず、手をみること」です。そして、文字による理解力はそれからです。この本も、先ず、手のイラストや写真からみて、それから、文章を読むようにして下さい。頭の中で理解するのではなく、「イメージで覚える」ことが手相を習得する早道なのです。

二、左右どちらの手でみるか？

右手と左手の線が、まったく同じということはありません。人によっては、左右で大いに異なり、どちらの手でみるかによって、まったく異なった鑑定になってしまうケースもあります。故に、これは非常に重要な問題です。ところがこの問題に対して、専門家によって判断はまちまちです。現在、一般的に考えられているのは次の三つの説です。
（一）男女とも利き腕の方でみる。
（二）男女とも左手で過去をみて、右手で未来をみる。
（三）男性は、左手で過去を、右手で未来をみる。女性はその反対でみる。
ところが、実際に鑑定をするようになると、どのパターンも当てはまらないケースが出てくるのです。運勢がどんどんいい方向に変わっているのに、未来をあらわす手が全然変化せず、過去をあらわす手の方がどんどんよい線に変化していく。こういったケースが意外と多いのに驚かされます。

私の研究と経験では、両手の見方については、次のように考えています。両手でみる。そして、変化していく方の手で未来をみる。変化の少ない方の手で過去をみる。変化していく方の手を「積極的な手」、変化の少ない方の手を「消極的な手」と言い換えればよくわかるでしょう。

三、手相は変化する！

手相が悪かったからといって、決して悲観しないでください。なぜなら、「手相は変化する」のですから…。反対に、財運があるからといって何もせずに日々を暮らしていては、せっかくの財運も逃げてしまいます。

後述する流年法によって、仮に、四十歳の頃に健康を害するような暗示があったとしても、それは今の生活を続けていけばそうなる可能性が高いということであって、健康に留意し、節制に心がけることによって避けることができるということです。

心の中で考えていることが、自然に顔や表情に出てくるように、手にもあらわれてくるのです。顔と同じように、手も「心の鏡」なのです。ですから、手相を良くしようと思えば、自分の意識を前向きに変える必要があります。

「意識が変われば、手相が変わる。手相が変われば、人生が変わる」のです。

四、手の形をみる（手の甲）

手相というのは、手のひらをみるものだと思うかもしれませんが、そうではありません。いきなり、「手相をみせて下さい」とはなかなか言えないような場合でも、手の甲からある程度判断がつきます。手の形には、基本的に次の七つのタイプがあります。

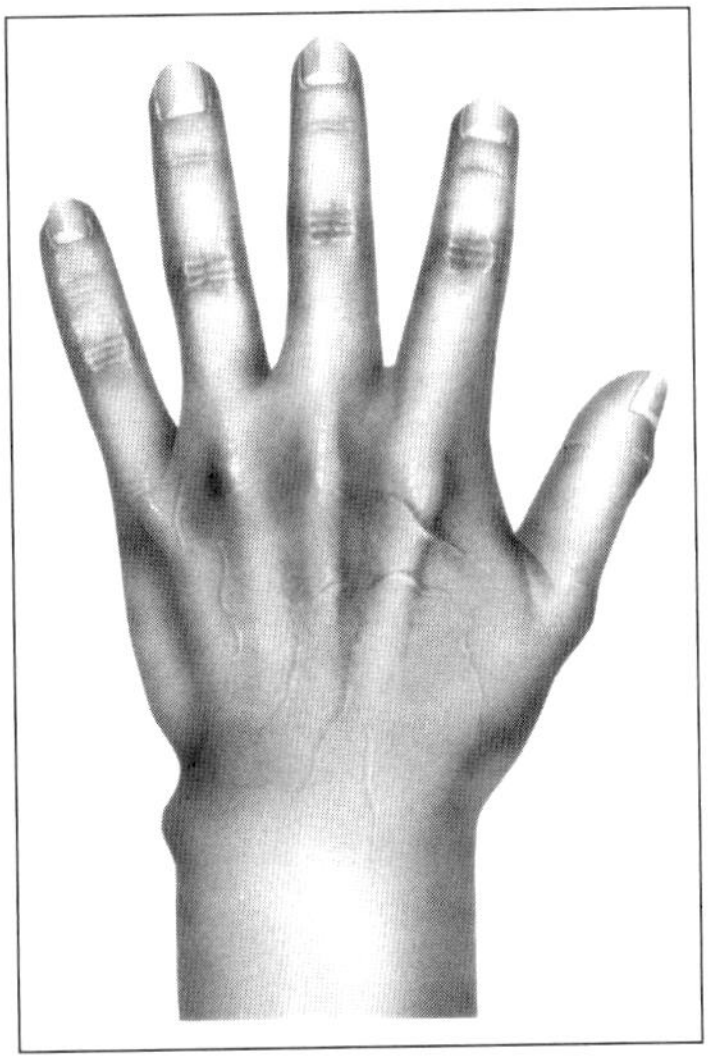

1、原始的な手（素朴型タイプ）

指は全体的に太くて短く、手のひらは大きく、みるからに粗雑な手になっています。オランウータンのような「動物的な手」と言った方がわかりやすいでしょう。

このタイプの手の持ち主は、単純、素朴、本能の命ずるままに行動するタイプです。

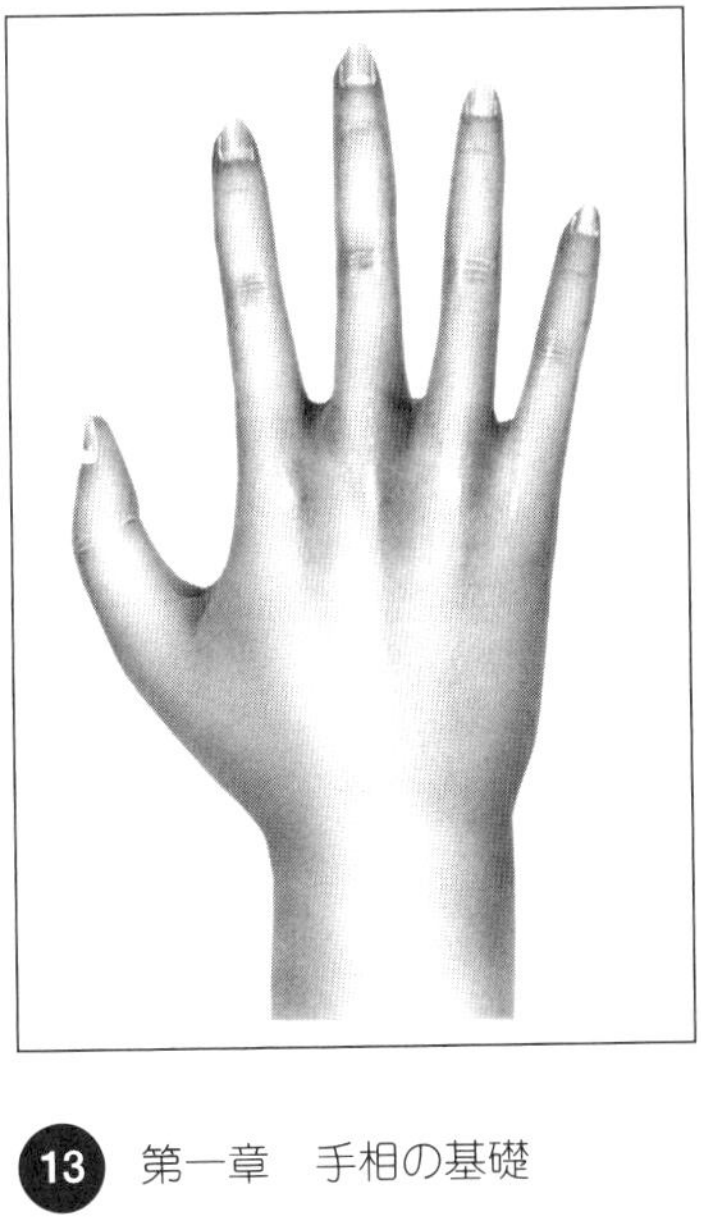

2、空想的な手（尖頭型タイプ）

手全体がほっそりして、指はすんなりと先のほうに向かって、とんがるように細くなっています。別名、「白魚のような手」と言えばイメージが浮かんでくると思います。このタイプの手の持ち主は、想像力が旺盛で、空想の世界を夢見るタイプです。

3、学者的な手（結節型タイプ）

指と指をくっつけてみた場合、関節が骨ばっているために、指と指の間にすき間ができてしまいます。このタイプの手の持ち主は、知識欲が旺盛で、思慮深く、コツコツと一つのことに打ち込むタイプです。

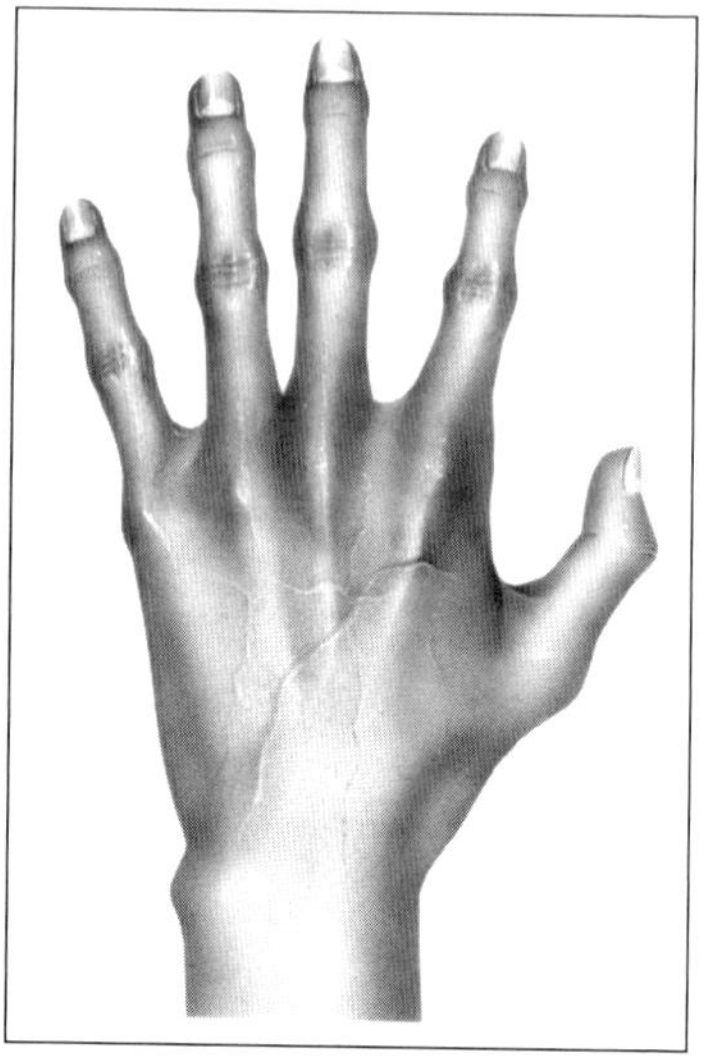

4、活動的な手（へら型タイプ）

指先が、へらのように横に広がっています。結節型と比べると、指全体が太くてがっしりしています。このタイプの手の持ち主は、器用な人が多く、じっとしていることが大嫌いなタイプです。

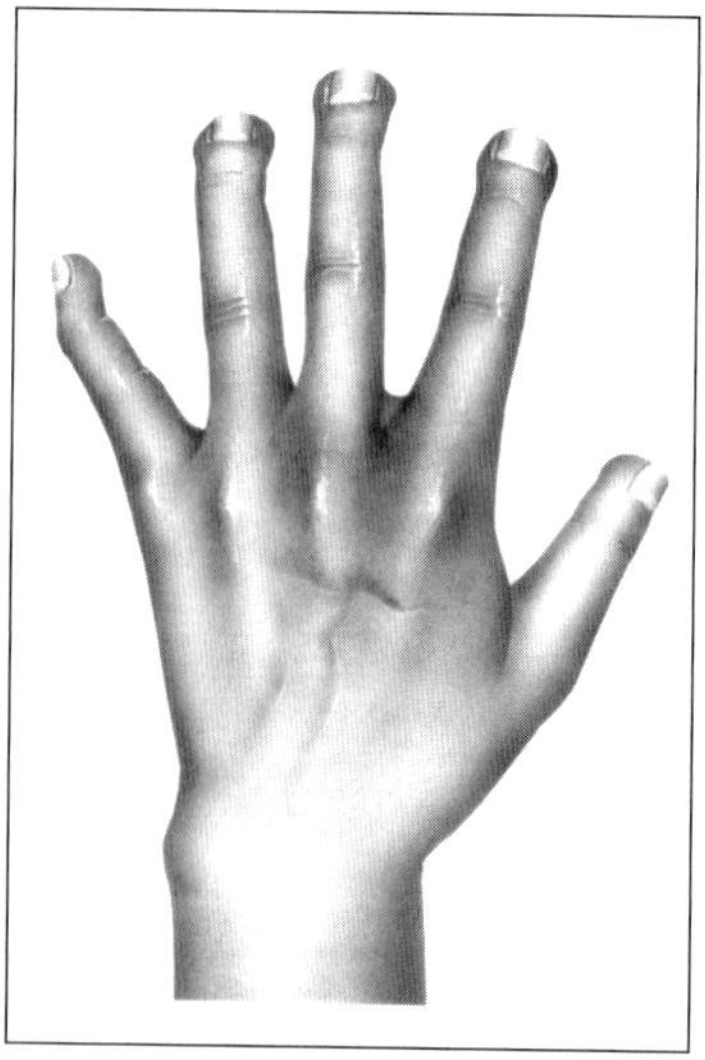

5、芸術的な手（円錐型タイプ）

指先ほど細くなっていて、手も指も丸くなっています。いわゆる、「ピアノを弾くような手」なのです。このタイプの手の持ち主は、色彩や音楽に対する感覚が鋭く、現実的な夢を追うタイプです。

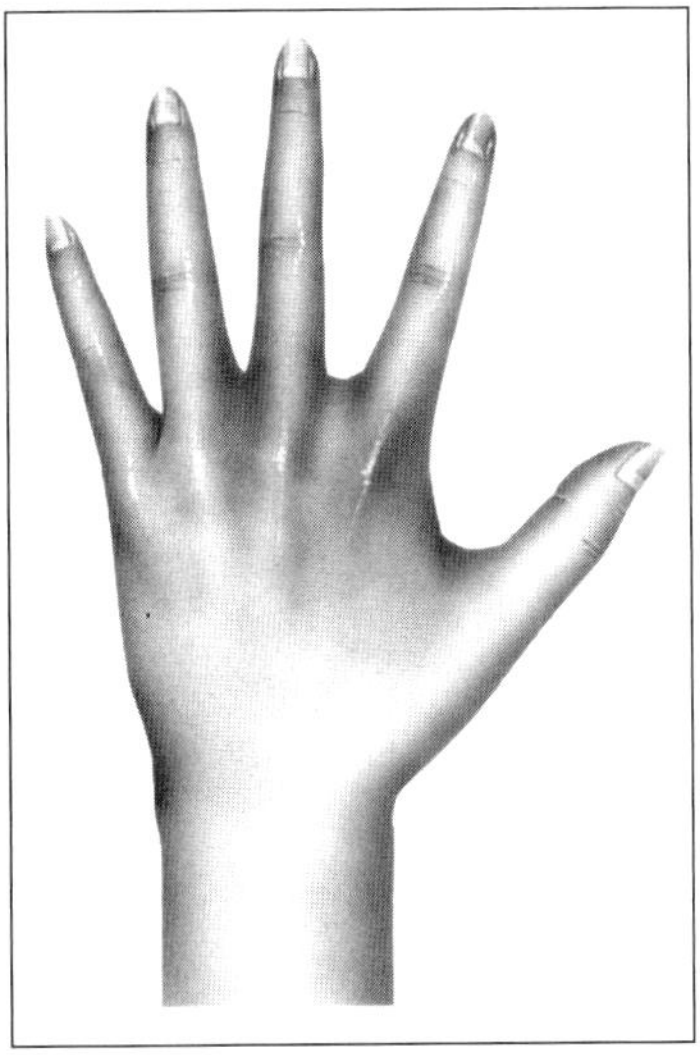

6、実際的な手（四角型タイプ）

手全体が角ばった感じで、指元から指先まで同じ幅になっています。このタイプの手の持ち主は、何事もきちんとこなし、偏ることなく常識的な考え方をする、現実主義者タイプです。

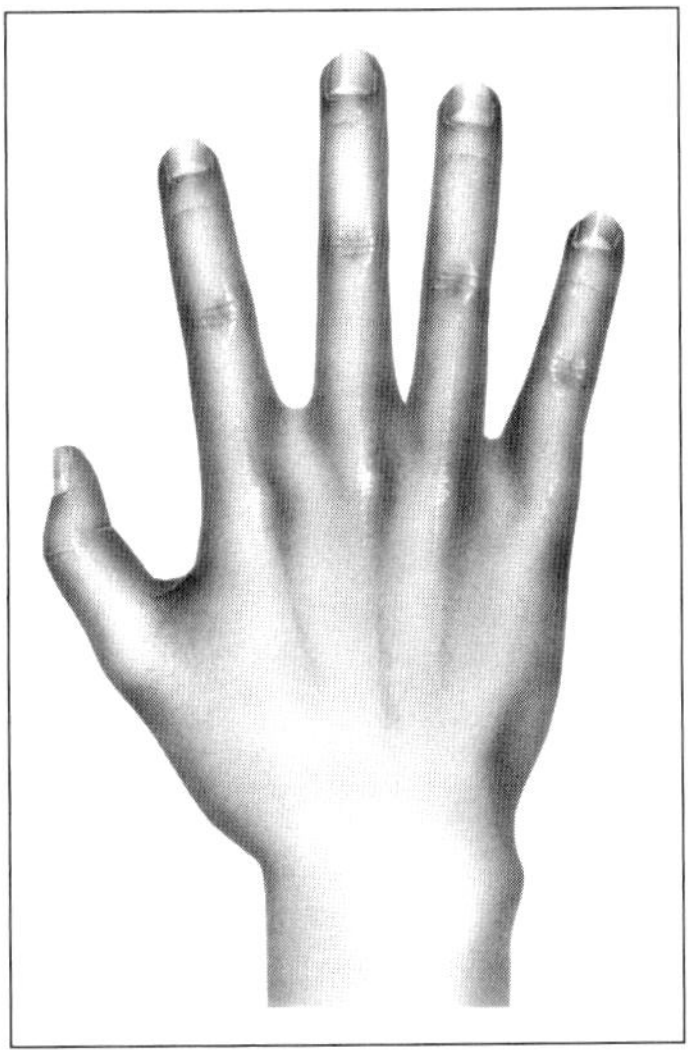

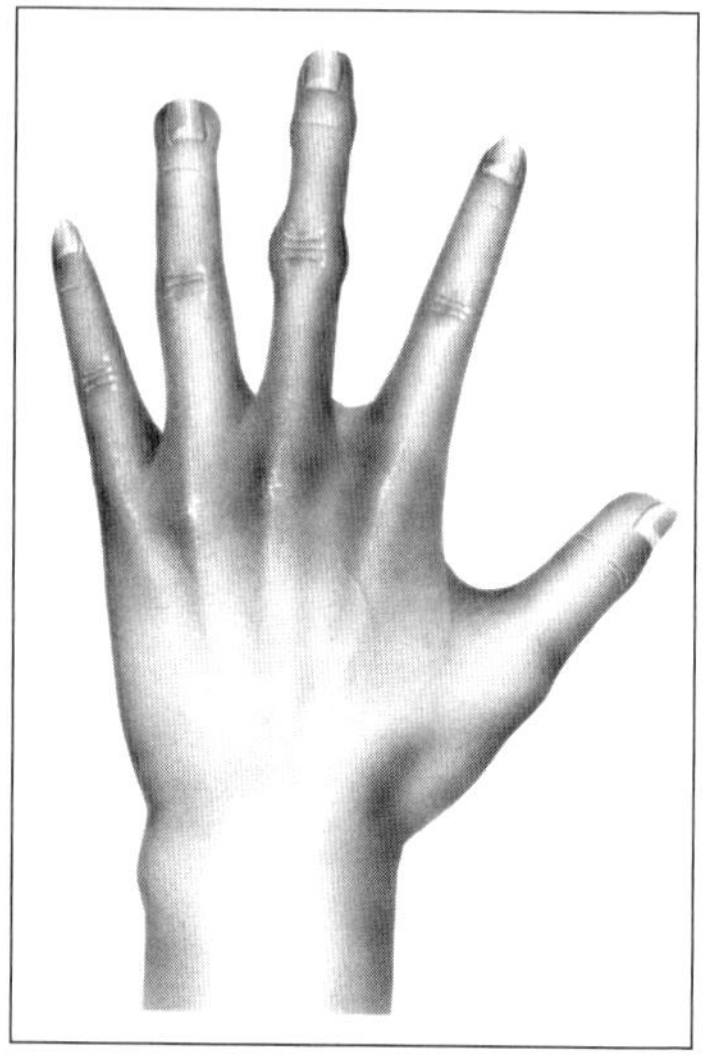

7、気まぐれな手（混合型タイプ）

前記の六つの手形が入り混じっている手で、いろいろな考えを合わせ持っています。このタイプの手の持ち主は、何でも一通りこなせるマルチ人間タイプです。悪く言えば、器用貧乏かも知れません。

五、手の出し方をみる

「手相をみてあげよう」。そう言ったら、どういう手の出し方をするでしょうか？もちろん、手の出し方まで手相判断に含まれるなどということを、相手に思わせてはいけません。あくまでさりげなく、出した手をみて判断するのです。

1、五本の指を全部広げて出す人

こせこせしたことが嫌いで、心も広くあけっぴろげの人です。積極的に行動するので、金運も活発ですが、ルーズな面もあり、収入も多いが、支出も多く、なかなかお金が貯まらないタイプでしょう。

2、五本の指を揃えて出す人

几帳面で、神経が細かく、キチンとした人です。大変注意深く、石橋を叩いて渡るので、大損をすることがないかわり、大金を得ることもなく、コツコツと貯めていくタイプでしょう。

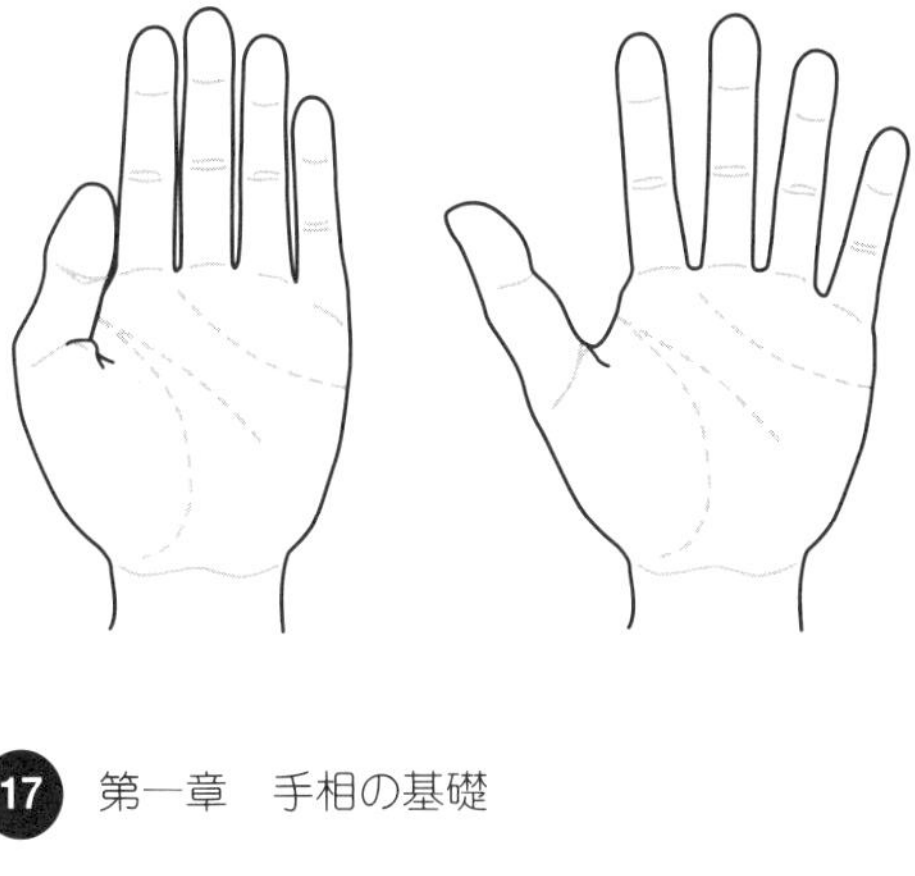

3、親指だけ離して、他の指は揃えて出す人

経済観念のすぐれた人です。今流で言う、財テクの才能にたけ、着実に財を築いていくタイプでしょう。

4、手をすぼめて出す人

金や物に対する執着心が強い人です。一度握ったものは手放さないといった、ケチな人で、金運大いにありといったタイプでしょう。

5、小指だけ離して出す人

自立心旺盛で、他人の干渉を嫌うので、共同事業や組織には不向きな人です。束縛されるのが嫌で、何でも自分一人でやりたい自由人タイプでしょう。

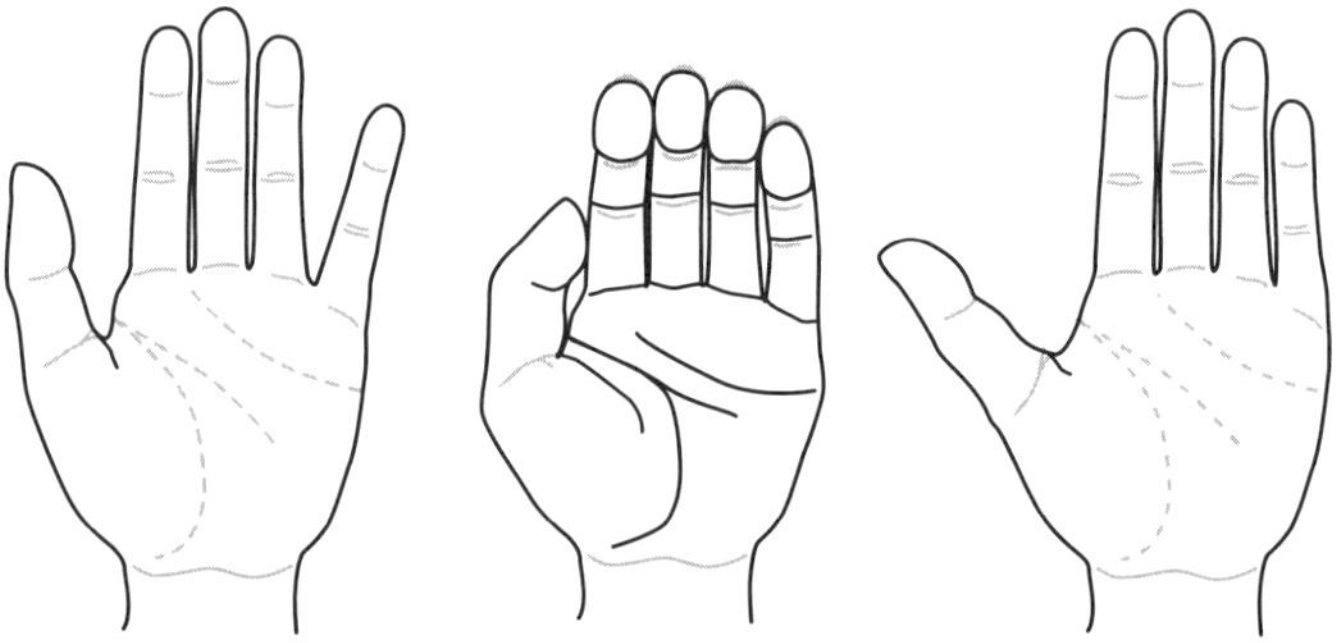

六、指をみる

指の長さで、その人の宿命や性格、適性などを、ある程度知ることができます。指の長さの標準ですが、おおよそ次のような基準でとらえて下さい。

親指
人差指の第三関節の1／2
人差指
中指の第一関節の1／2
中指
人差指の第一関節より1／2高い
薬指の第一関節より3／4高い
薬指
中指の第一関節の3／4
小指
薬指の第一関節までの長さ

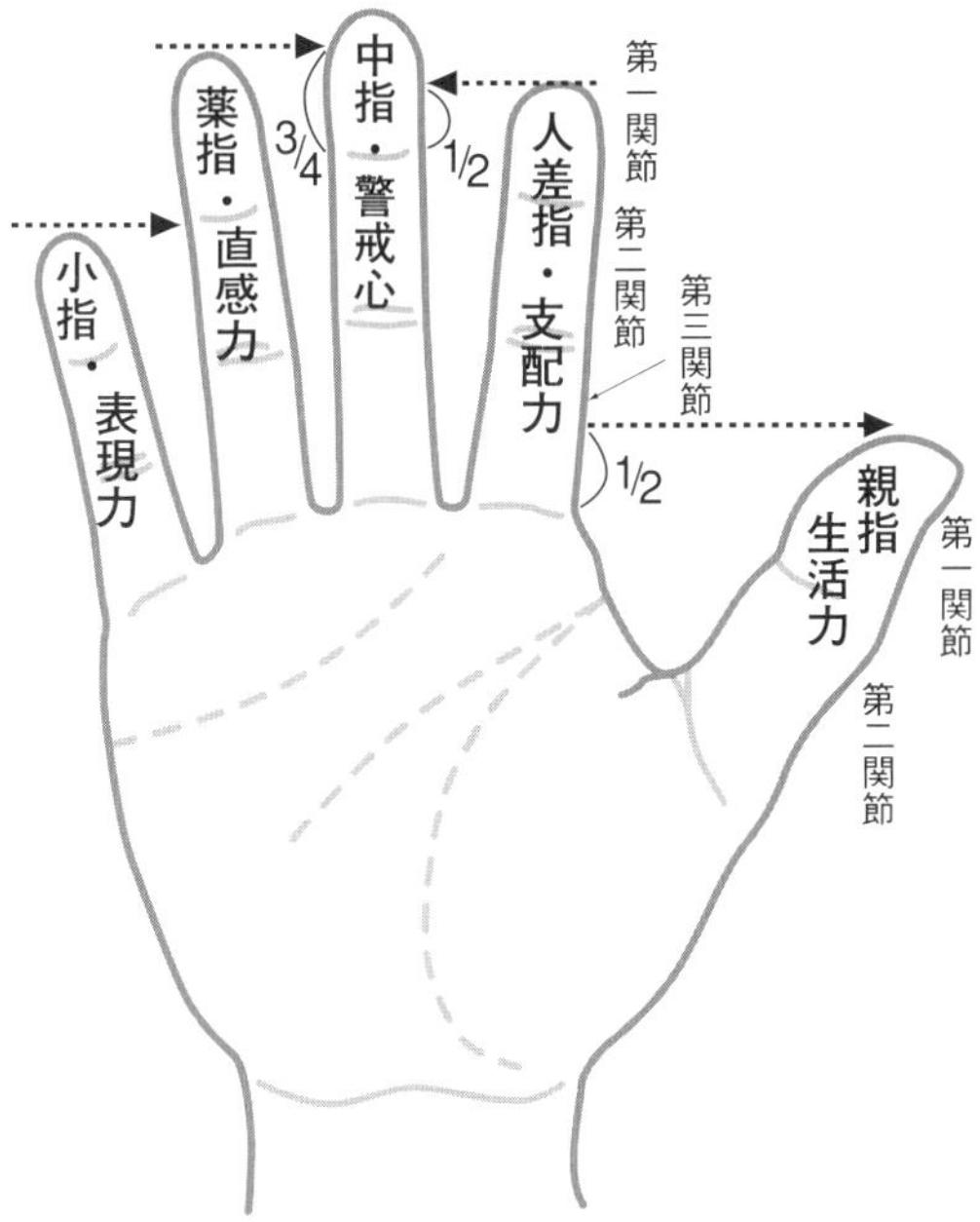

1、親指（先祖、生活力をみる）

親指は、親や目上の人との関係を示しています。親指が長い人は、自己中心的で頑固な性格です。実行力があるので社会的に成功する人です。逆に短い人は、優柔不断で引っ込み思案な性格。あまり自己主張をしないので、縁の下の力持ちになる人と言えるでしょう。

2、人差指（指導力、支配力をみる）

人差指は、人を指図する指なのです。野心家でプライドが高いのです。リーダーシップがあり人を指図したい人です。逆に短い人は、控え目で消極的な性格です。人に指図されて動く人と言えるでしょう。

3、中指（思慮分別、警戒心をみる）

中指が長い人は、思慮分別があり用心深く慎重な人です。逆に短い人は、考えが浅く軽率でおっちょこちょいな人と言えるでしょう。

4、薬指（芸能、美的センスをみる）

薬指の長い人は、直感力に優れ芸術的才能がある人です。また、投機的才能があったりもします。逆に短い人は、直感力や美的感覚に乏しく、方向感覚やカンが鈍いので、投資や投機的なことには手を出さない方が無難でしょう。

5、小指（表現力、商才をみる）

小指は、子供の指なので子供、子供縁や目下との関係を示しています。小指の長い人は、言語能力やコミュニケーション能力が発達しており、社交的で話上手な人です。逆に、短い人は、表現能力に乏しく話下手で、他人に利用されやすい人と言えるでしょう。

七、手の大小をみる

手の大小というのはもちろん、身体に比較して手が大きいか小さいかという事です。同じくらいの身長、体重を持っている人の違いを比較してみると、手の大きさに違いがあることがわかります。

1、大きい手

身体に比較して大きい手は、神経がデリケートで、細かいことによく気がつき、手先が器用です。何事にも注意深く、小心で慎重な面があり、内向的で地味で堅実な性格と言えるでしょう。学者や作家、事務職の方には大きな手の人の方が適しているようです。

2、小さい手

身体に比較して小さい手は、大きなことばかり考え、物事にこだわらない、おおざっぱな性格です。積極的、活動的で、時に思い切った考えや行動をしたりする度胸があります。営業職やスポーツの世界においては、手の小さな人の方が成功すると言われています。

八、手の弾力性をみる

親指で手のひらを押してみるか、手を握ってみた感じで判断します。

1、弾力性のない堅い手

肉体労働者タイプで、粗野な面があります。実直ですが、頑固で融通がきかないところがあり、精神面でやや遅れているところがあります。

2、弾力性のない柔かい手

陽気な性格で、人づき合いもよいでしょう。ロマンチストでわがままなところがあり、怠け心があるため、行動力に欠けるところがあります。

3、弾力性に富んだ手

精神的にも肉体的にも優れています。明朗活発な性格で、柔軟性があり、機転も利くので、誰からも好かれるタイプで発展性があります。手のひらをさわってみると、堅くてもよくない、柔らかくてもよくない。要は、弾力性のあることが最良だというわけです。

九、爪をみる

爪は、指の第一関節の二分の一位で、縦四に対して横三の割合位が標準です。縦五に横三位だと長い爪、縦横同じ位の割合だと短い爪、縦三に横四位だと非常に短い爪です。

爪の下部に白い半月が出ます。この半月のことを**三日月**とか**小爪**と呼んでいます。

この三日月（小爪）は、爪の長さの五分の一位が標準です。三日月（小爪）は、親指に最も出やすく、他の指にはまったく現れていない人も多いのです。どの指も、爪の長さの五分の一位出ているのが理想で、健康です。親指以外にはまったく現れていなくても心配はありませんが、親指にも出ていないと、体調が悪化している恐れがあります。

また、親指の三日月（小爪）が、爪の長さの三分の一以上出ていたりすると、高血圧の傾向がありますので注意してください。

1、長い爪

縦5に対して横3位の割合。長い程、温和で感受性が強くなります。気分屋で優柔不断なところがあります。

2、短い爪

縦3に対して横3位の割合で、縦横同じ位の割合。短い程、短気で頑固になります。行動力のある実務家です。

3、非常に短い爪

縦3に対して横4位の割合。非常に短いと怒りっぽくなります。一途なところがあり、一芸に秀でる人です。

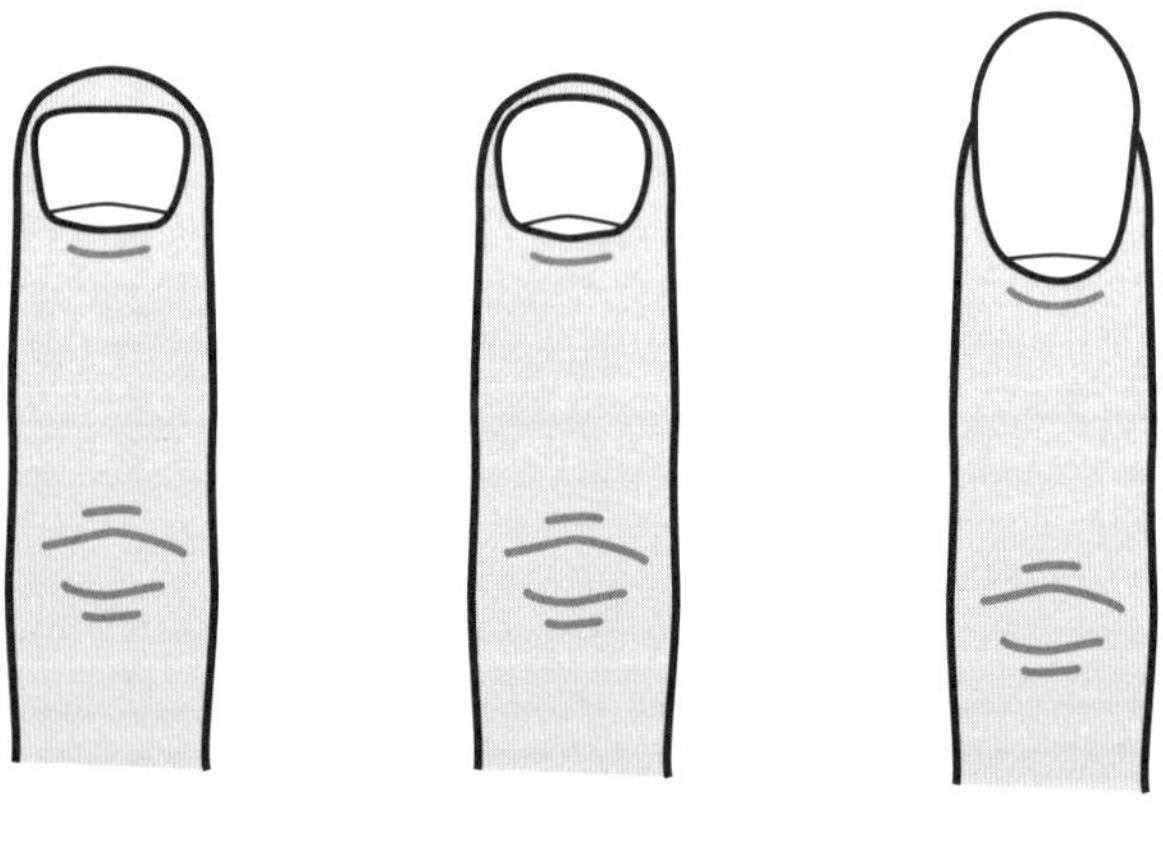

4、四角形（正方形）の爪

短い爪で四角形（正方形）。常識人で几帳面です。頑固で理屈っぽいところがあります。

5、丸型（卵型）の爪

全体的に丸く卵型。華美を好み人気者です。優雅ですが根気のないところがあります。

6、貝爪（逆三角形）

爪が小さく逆三角形で貝の形。神経過敏で消極的です。虚弱体質であったり、脊髄に障害があったりするので注意して下さい。

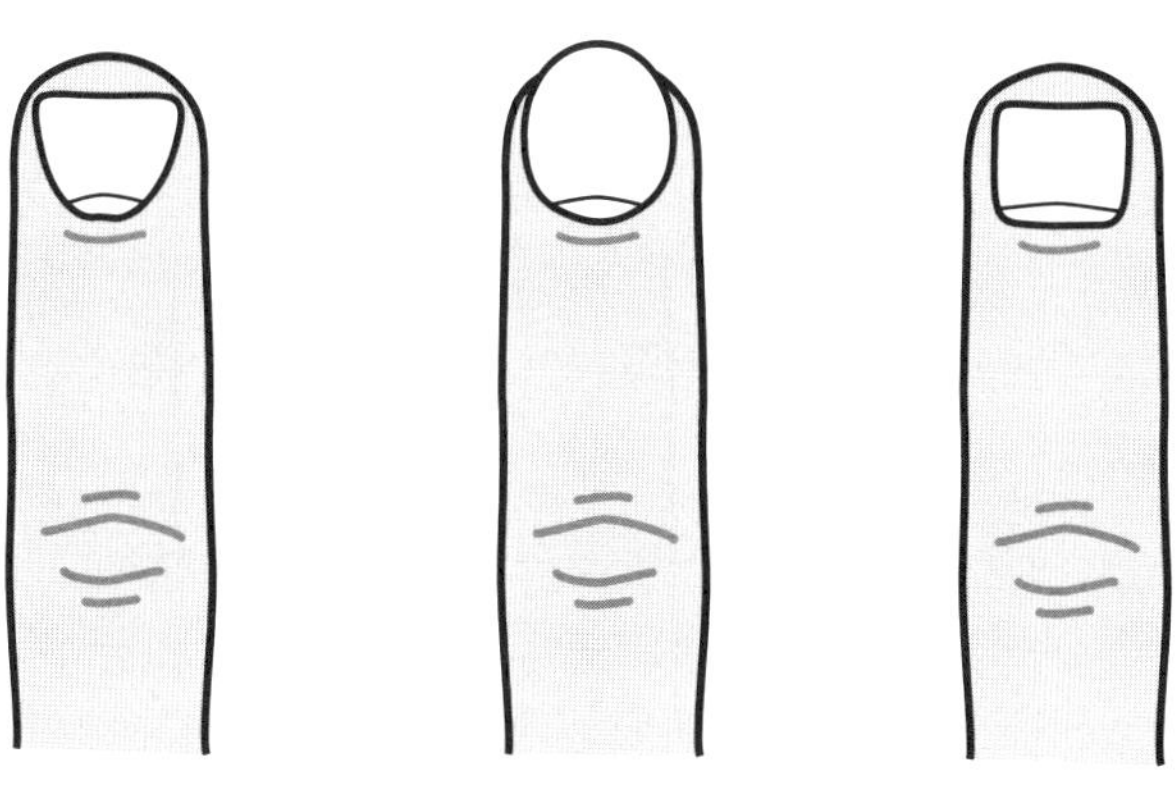

7、反った爪

爪の先が外側に反る。中年以降の女性に比較的多いようです。貧血や神経疲労などの傾向があります。お疲れ気味なので休息を取って下さい。

8、スプーン型の爪

爪の先が内側に湾曲して、スプーンを伏せたような形。爪の面が少し盛り上がる程度なら心配はありません。極端に盛り上がっていると呼吸器系に注意です。

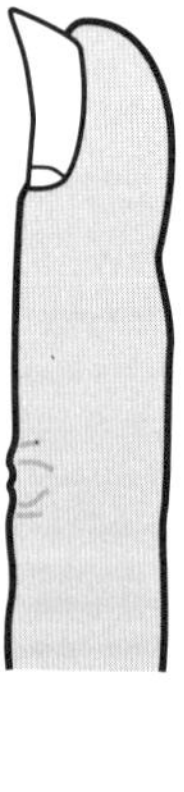

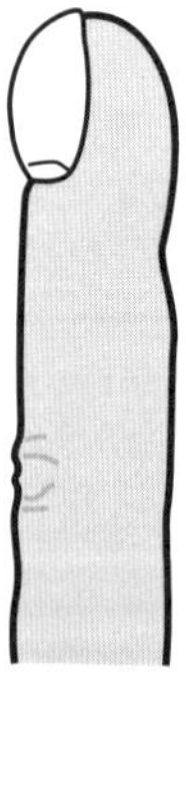

十、点と線

手相というのは、「手のひらの線」だけをみて、判断を下すものだと思われていますが、決してそんなことはありません。手相は、総合的に判断することによって、はじめて解答が得られるものなのです。この、「手のひらの線」以外の要素を、私は「手のひらの点」と名付けています。実際に鑑定をするようになると、「手のひらの線」が、生命線、頭脳線、感情線の三大線以外にはほとんどないような人が結構います。そんな人に、「いつ頃、仕事が見つかりますか?」と言われて、それこそ目が「テン!」になったりします。

そこで、「線」以外の「点」の要素が重要になってくるのです。「線」以外の「点」に当たるのが、第一章の「手の形」や「手の出し方」「手の大小」「手の弾力性」「指」「爪」などの見方です。その他に、第二章の「手のひらの丘」や、第九章の「記号」などの見方があります。手相は、「点」と「線」の両面からみるものなのです。

「練馬ファミリーパック」主催による「2010年の
運気と基本の手相の見方」をレクチャー中の著者

「基礎から学ぶ実践手相学」の授業風景
（上下とも池袋コミュニティ・カレッジにて）

第二章

手のひらの丘
三大線の見方

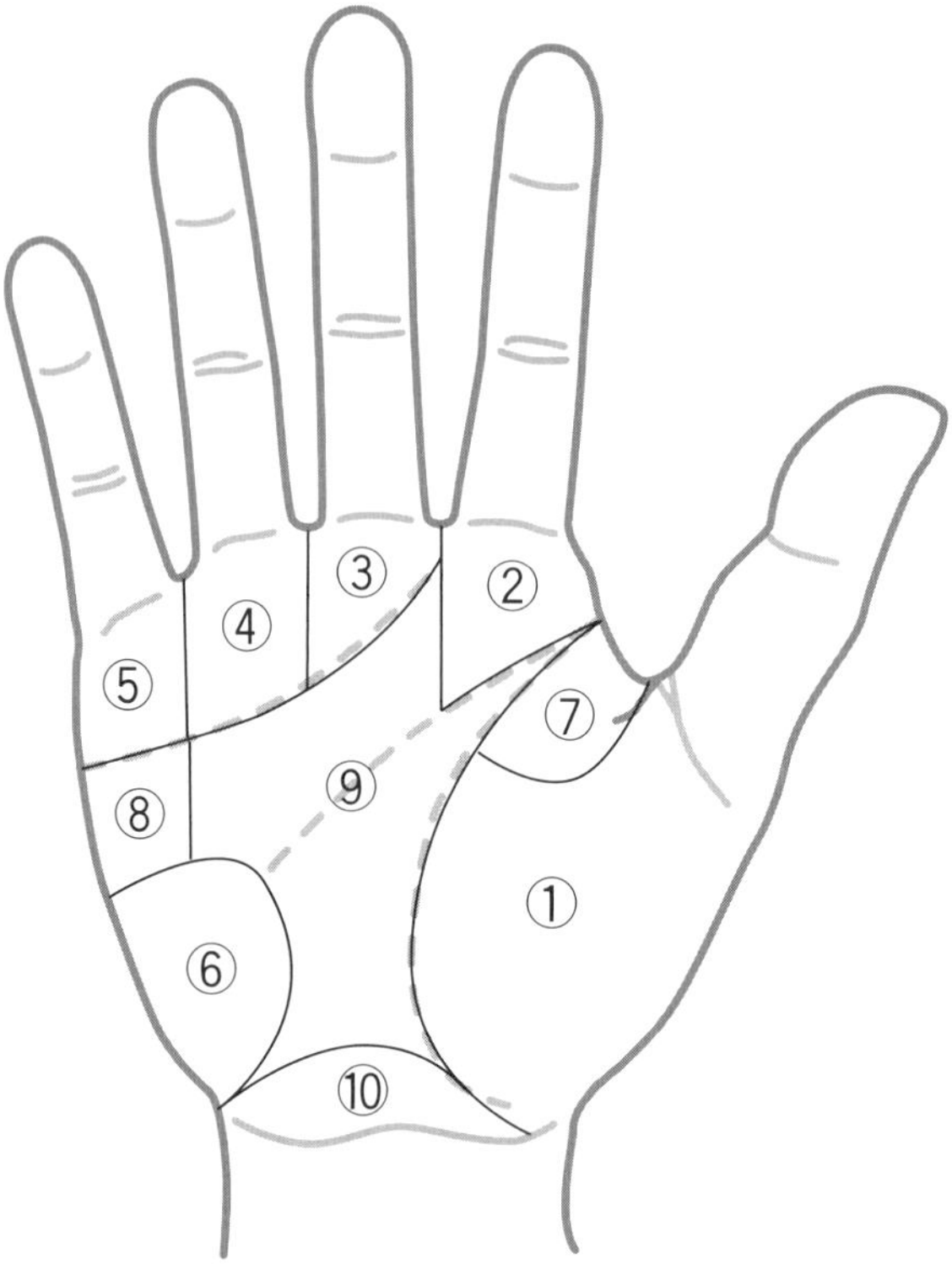

①ビーナス ♀ 金星丘 生命力

②ジュピター ♃ 木星丘 指導力

③サターン ♄ 土星丘 思考力

④アポロン ☉ 太陽丘 想像力

⑤マーキュリー ☿ 水星丘 言語能力

⑥リューナ ☽ 月丘 直感力

⑦マルス ♂ 第一火星丘 行動力

⑧マルス ♂ 第二火星丘 忍耐力

⑨マルス ♂ 火星平原 中年運

⑩プルート ♇ 地丘 土台力

一、手のひらの丘

手のひらの盛り上がっている部分を【丘《おか》】と言います。手のひらの丘には、惑星の名前がついており、それぞれの惑星の意味合いを有しています。

1　金星丘（親指の付け根部分）

金星〔ビーナス〕　女神・愛情・生命力

この部分が発達している人は、愛情豊かで体力とバイタリティのある人です。逆にこの部分が平らであったり凹んでいたりすると、体力がなく愛情面では冷めた人と言えるでしょう。

2　木星丘（人差し指の付け根部分）

木星〔ジュピター〕　発展・拡大・支配・指導力

この部分が発達している人は、指導的な立場になる人です。逆に貧弱な人は、消極的で他力依存型と言えるでしょう。

3　土星丘（中指の付け根部分）

土星〔サターン〕　忍耐・試練・思考力

この部分が発達している人は、思考力があって研究熱心な人です。逆に貧弱な人は、軽率でおちょこちょいな人と言えるでしょう。

4 太陽丘（薬指の付け根部分）

太陽〔アポロン〕　人気・英雄・想像力

この部分が発達している人は、感受性があり、芸術的才能や人気がある人です。逆に貧弱な人は、周囲の引き立てがなく、あまりパッとしない人と言えるでしょう。

5 水星丘（小指の付け根部分）

水星〔マーキュリー〕　商才・知的能力・言語能力

この部分が発達している人は、社交性があり、商売人タイプの人です。逆に貧弱な人は、口下手であまり商才がない、駆け引き下手な人と言えるでしょう。

6 月丘（小指の真下の手のひらの内側部分）

月〔リューナ〕　感情・創造・直感力

この部分が発達している人は、想像力や直感力が豊かな人です。逆に貧弱な人は、現実的で発想力の乏しい人と言えるでしょう。

7 第一火星丘（木星と金星丘の中間部分）

火星〔マルス〕　戦争・闘争心・行動力

この部分が発達している人は、行動力があり積極的な人です。逆に貧弱な人は、大人しくあまり覇気のない人と言えるでしょう。

8　第二火星丘（水星と月丘の中間部分）

この部分が発達している人は、忍耐力があり意志の強い人です。逆に貧弱な人は、忍耐力がなく根気がない人と言えるでしょう。

9　火星平原（中央のくぼみ部分）

この部分は、もともとくぼんでいるのですが、適度に肉付きがよく、くぼんでいるのが中年期の運勢が良い人です。逆にくぼみが大きい人は、中年期の運勢が弱い人と言えるでしょう。

10　地丘（手首の上の中央部分）

冥王星〔プルート〕　祖先・因縁・土台力

この部分は、丘ではなく、少し凹んでいるのが普通です。この部分に縦線があると、土台線（後述）といって、先祖、出生、家柄、育ち、ルーツなどの恵まれた人と言えるでしょう。

三大線

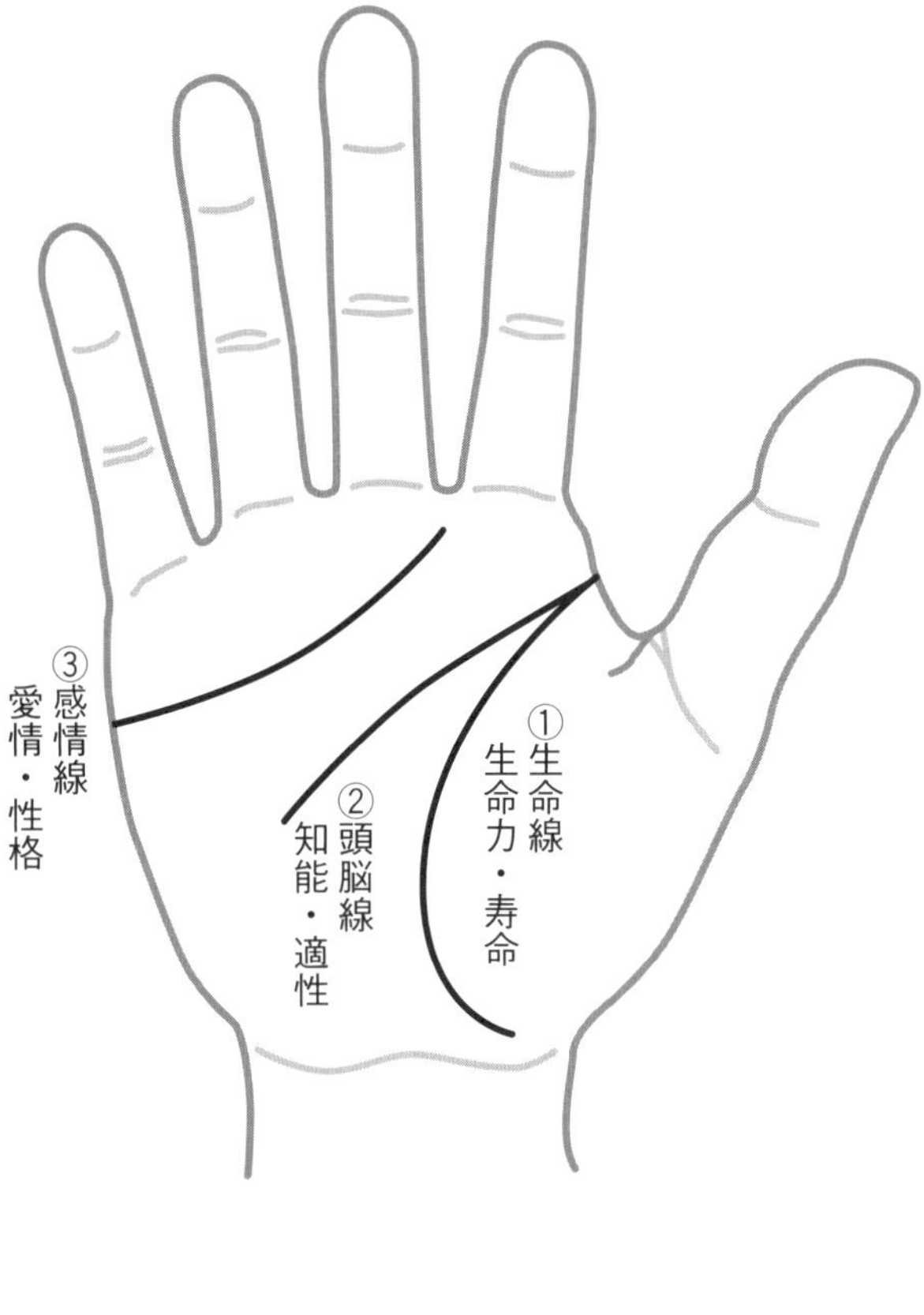
①生命線
生命力・寿命
②頭脳線
知能・適性
③感情線
愛情・性格

二、三大線の見方

手のひらには無数の線がありますが、中でも最も重要な線が、①**生命線**　②**頭脳線**　③**感情線**の三本で、これを**三大線**と言います。

人によっては、いろいろな線が出ている人もいますが、ほとんど線がないような人もいます。ただ、この三大線は、ごく薄い人がいても、ほとんどの人の手には出ているものなのです。

1　生命線

生命線は、親指と人差指の間から出て、親指の付け根を、金星丘を囲むようにして、半円形に包む太い線です。生命線は、生命力や寿命をみるもので、健康状態や足腰の丈夫さなどもみます。生命線は、一般的には寿命の長さをみるものとされていて、長ければ長寿で、短ければ短命と考えられそうですが、決してそうではありません。

また、長くて太く、手首の隅まで伸びているようなのが最良で、切れ切れになっていたり、鎖状や障害線が入っていたり、島があったりするのは、病気、ケガ、トラブルなどの暗示なので注意が必要です。

一図　生命線の起点

生命線の起点は、親指との人差指の付け根の真ん中辺りが標準です。

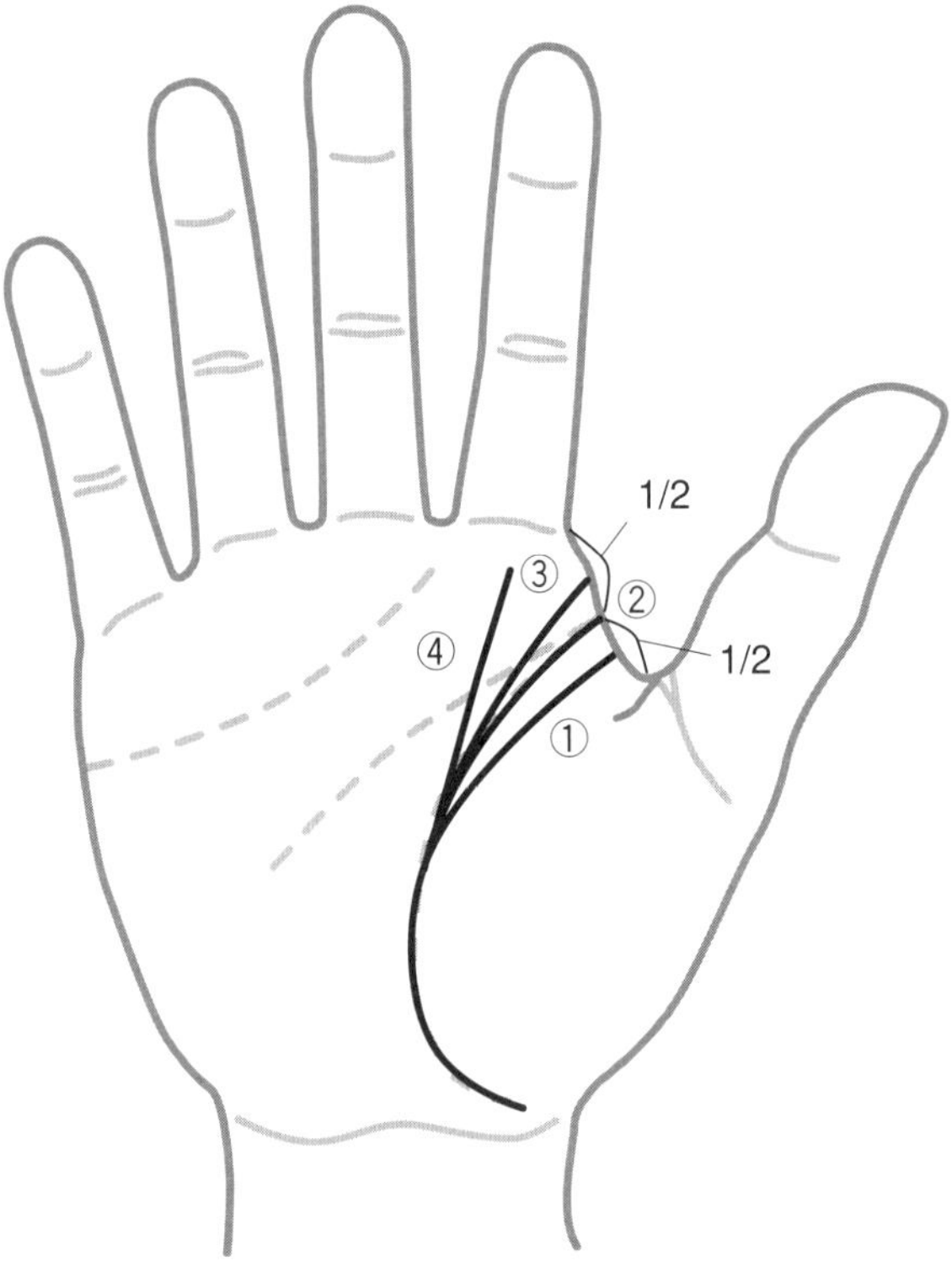

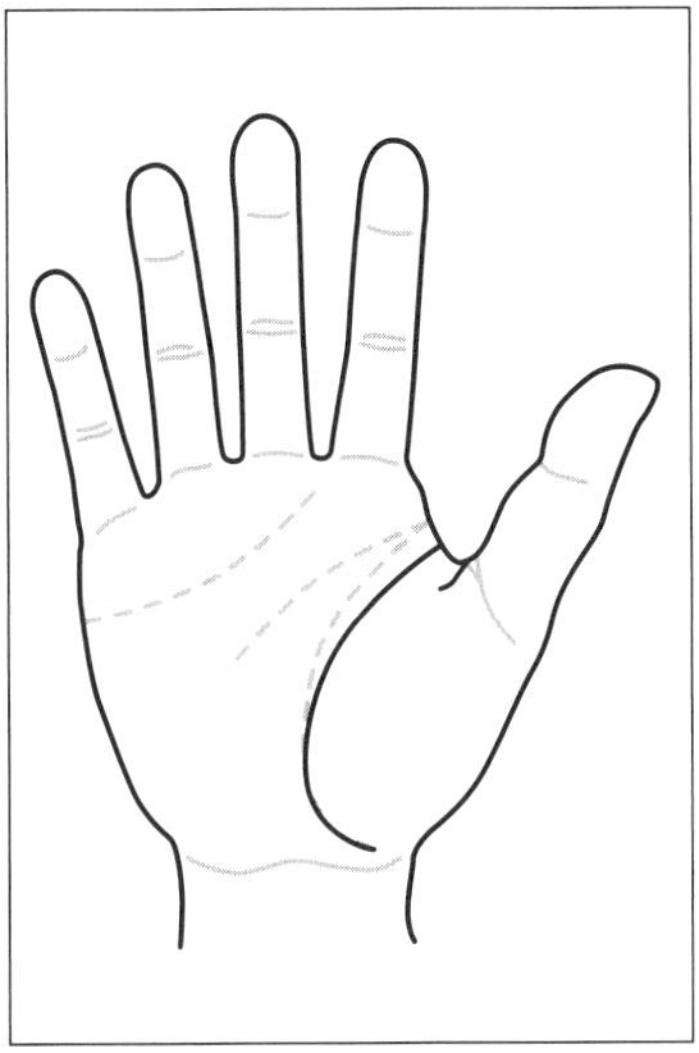

①親指と人差指の付け根の
真ん中より下の起点より出る

神経過敏で自制心が乏しく、気分にムラがある人です。闘争心が旺盛で、どうしても自分を他人と比べて張り合う傾向があります。常にイライラして、人と争いを起こしやすい人です。

②親指と人差指の付け根の真ん中より出る

数多く見られる標準型です。精神的にも肉体的にも健康で活気があり、生命力も強い人です。バランス感覚がよく、いつも中立の立場を保つことができ、無謀なことはしない人です。

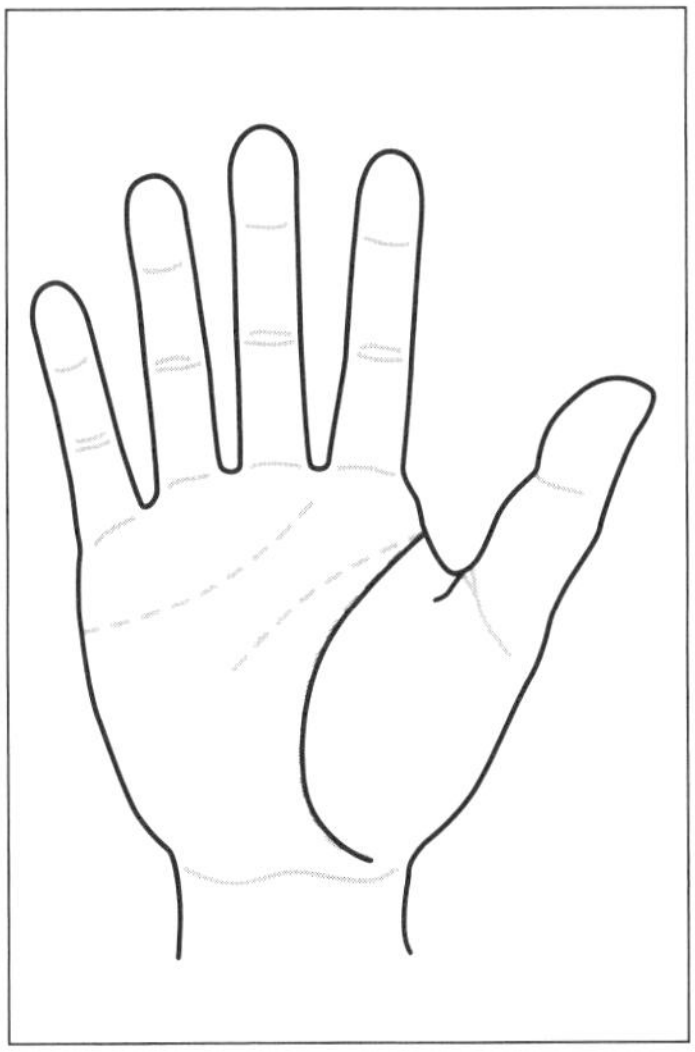

③親指と人差指の付け根の
真ん中より上の起点より出る

行動力があり、即断即決で機を見るより敏です。「考えるより行動が先」のような人で、大胆でチャレンジ精神旺盛です。ただ、我が強く、闘争心もあり、短気な人です。

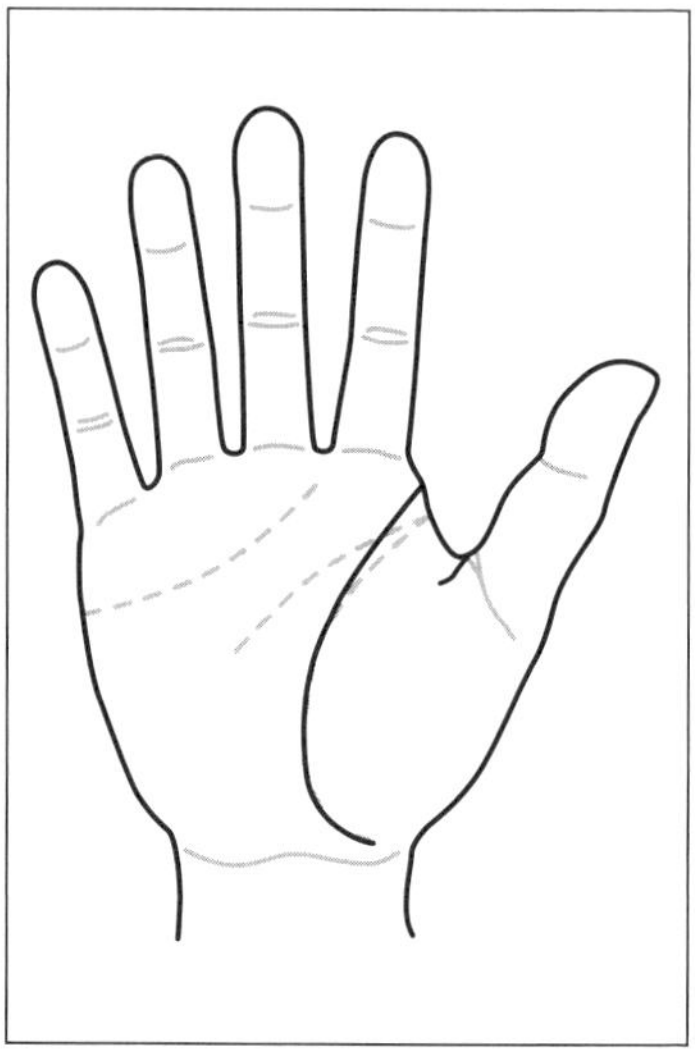

④標準型より高く、木星丘から出る

大吉相です。志が高く、野心家なので、自分の目標に向かって努力して成功する人です。ただ、いつも上ばかり見ている人で、自分より下の人の気持ちがわからないところもあります。

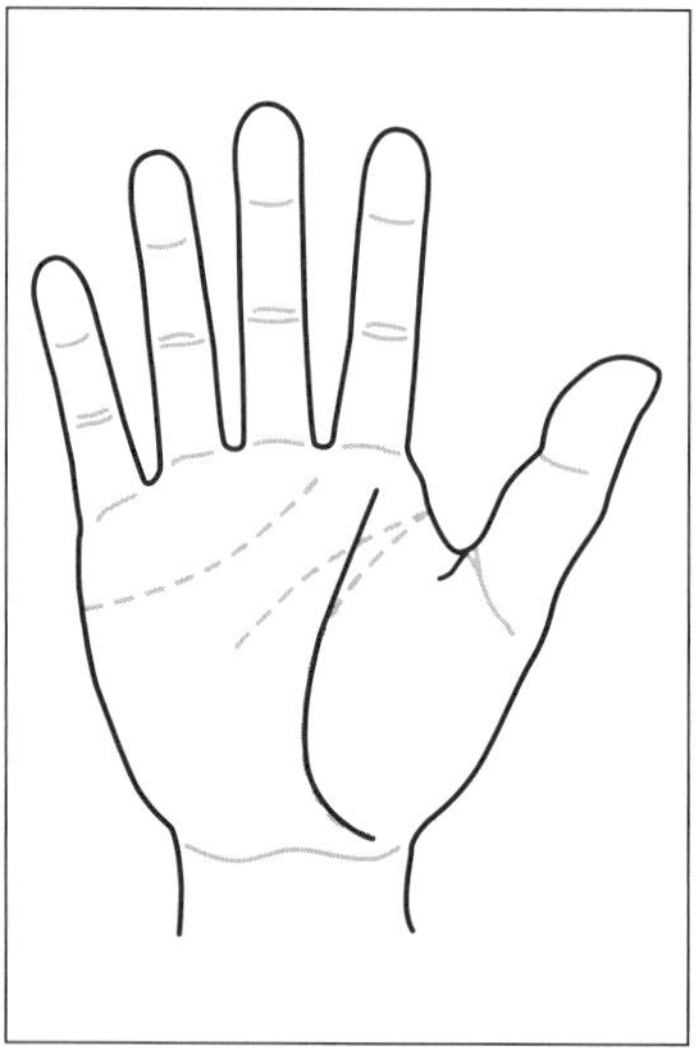

二図　頭脳線の起点

頭脳線の起点は、親指と人差指の付け根の真ん中辺りで、生命線と同じ起点が標準です。

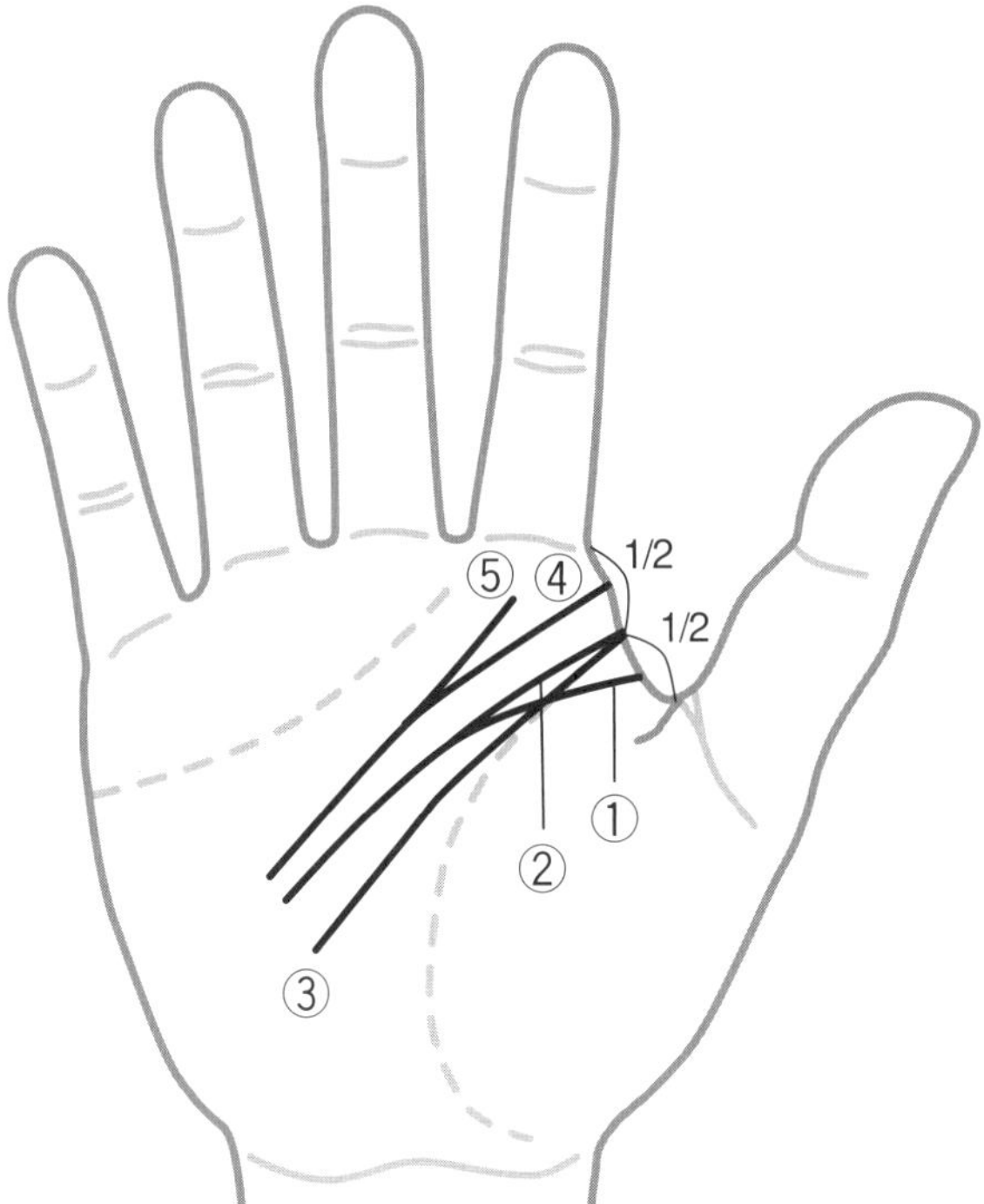

2 頭脳線

頭脳線は、親指と人差指の付け根の間から出て、手のひらの中央を、斜めまたは横に走る線です。頭脳線は知能線とも言い、知識や知恵をみるもので、才能や適性、適職などもみます。頭脳線が、長ければ長いほど頭が良くて、短ければそうではないのかと言うと、そんなことはありません。長ければ物事をじっくり考える人で、短ければ即断即決で、考えるより行動する人という見方をします。

頭脳線は、直線なのが理科系で現実的理論家タイプで、曲線は文科系か芸術系で空想的創造家タイプです。頭脳線が長くて、先が手のひらの裏まであると、独自な世界を持つ特異な人になります。故人になりますが、画家の山下清さんや美白の鈴木その子さんがそうだったと言われています。

また、切れていたり、鎖状になっていたり、障害線や島があったりするのは、根気がなかったり、頭痛持ちであったり、精神がイライラしたりする暗示なので注意しましょう。

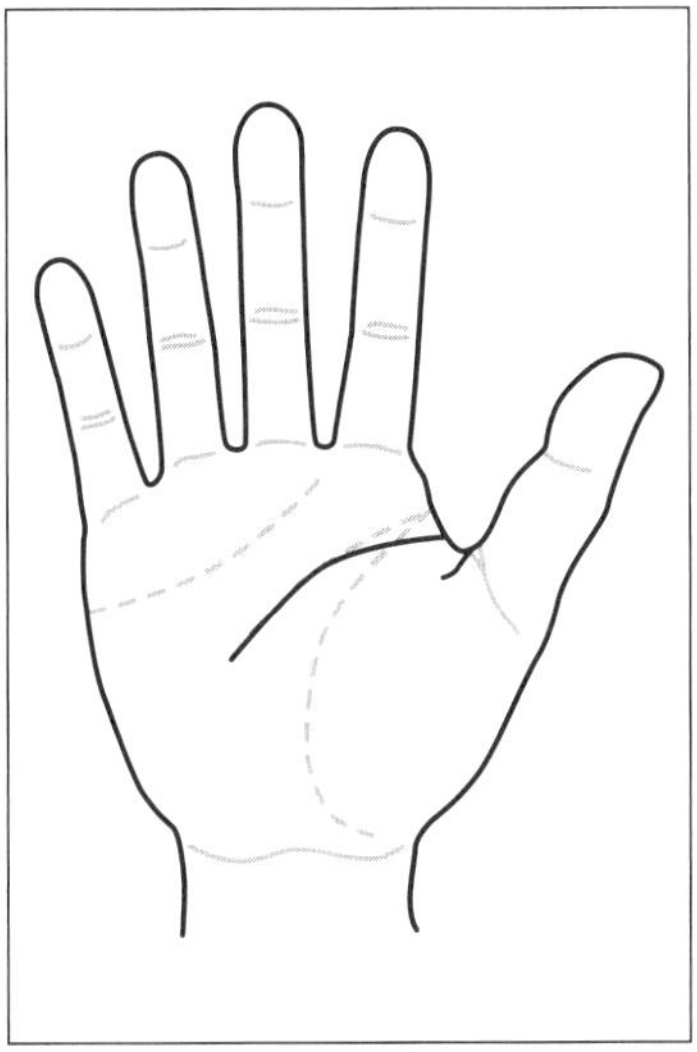

①標準型の生命線より下の第一火星丘より出る

神経過敏で、絶えずイライラして、些細なことで気分を害し、人とトラブルを起こしやすい人です。内向的で消極的な性格なので、警戒心が強く、気を使い過ぎるところがある人です。

②生命線と同じ起点で、すぐに離れて出る

バランスが取れていて、慎重さと大胆さを併せもっている常識的な人です。感情をコントロールできる人で、精神的にも物質的にも、安定した考え方の持ち主です。

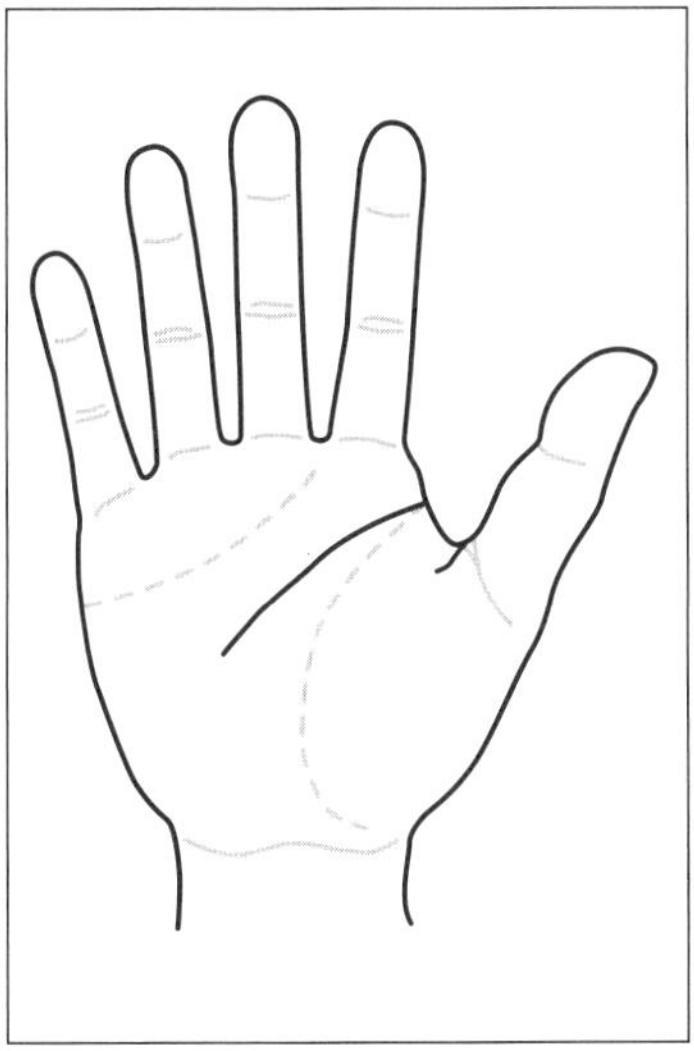

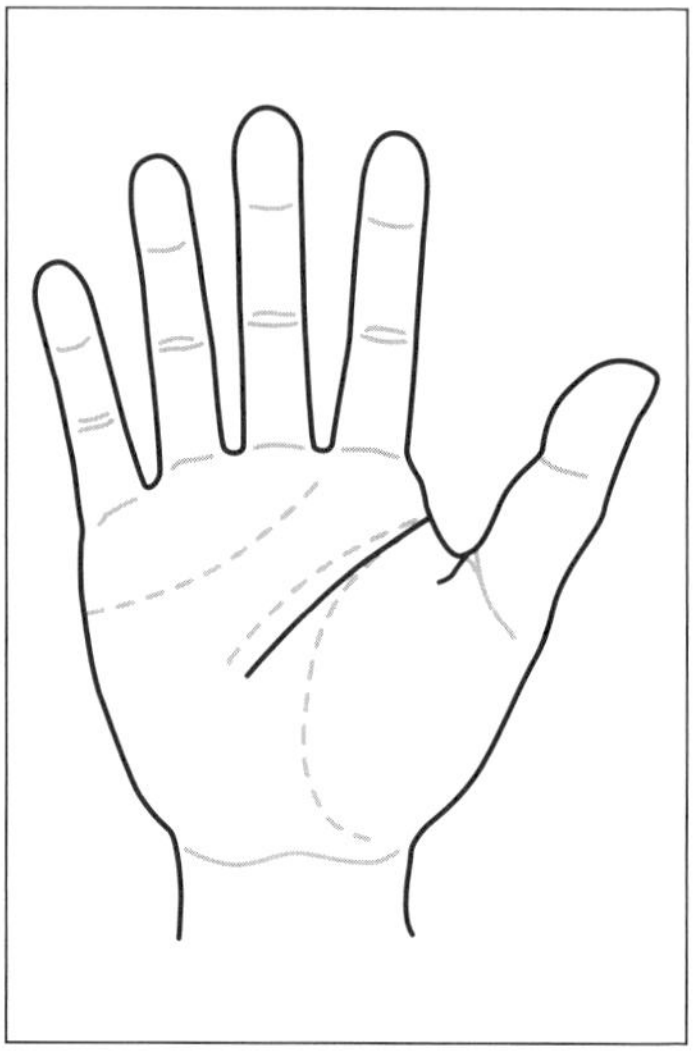

③生命線と同じ起点で、
途中まで一本の線に重なって出る

年長者や周囲から可愛がられやすい人です。生命線と重なる間が長いほど、物事に慎重で用心深くなります。極端に長いと、内気で神経質過ぎて信念がなく、決断力が遅い人です。

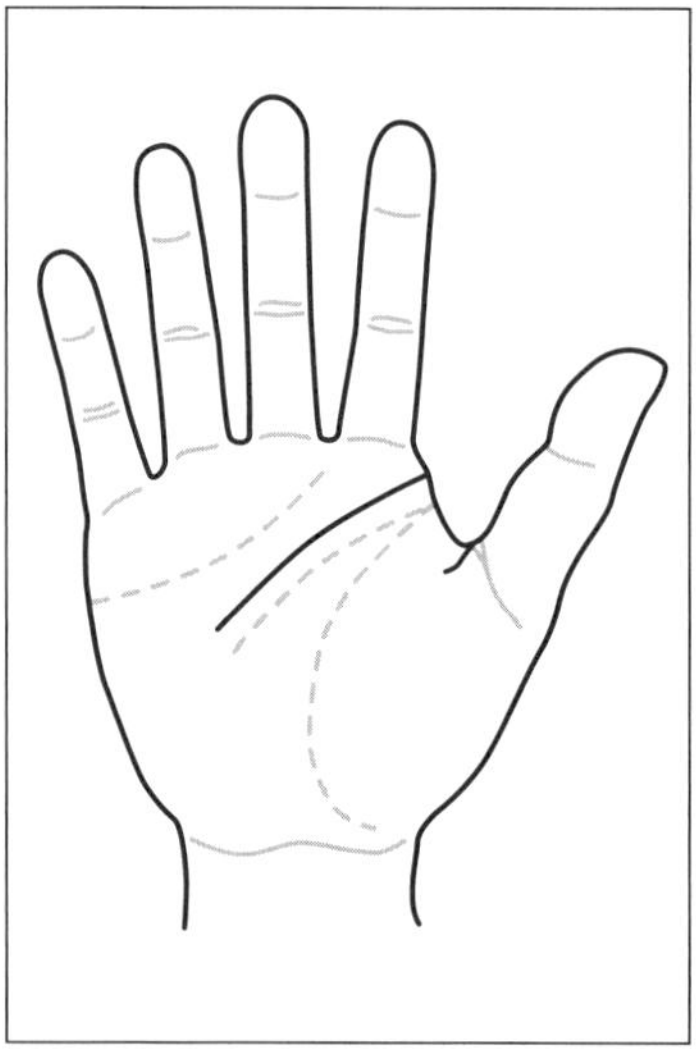

④生命線より、少し離れて上より出る

大胆で自信家です。外交的で、早熟でしっかり者ですが、軽率でポカも多い人です。離れるほど、行動力が強くなり、積極的になります。また、親離れが早い傾向があります。

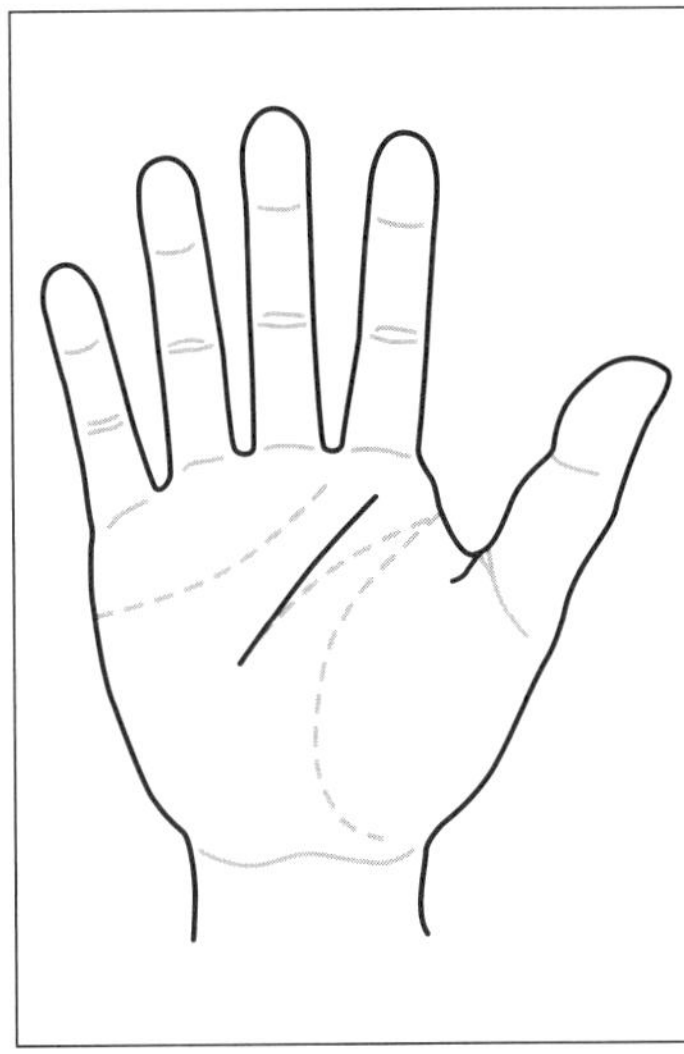

⑤ 生命線と大きく離れて、木星丘より出る

大望を抱く野心家です。人の上に立とうとする欲望が強く、対人関係を大切にして、上手に人を支配していく人です。努力家で、負けず嫌いでもあり、何ごとも一生懸命やる人です。

三図　感情線の起点

感情線の起点は、小指側の掌の外側で、小指の付け根から手首線の上までの間の上から四分の一辺りが標準です。

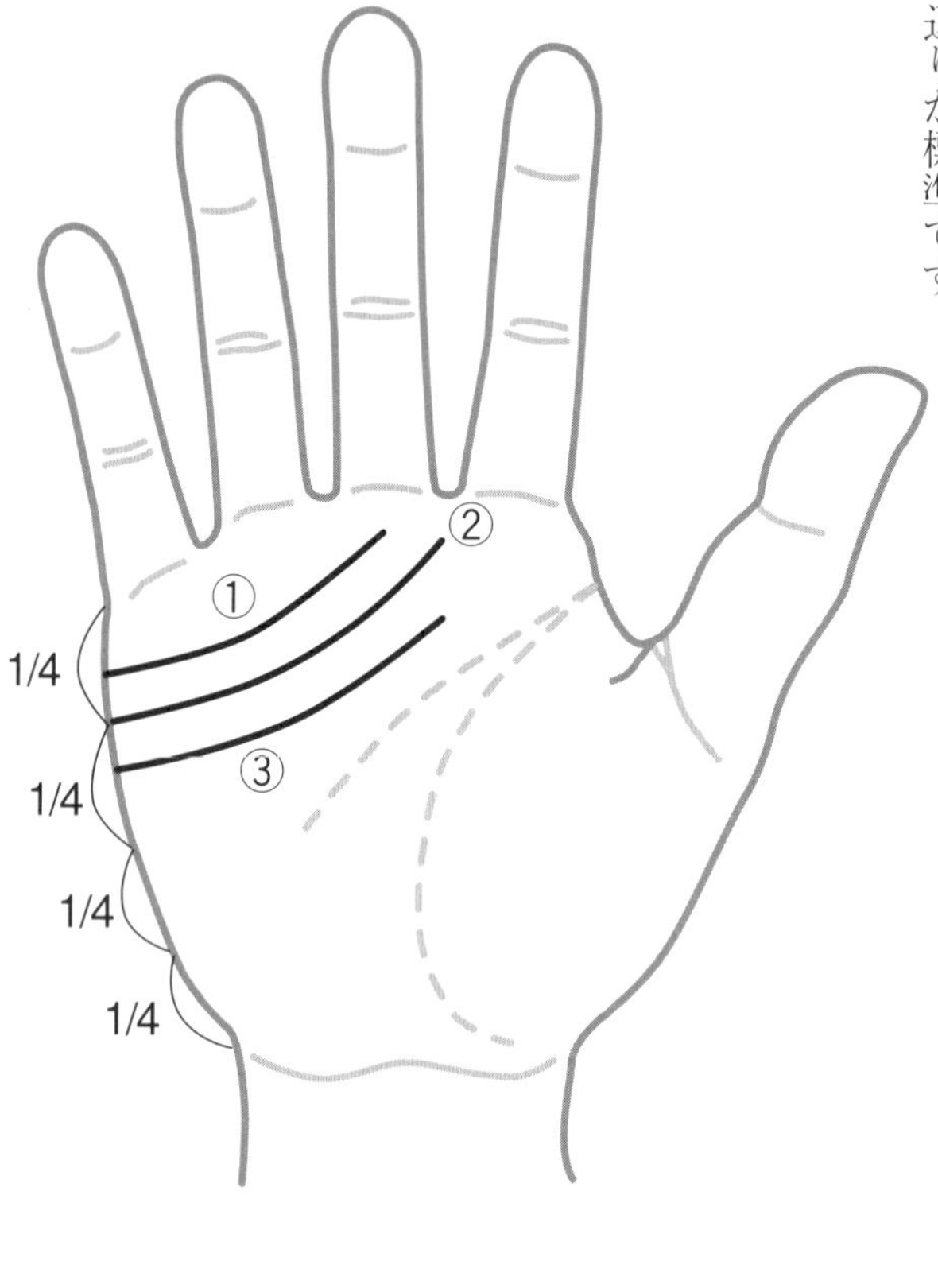

3 感情線

感情線は、小指側の掌の外側の、上から四分の一辺りから出て、木星丘や土星丘、またはその中間に伸びている線です。感情線は、愛情や恋愛をみるもので、感情の起伏や喜怒哀楽などもみます。

感情線は、生命線や頭脳線と異なって、一筋にくっきりと刻まれているよりは、多少乱れていて幅広くなっている方が、感情の表現力が増して良相となります。

また、感情線がないか、あっても薄かったり極端に短かったりすると、親子や夫婦間などの身内との縁に恵まれなかったりします。逆に、感情線が長く、大いに乱れていたりすると愛情過多となり、三角関係や色情面の問題を起こしやすいので注意です。

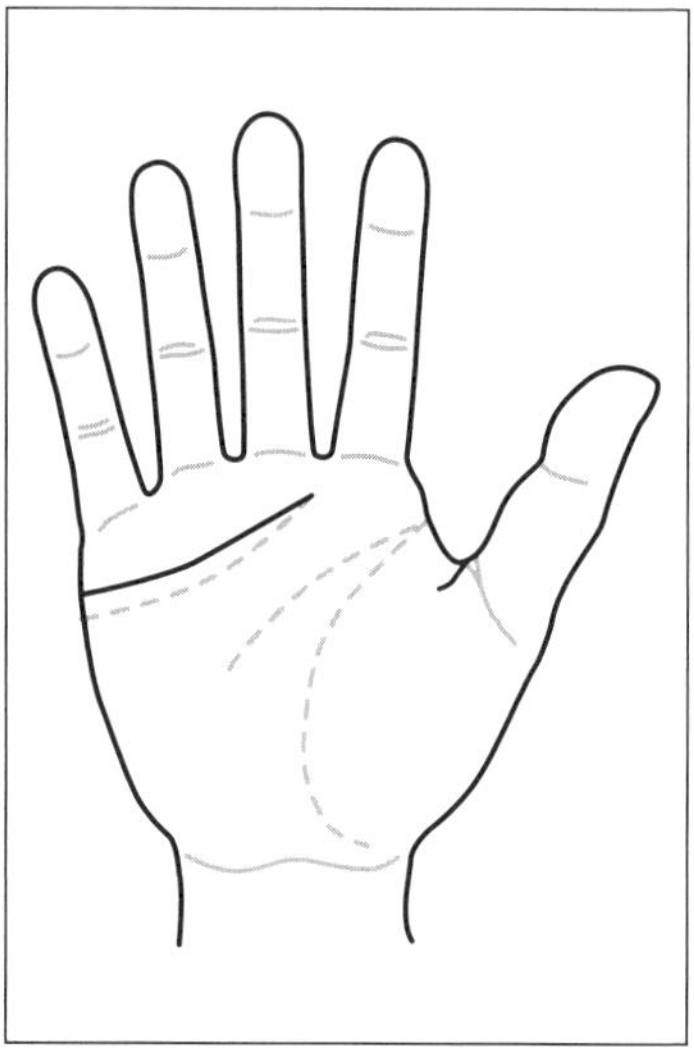

①感情線が標準より上から出る

情熱的で、独善的なワンマンタイプです。ただ、時として感情的になって、自分の感情がコントロールできなくなる人です。感情線が上になるほど、激情家となり、感情を抑えられなくなります。

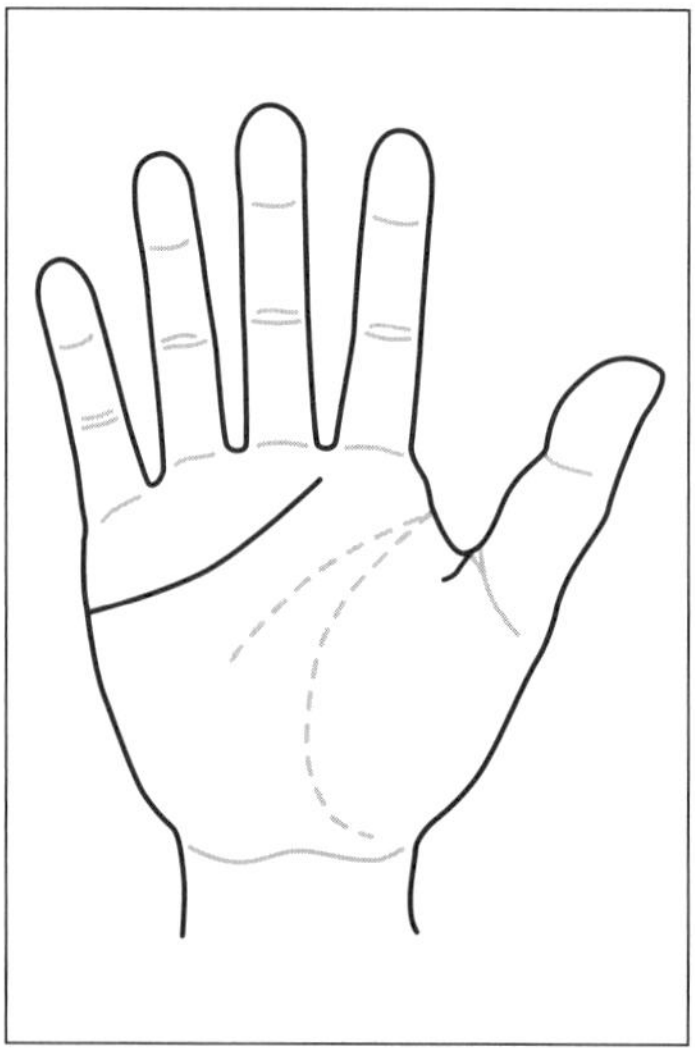

②感情線が、小指の付け根より四分の一辺りから出る

標準型です。バランスのとれた理想的な感情の持ち主です。常識的で理想的な人です。激しすぎず、クールすぎず、感情を上手くコントロールできる人です。

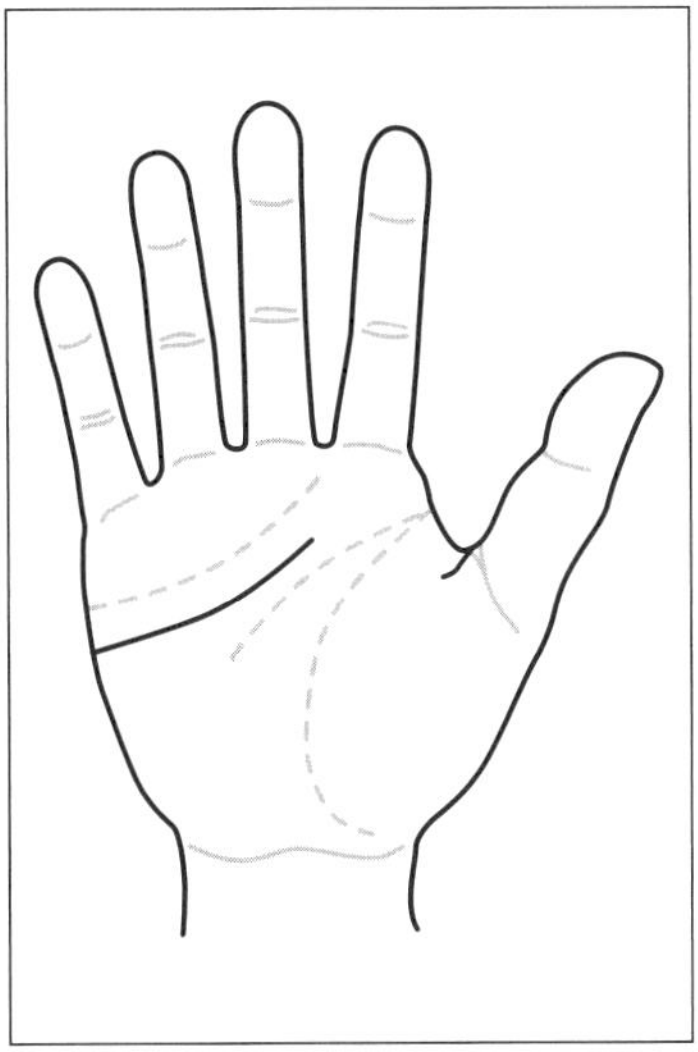

③感情線が標準より下から出る

クールで客観的に物事を観察するタイプです。理性が働き、冷静に感情をコントロールできる落ち着いた人です。感情線が下になるほど感情を表に出さない理性的でクールな人になります。

手相鑑定秘話 ①

生命線が短い!?

四十代の男性の手をみました。生命線が普通の人の半分位の長さしかありません。しかも、生命線の末端には大きな障害線が横切っていて、そこで生命線がストップしているのです。

従来の手相の本には、「生命線が短い人は、短命である」とか、「生命線が障害線でストップするのは、その流年の年に、生死にかかわるような出来事が起こる」と書かれています。

でも、現にその人は私の目の前にいて、当然のことですが、生きています。

「今までに、何か大きな病気や、ケガをされたことはありませんか?」

そう私が尋ねたところ、その男性は、こう話してくれました。

「実は、三十代前後の頃に、膵臓が悪くなって入院しました。

入院中に、自分が病室のベッットで横たわっていて、医者が蘇生処置をしているのを、天井の上から見ていたのです」

何と、その男性は一度、臨死体験をして、幽体離脱？　をしたと言うのです。九死に一生を得て無事退院した後は、カラオケ教室をされ、気功師もされているとのことでした。若い頃は、プロの歌手を目指して、当時、「全日本歌謡選手権」という番組にも出演した程の腕前だったとのことで、やはり、普通の人ではない!?

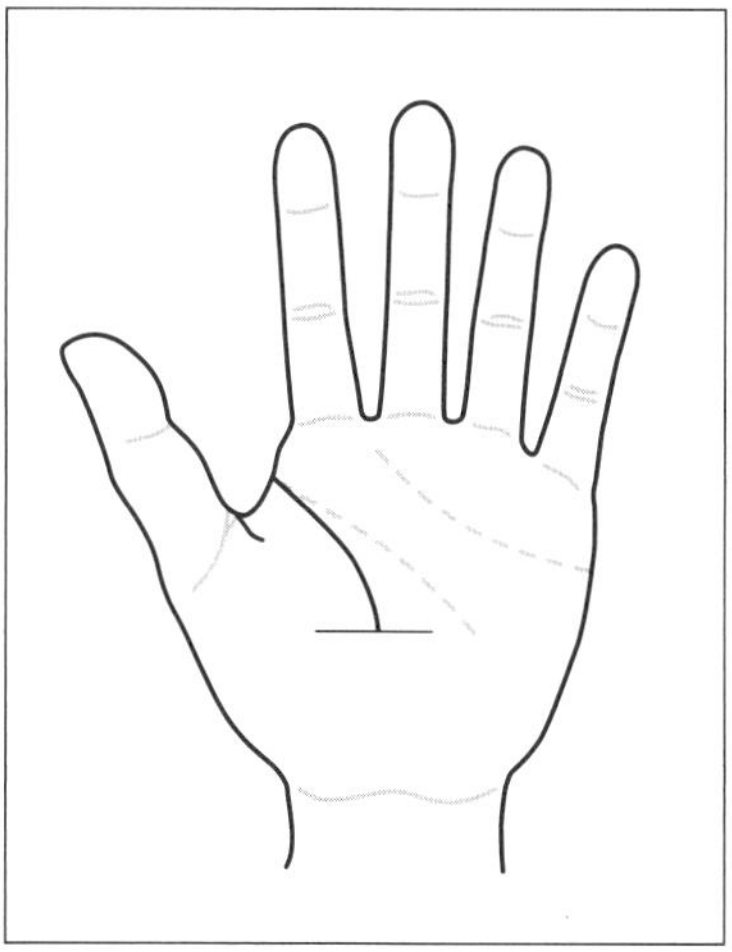

手相鑑定秘話 ②

頭脳線が短い⁉

頭脳線が短くて、中指の下あたりまでしかない人がいます。頭脳線が短いと「頭が悪いのでは？」と思われるかも知れませんが、そんなことはまったくありません。

むしろ、頭脳線が長い人に比べると、大胆で行動力があり、ここ一番という時に、集中力の出るタイプと言えるでしょう。

頭脳線が長い人が、長期的な考え方をするのに対して、短い人は、短期的な考え方をします。つまり、その日その日で、決着のつくようなことに向いています。スポーツとか、勝負事や、相場事など…。株式、商品取引、市場関係、接客サービス業など。

逆に、自分のやっていることが、長い期間を経ないと結果があらわれないような事には不向きです。たとえば、教育関係、研究者、学者、政治家など。

こうした長期的な視野に立って物事を遂行していくようなことは、頭脳線が長い人の方が向いているのです。

スポーツの世界においても、現役の選手だった時は短い頭脳線が、指導的立場になってから伸びてきたりします。それは、その方が、選手から指導者向きになってきたことを示しているからなのです。

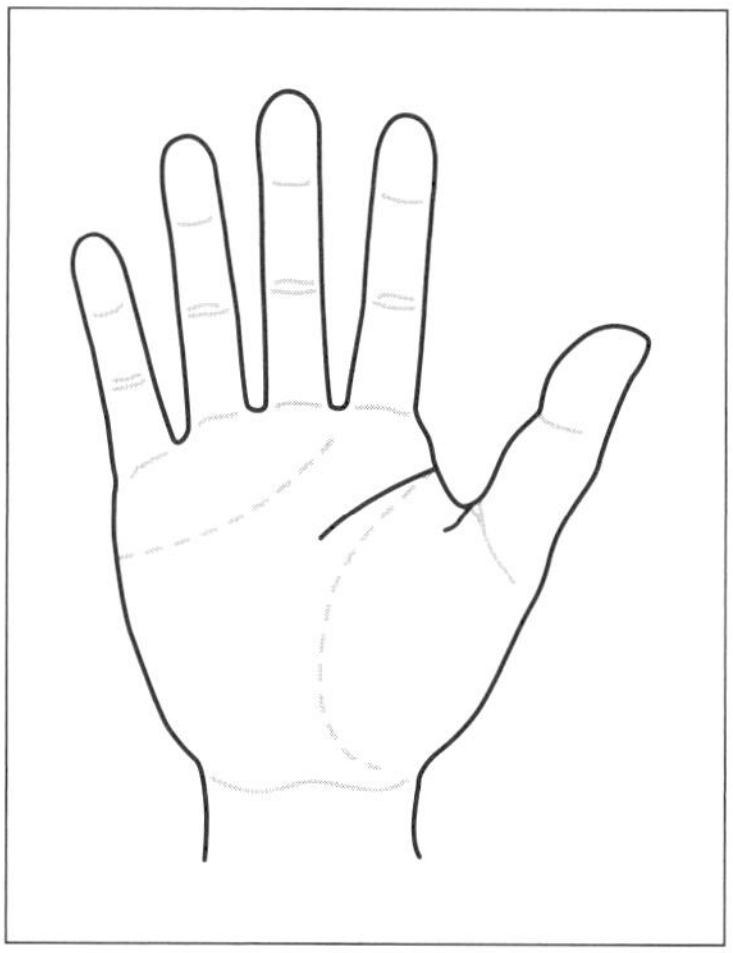

手相鑑定秘話 ③

感情線がスッキリ⁉

三十代の男性。仕事は安定しているのですが、私生活の面で悩みがあるとのこと。聞けば、そろそろ結婚したいと思っているのだが、相手がいないとのことでした。お見合いをしてもフラれてしまうし、出会いがあっても長続きしないと言う。

そこで、手相をみると、感情線が一本、スッキリ伸びていました。生命線と頭脳線は、一本の線が出ているのが普通ですが、感情線は、多少乱れてギザギザになったり、何本かの線が入り混んでいたりするのが一般的なのです。この線が乱れていないのは、愛情や感情の表現が欠乏していることになります。

仕事上では、クールに振る舞い、自分の感情をあらわさないのは良いのですが、私生活でも、ポーカーフェイスでは、味気がありません。

「私生活では、もっと表情豊かに、少しオーバー気味の愛情表現をされてはいかがでしょうか？　また、職場でも、たまには喜怒哀楽をあらわにして、ジョークなども飛ばしてみられては？」とアドバイスしました。

ただ、感情をあまり表に出さない方が良いような仕事には適しています。たとえば、公務員、銀行員、事務員、病院、葬儀関係など。逆に、感情を表に出す方がよいような仕事には適しません。当然のことですが、役者、タレント、接客業などには不向きです。

ちなみにこの方は、公務員でした。

やっぱり!?

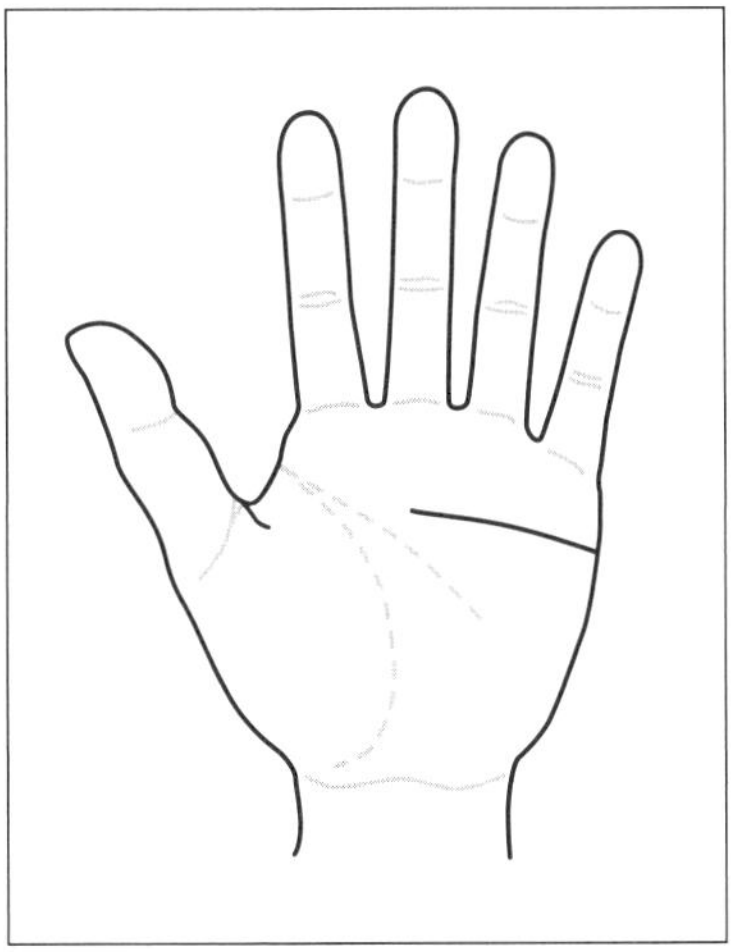

手相をみる十大順序

1　手の形をみる（手の甲）……第一章
2　手の出し方をみる……第一章
3　指をみる……第一章
4　手の大小をみる……第一章
5　手の弾力性をみる……第一章
6　手のひらの丘をみる……第二章
7　手のひらの線をみる……第二章〜第八章
8　手の色をみる……第八章
9　爪をみる……第一章
10　記号をみる……第九章

第三章

十大線の見方

十大線

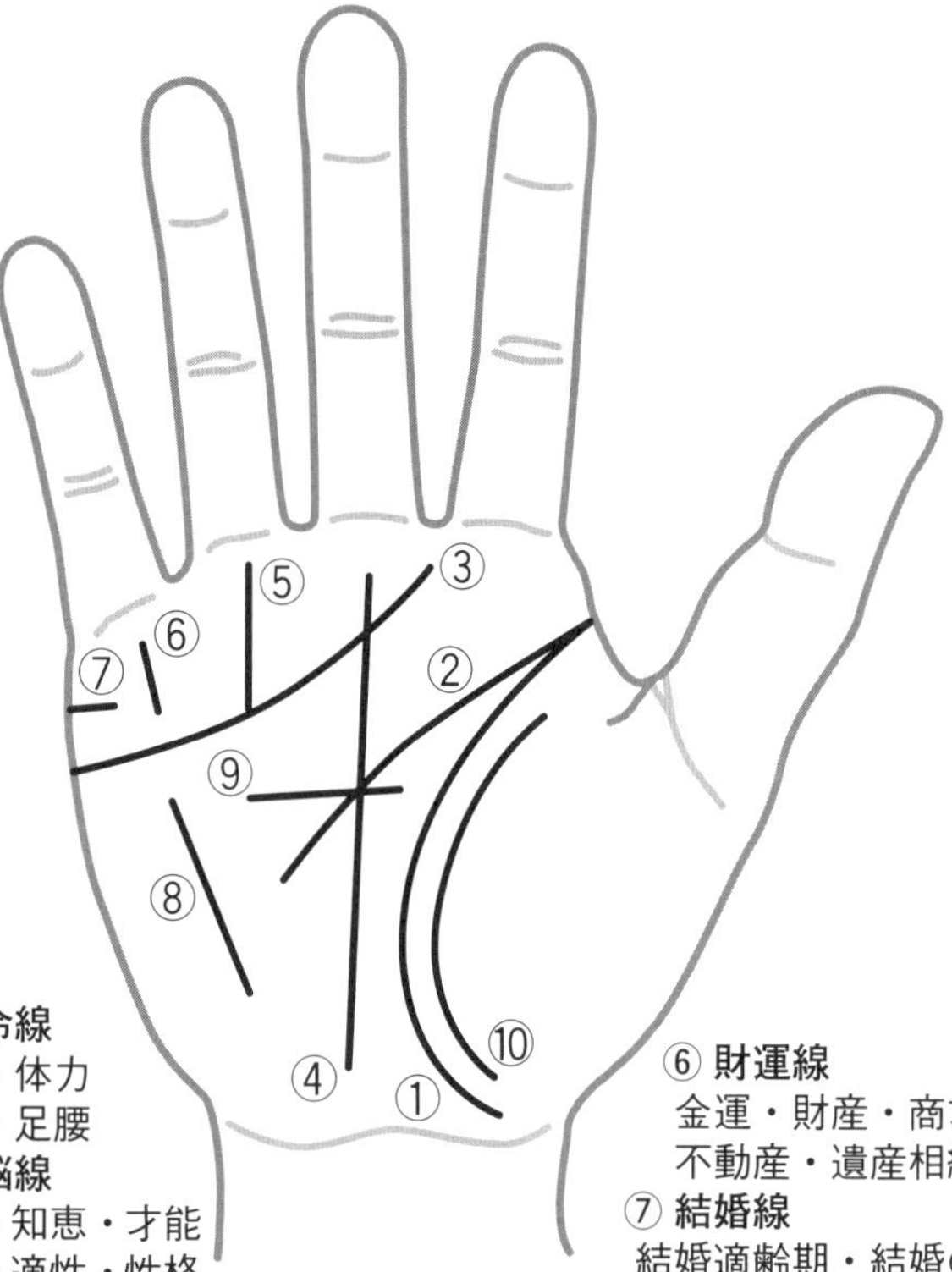

① 生命線
健康・体力
寿命・足腰

② 頭脳線
知識・知恵・才能
職業・適性・性格

③ 感情線
愛情・恋愛・気持ち
情の深さ・喜怒哀楽

④ 運命線
仕事運・社会運・運勢
運不運の時期・ヤル気

⑤ 太陽線
人気・引立て・援助
名声・芸能・オーラ

⑥ 財運線
金運・財産・商才
不動産・遺産相続

⑦ 結婚線
結婚適齢期・結婚の可否
結婚・恋愛・異性縁

⑧ 健康線
健康状態・病気
病気の原因・体調

⑨ 障害線
不運・失意・トラブル
病気・ケガ・損害

⑩ 副生命線（二重生命線）
生命力・健康寿命・体力気力
闘争心・活力・抵抗力

一、生命線

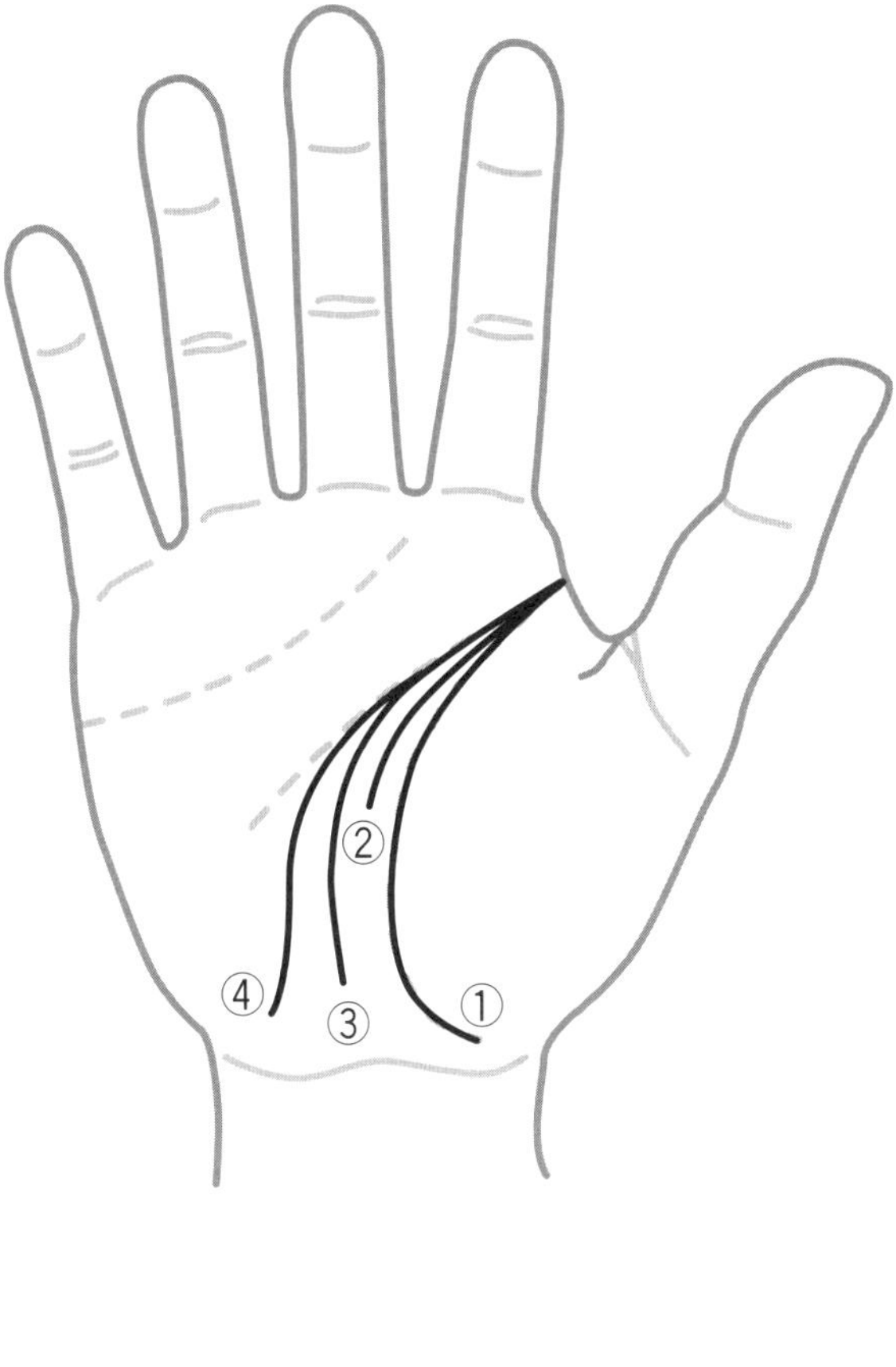

①手首線近くまで伸びて長い

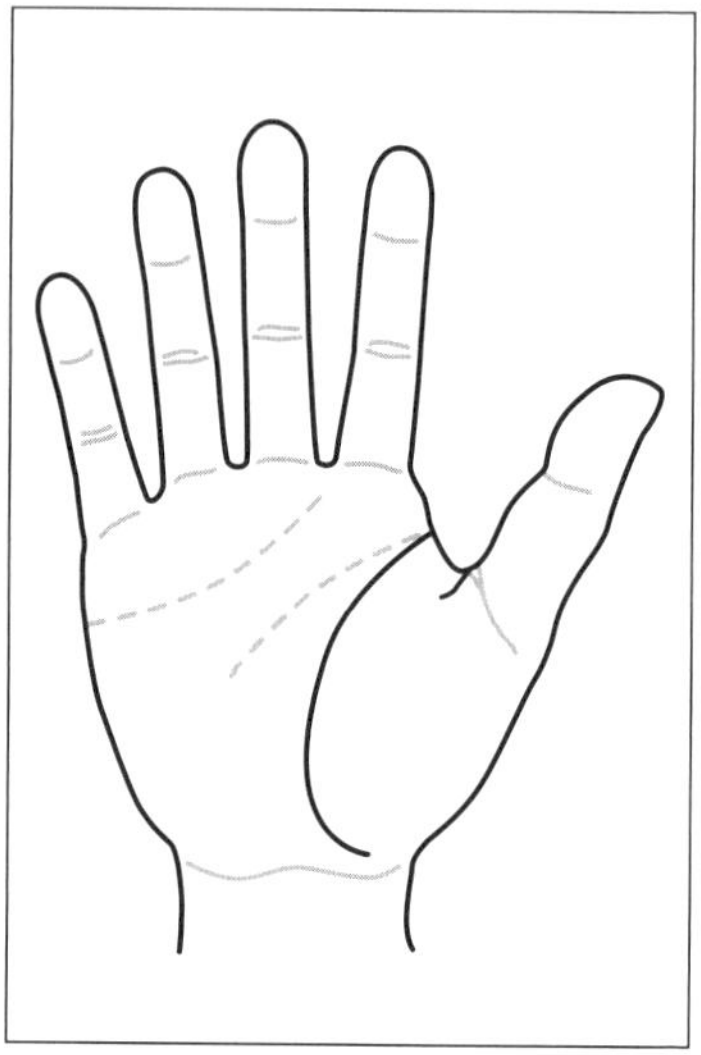

健康で長寿です。太くて長い線が末端まで続いていていると、一生健康で長寿の人です。手首線近くまで太くて長い線が伸びていると、九十歳を過ぎても元気な人が多いようです。

②真ん中辺りで終わっていて短い

中年期に何らかの障害や病気、ケガなどがある暗示です。趣味を仕事にしていたりするなど、特異な才能を有している人です。生命線が短いからといって短命とは限りません。極端に短い人は、変わった人が多いようです。

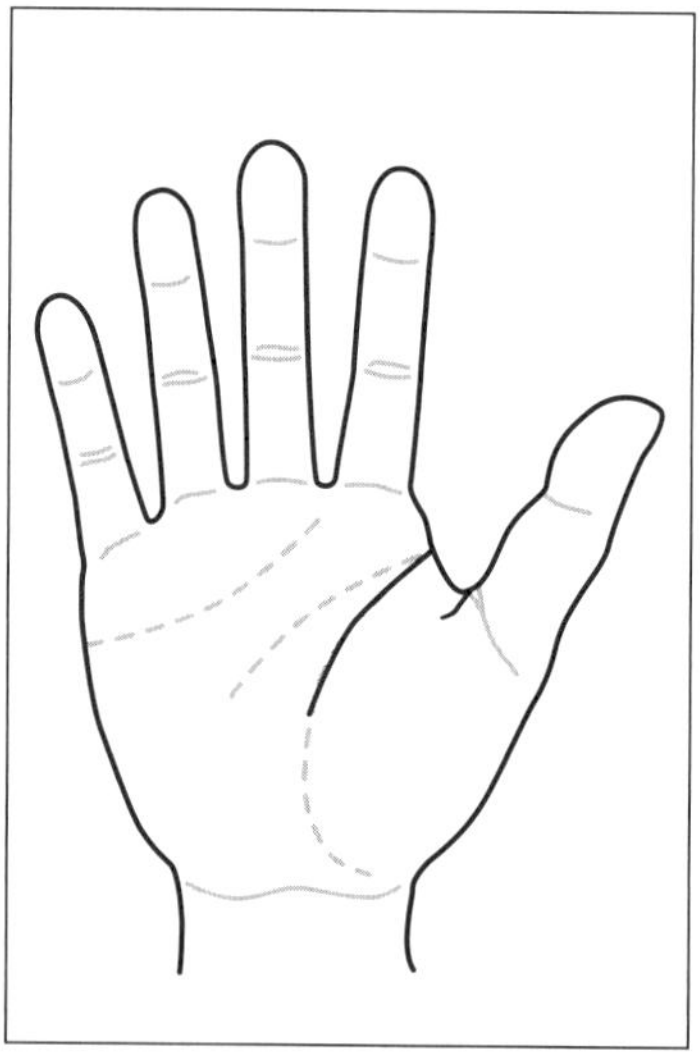

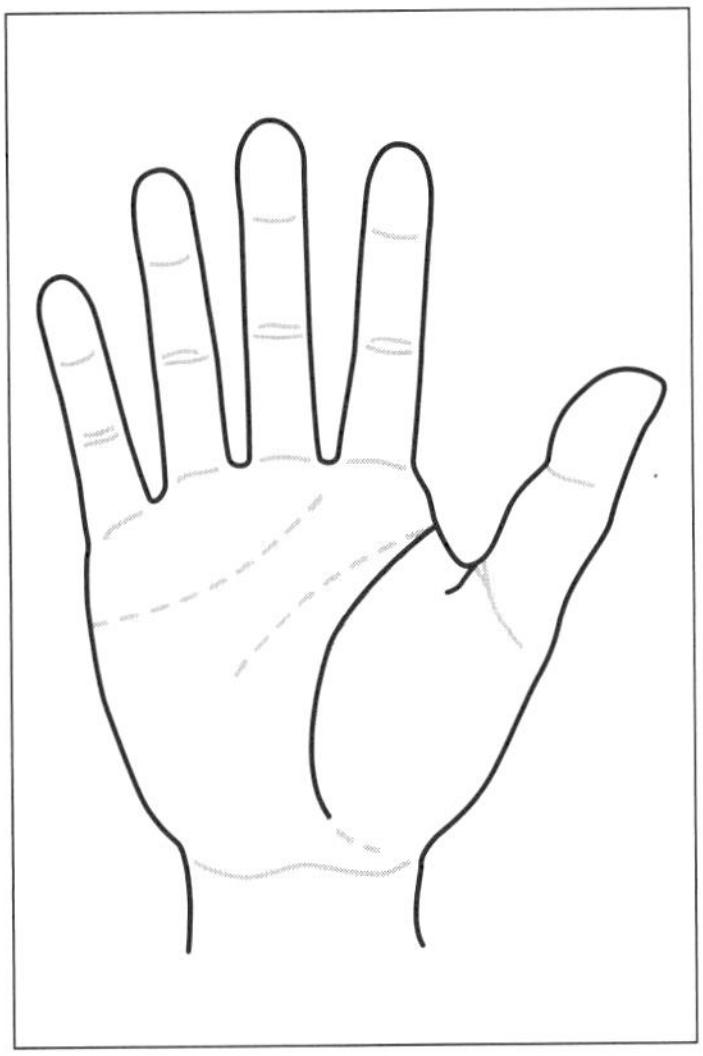

③途中で終わっている

あまり健康ではないが、平均寿命ぐらいまでは生きられます。ただ、無理をせず、節制に心がけましょう。途中から薄くなっている人は、持病があったり、足腰が弱くなる人が多いようです。

④小指側の下の月丘へと流れる

一か所にとどまれない性格なので、移動や出張の多い職場に向く人です。故郷を離れやすく、他郷で暮らす人が多いようです。後述する旅行線と同じように判断してよいでしょう。

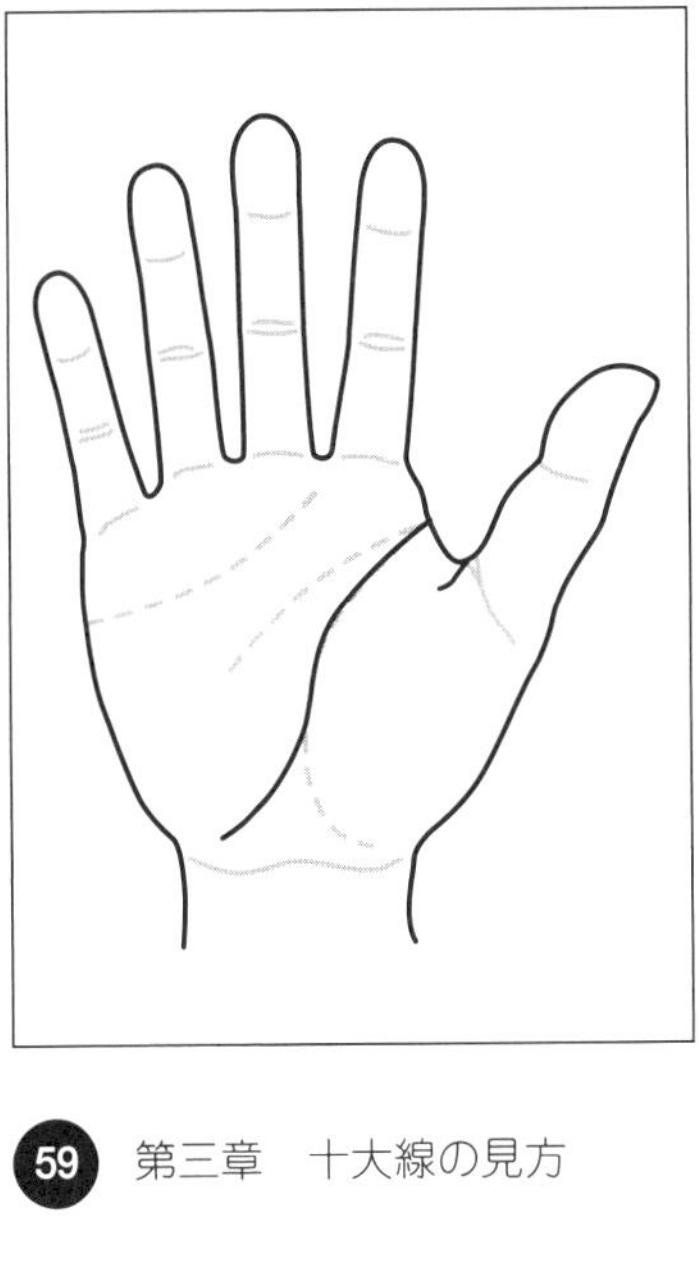

二、頭脳線

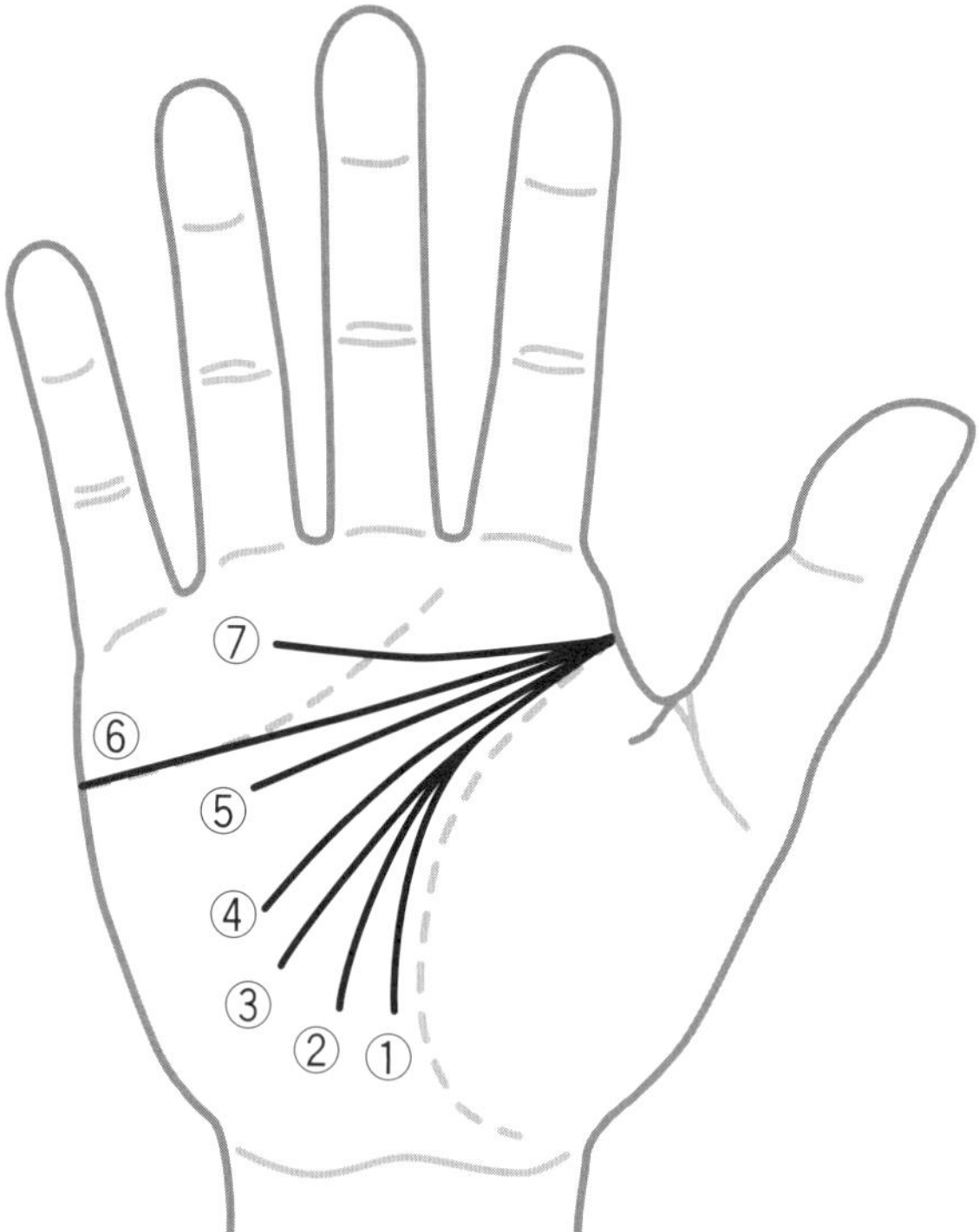

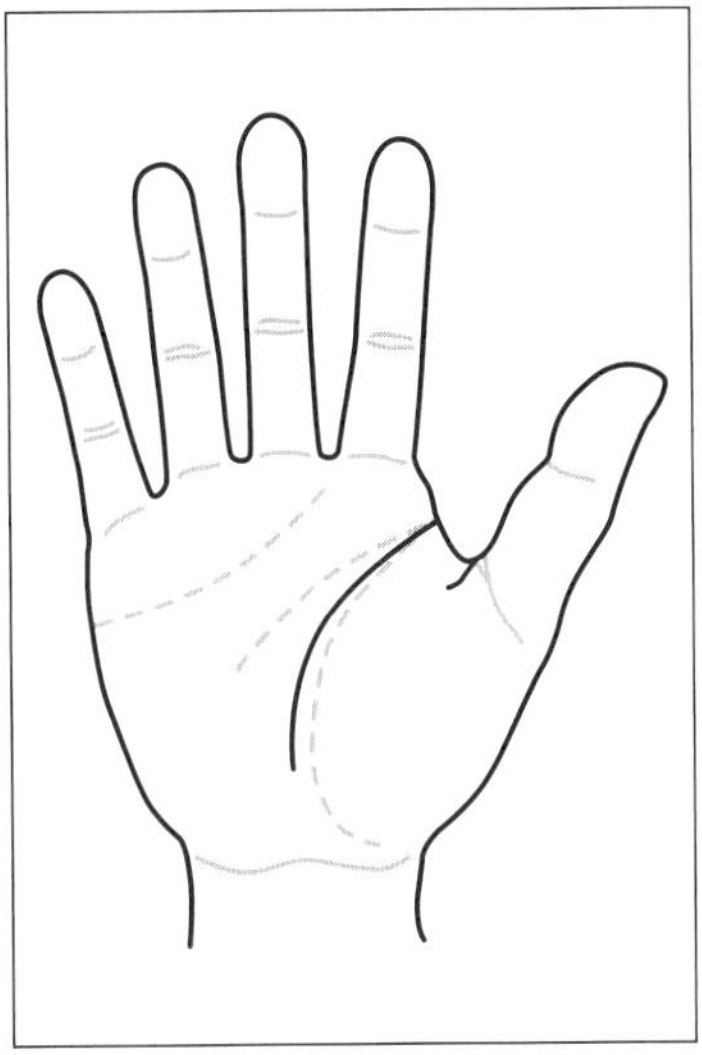

①生命線と平行して生命線側寄りに下降する

空想的、妄想的で現実逃避型です。浮世離れしたところがあり、思い込みが激しい人です。先が生命線の内側の金星丘に入るのは、いつまでも過去にこだわる傾向のある人です。

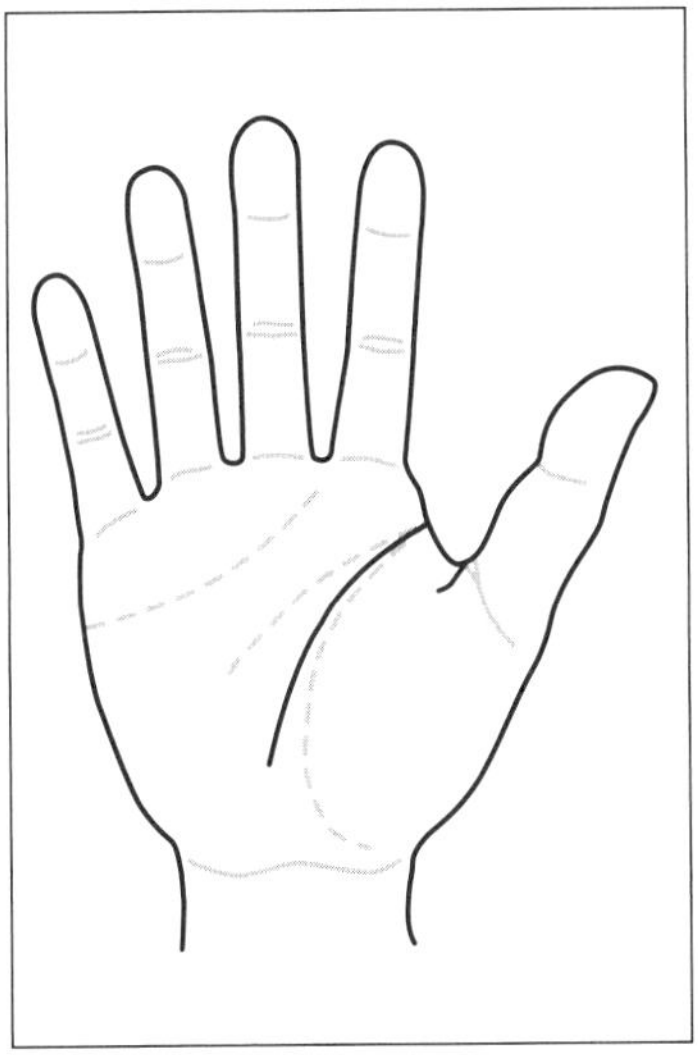

②手首線の中心近くへ下降する

ロマンチストで夢想家です。美意識が強く、夢を追っていく人です。下がるほど、精神的世界に入り込む傾向が強くなります。現実世界より夢の世界に生きていくような人です。

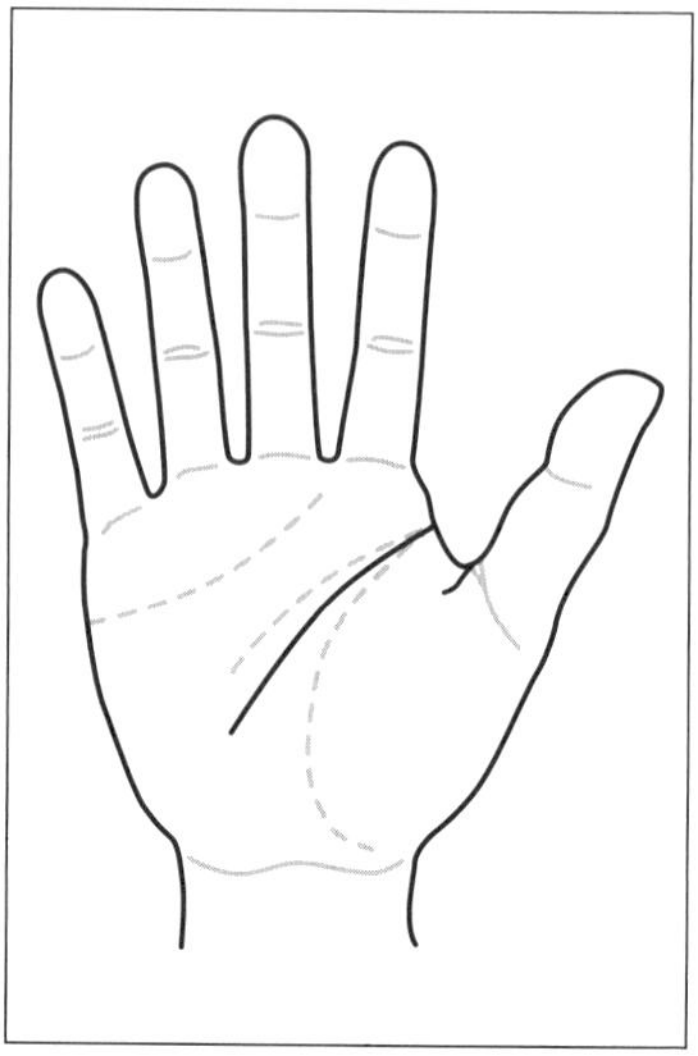

③緩やかな曲線を描いて
　　月丘の中央部へ下降する

想像力が豊かで、創作力も発達しています。イメージを表現していく人です。理想主義者で、ロマンや美を追求していく傾向があります。月丘の中に入り込むと、芸術性、芸能性、独創性、創造性が強くなります。

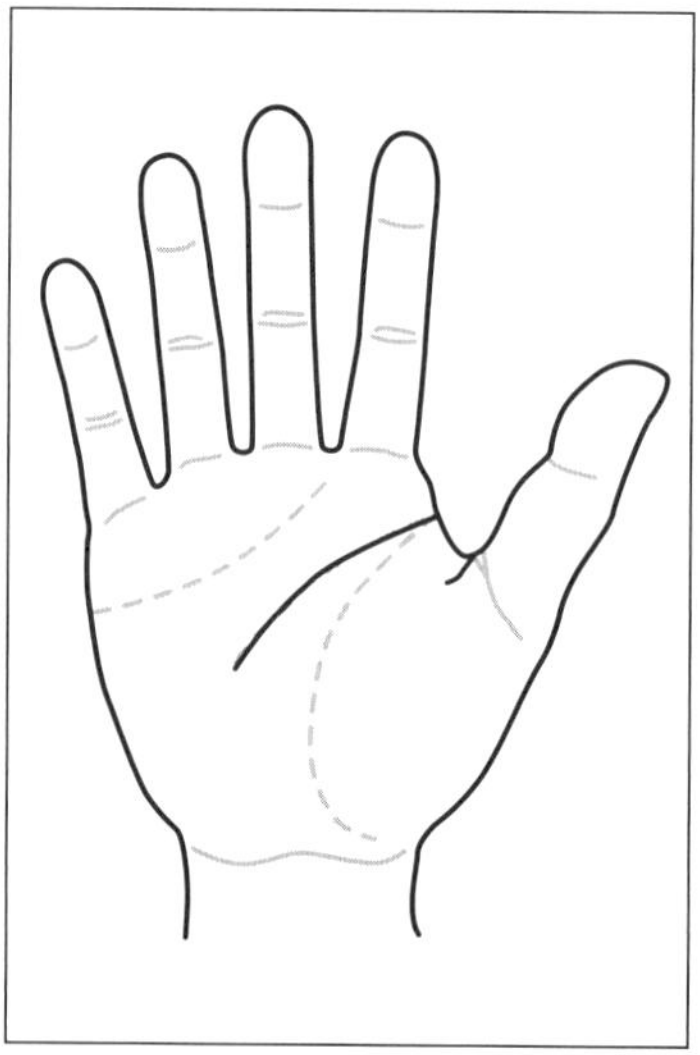

④月丘の上に向かって下降する

標準型です。空想面と現実面の両方を持ち、バランスの取れた考え方をする人です。精神的世界と物質的世界の両立ができる人です。理想は理想、現実は現実と、割り切って生きていける人です。

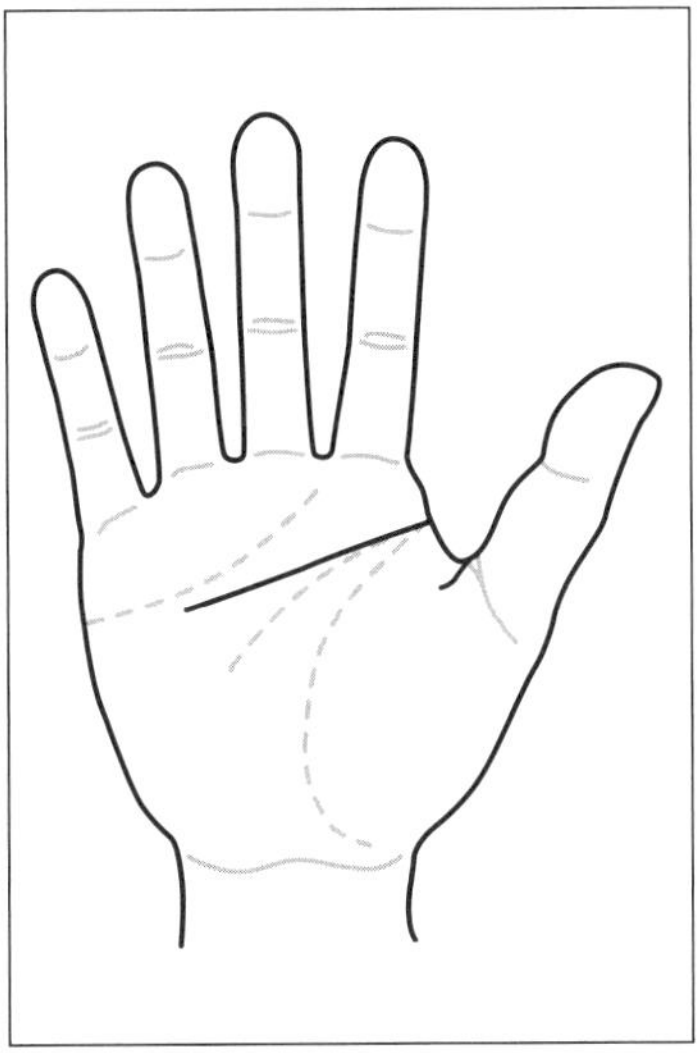

⑤真っ直ぐに第二火星丘に向かう

現実主義者です。物事を理屈や合理性で判断する人です。精神的な世界にはあまり興味のない人です。自分が見聞きしたものや、納得のできるものしか信じようとしない傾向があります。

⑥真っ直ぐに一直線に伸びて感情線と交わる

マスカケ線とも呼ばれています。物事を徹底的にやる人で、人の上に立つと力を発揮できます。金銭感覚が鋭く、物質欲が強い人です。人に束縛されるのが嫌いで、何でも一人でやりたい一匹狼の傾向があります。

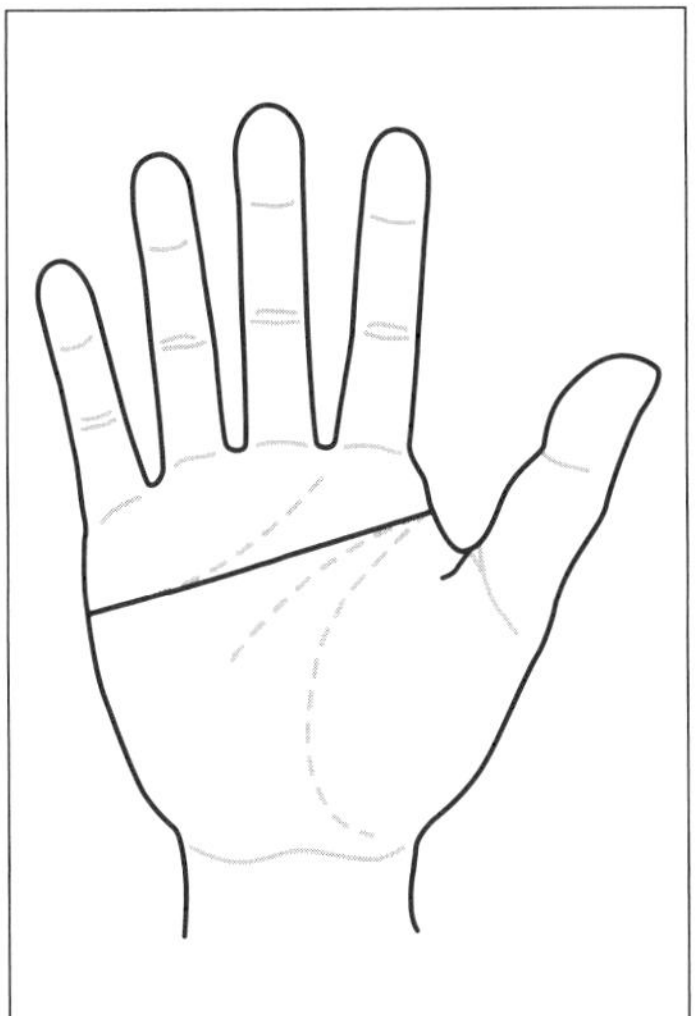

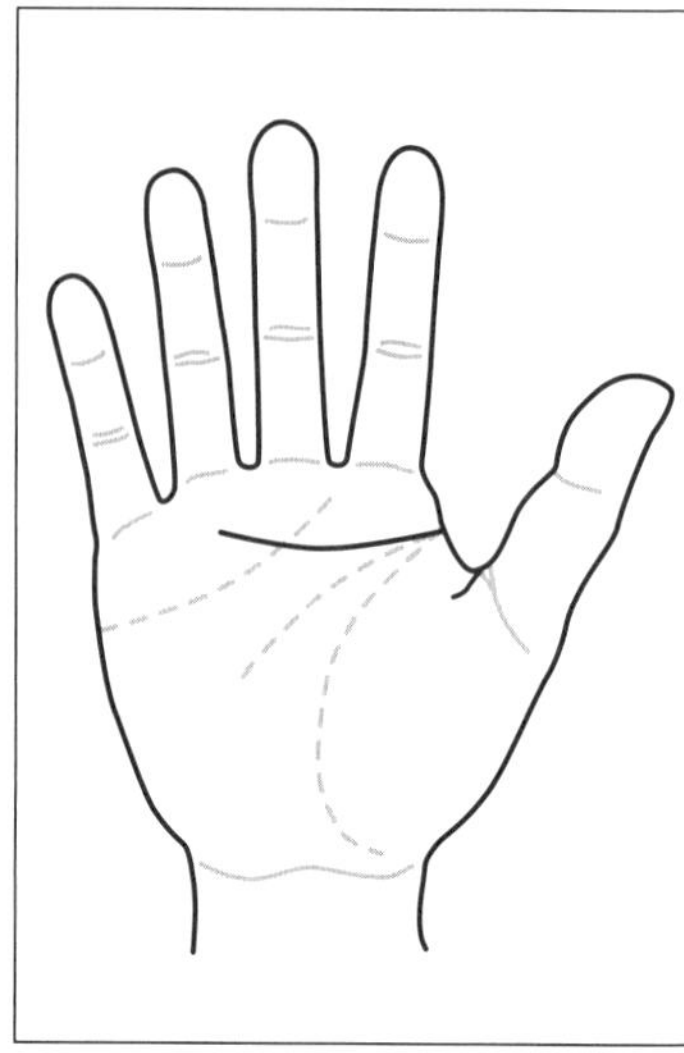

⑦薬指や小指に向かって伸び、
感情線を横切って上昇する

お金本位の実利的な面が強くなります。金銭感覚が鋭く、お金に対する執着心の強い人です。何事も損得感情で判断する傾向があります。名より実を取る人で、「花より団子」です。

三、感情線

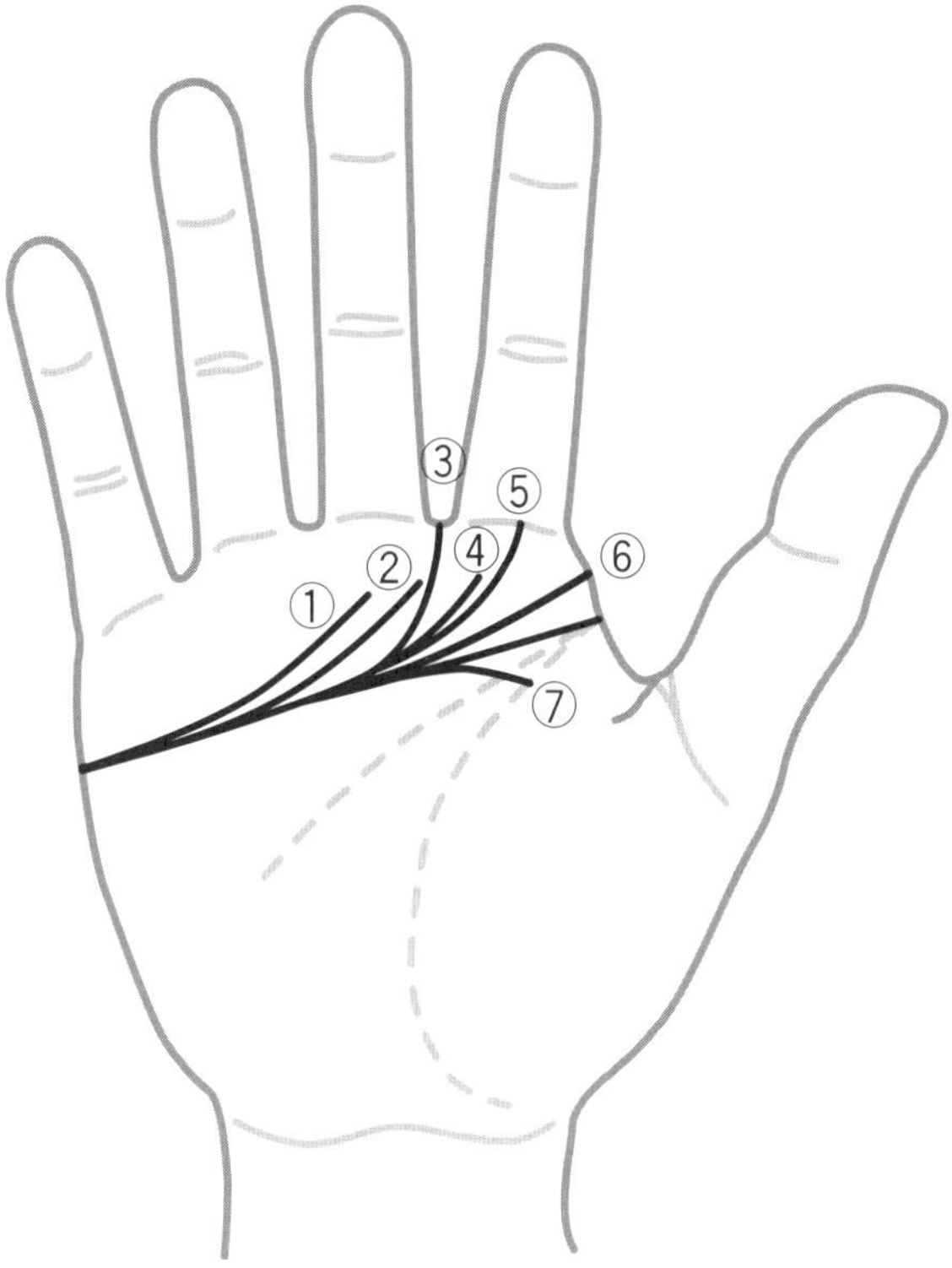

① 中指の下辺りで終わる

熱しやすく冷めやすい性格です。自分本位で、相手のことを考えない人です。感情線が短い人は、理性的でクールな人ですが、人情味が薄い傾向があります。他人に対する思いやりや、配慮が足りない人です。

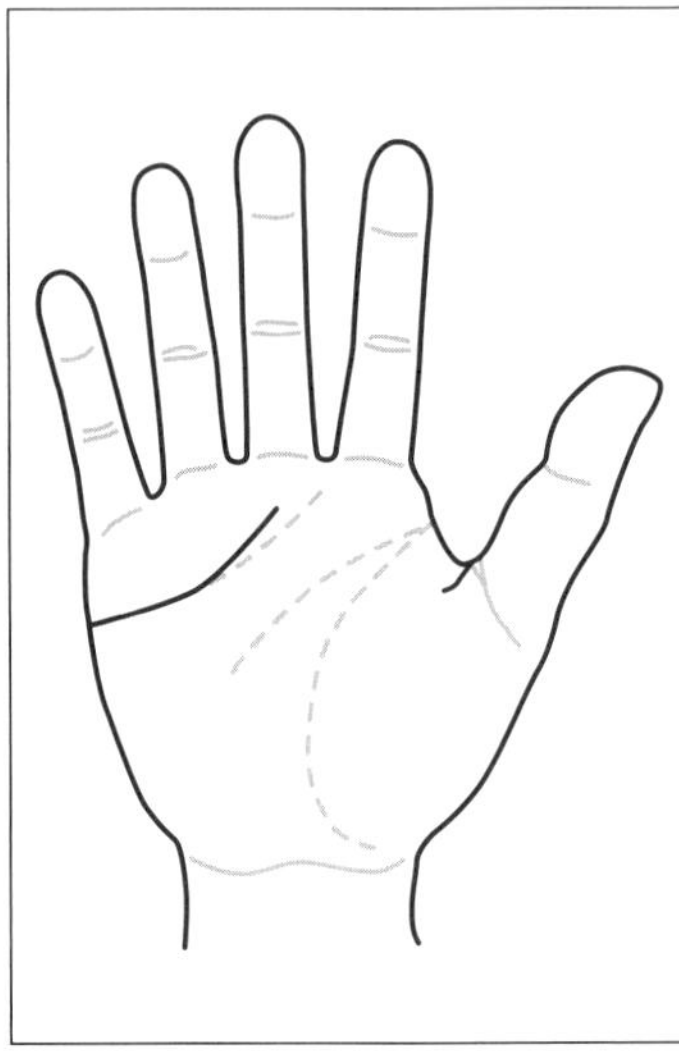

② 人差指と中指の間で終わる

標準型です。相手の気持ちを思いやり、争いごとを好みません。本当に好きな人には好きと言えない人です。自分の思いを、思いきって相手に伝える勇気を持つと開運につながります。

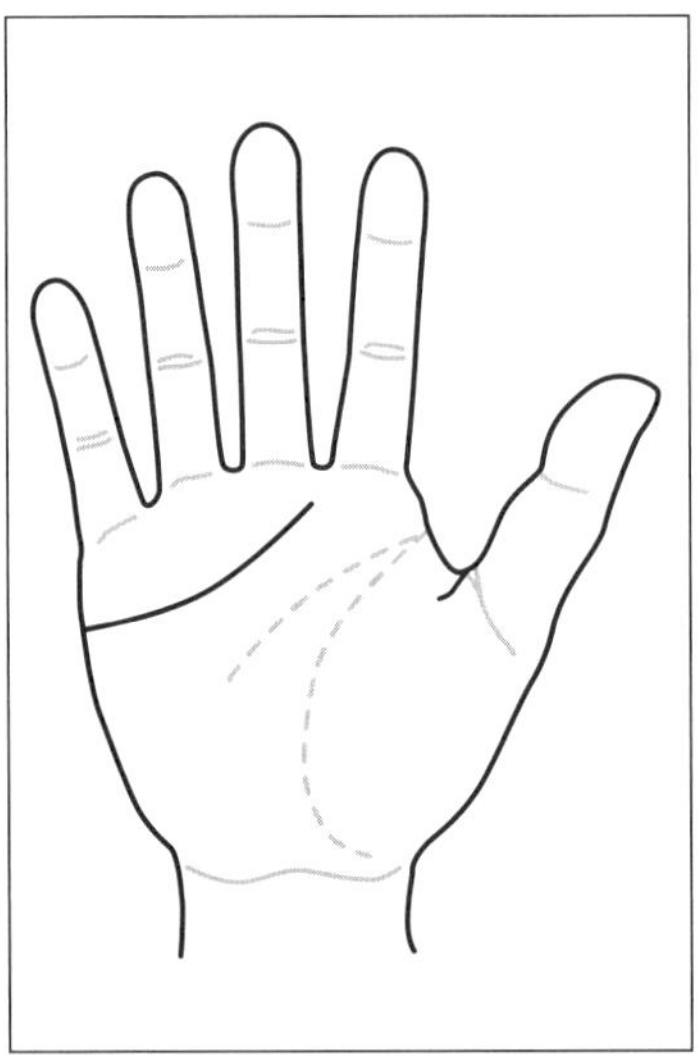

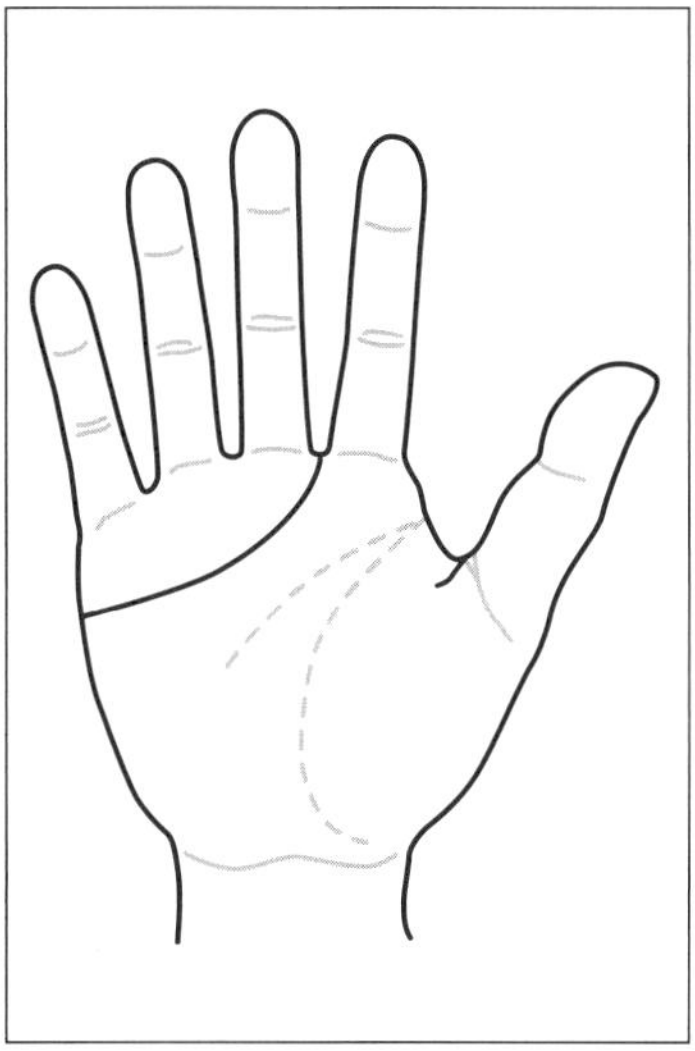

③人差指と中指の中間に入る

純情で、愛情に一途な家庭第一主義の人です。相手にも愛情の潔癖さを求めます。理性と感情のバランスのとれた人です。マイホームパパ、マイホームママになれる愛情の深い人です。

④人差指の下まで伸びる

理想が高く、妥協しない人です。相手に多くを求め過ぎるところがあります。向上心が強く、情熱的な人です。自分に厳しく、相手にも厳しい人です。感情線が上に行くほど、情熱的になる傾向があります。

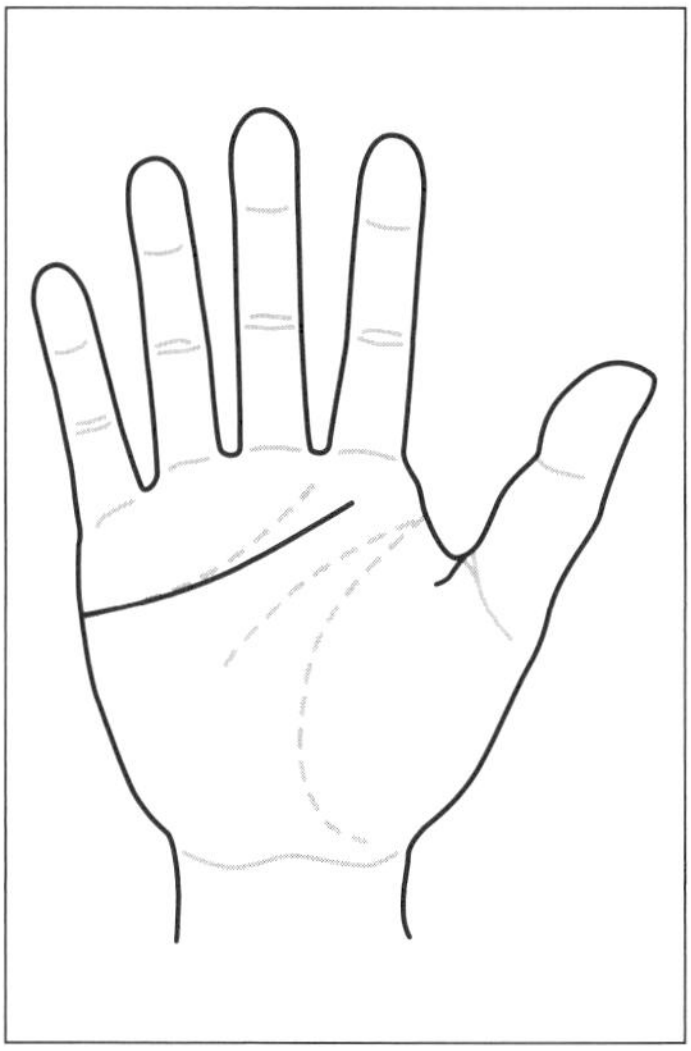

⑤人差指の付け根につく

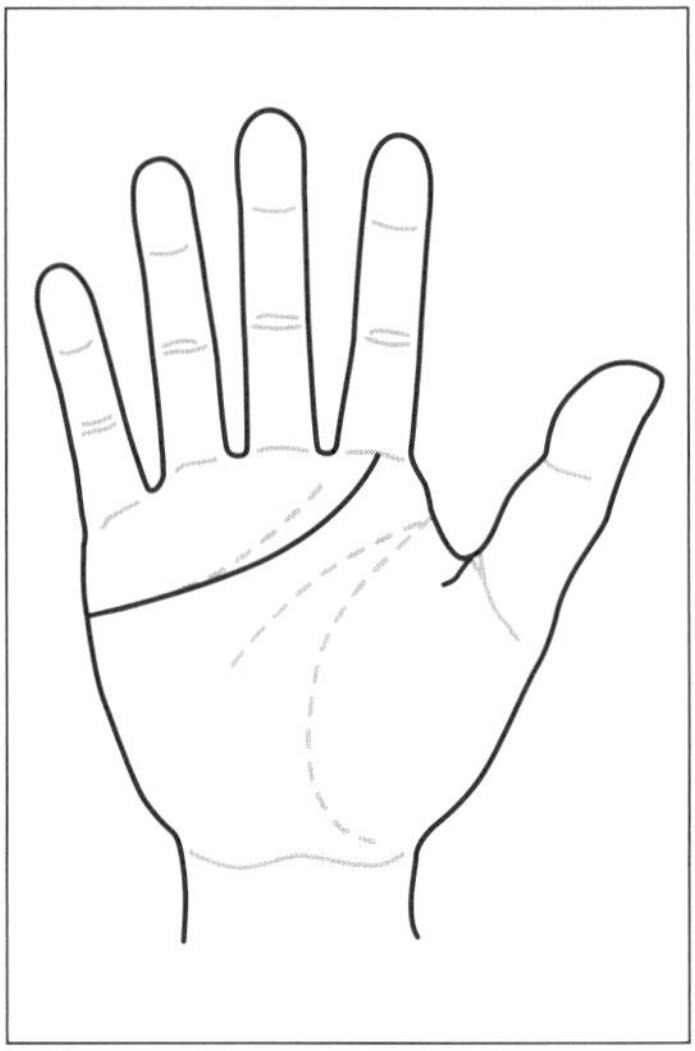

献身的で、相手に見返りを求めない人です。押しかけ女房か、ストーカー的な傾向があります。情にほだされやすく、相手に尽くすことに喜びを感じる人です。やさしい言葉に騙されやすいところがあるので注意してください。

⑥木星丘の下を通って掌の端まで伸びる

独占欲の強い人です。執着心が強く、嫉妬深いところがあります。感情線が長い人は、愛情が深い人ですが、独占欲や嫉妬心が強く、感情的になる傾向があります。

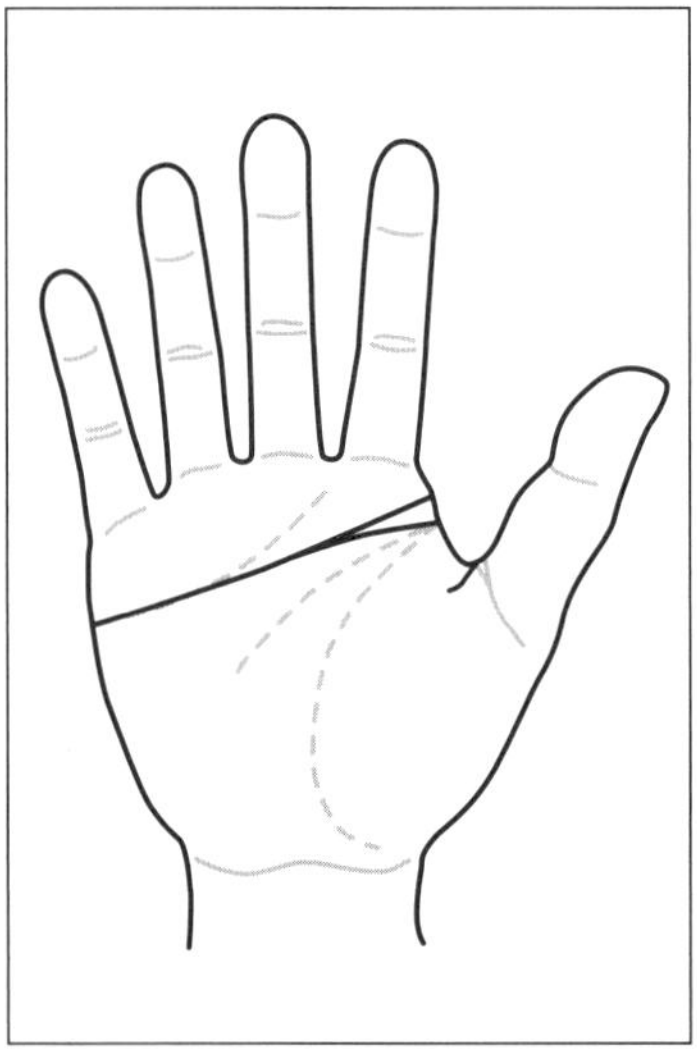

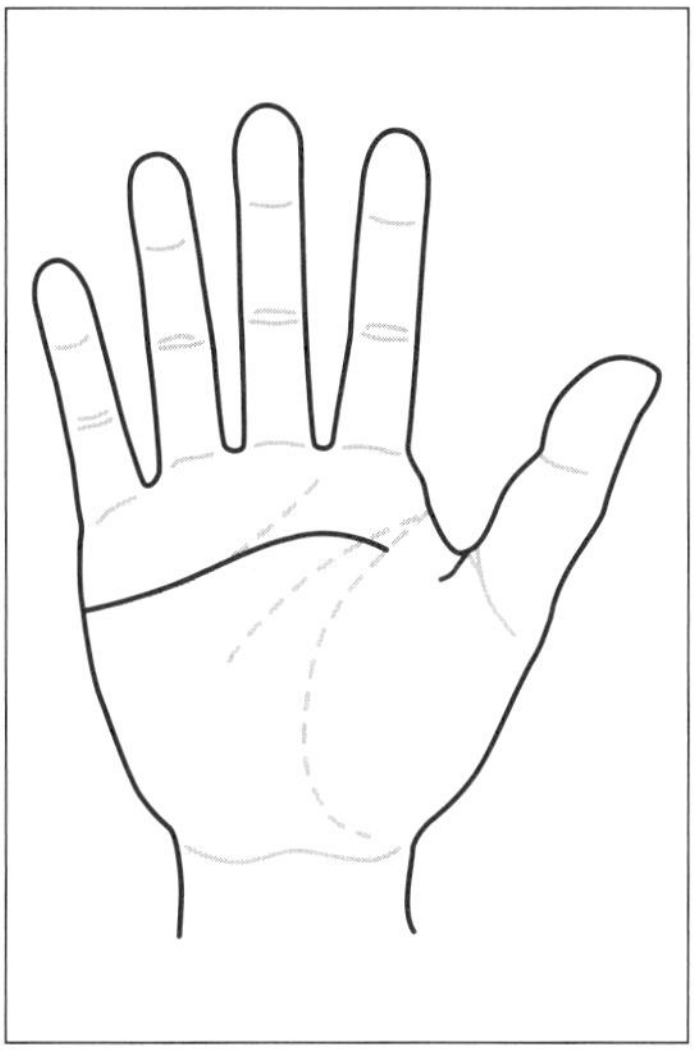

⑦人差指と中指の間辺りで下降する

世話好きで情にもろく、人のために尽くす人です。相手に思いを寄せると、周りが見えなくなる傾向があります。相手をすぐに信じ込み、親切がお節介になるくらいに、相手に尽くします。感情線が下がるほど、優しくなる傾向があります。

四、運命線

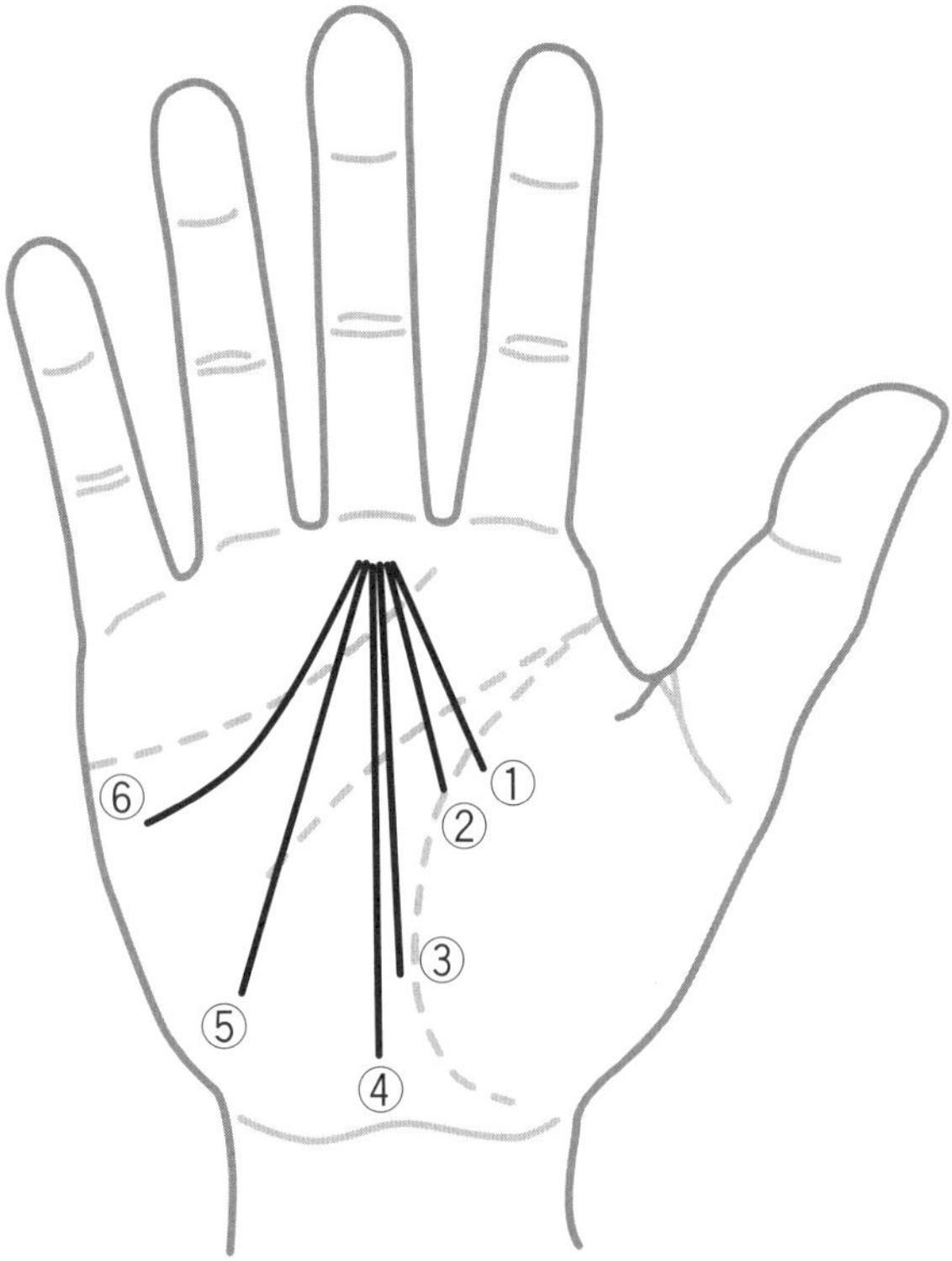

四、運命線

運命線は、中指の付け根に向かって走る縦線です。運命線は、社会運や仕事運をみるもので、運、不運の時期や意志力、やる気などもみます。運命線は、三大線（生命線、頭脳線、感情線）と違って、誰にでもあるという線ではなく、若い人や専業主婦のような人には、結構ない人も多いのです。

逆に、若い時から運命線がはっきり出ているような人は、早くから自分のやるべきことが決まっていたり、家計を支えなければならなかったりして、苦労が多いと言えるのです。また、専業主婦ではっきり出ていると、仕事をしたり、自分が一家の大黒柱的役目を担ったりするのです。

運命線のある人は、社会運の強い人なので、社会的に活躍できる人です。逆に、自分のことは当然のこととして、身内や他人のために尽くさなければならない責務を負っていると言えるのです。若いうちはなくてもそう心配はいらないのですが、三十代になっても運命線が出てこないような人は、仕事運がなかったり、覇気がなかったり、自立心に乏しかったりするのです。

①生命線の内側から出る

身内や配偶者などの援助を受けて開運する人です。跡取りの相なので、家系を継ぐとか、コネで就職するのが吉です。後述する生命線の流年の年に開運する暗示があります。

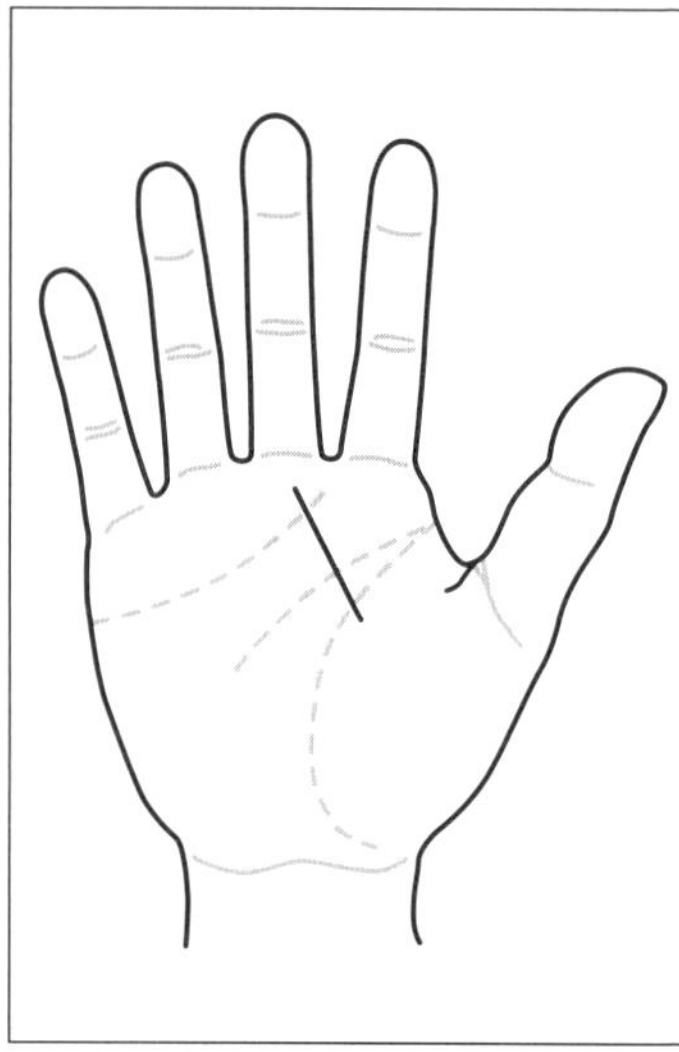

②生命線上から出る

努力線や開運線と呼ばれている線です。自分の努力で運気を開いていく、努力家で独立独歩型の人です。積極的でチャレンジ精神旺盛です。どんな状況でも、努力を惜しまない頑張り屋さんです。

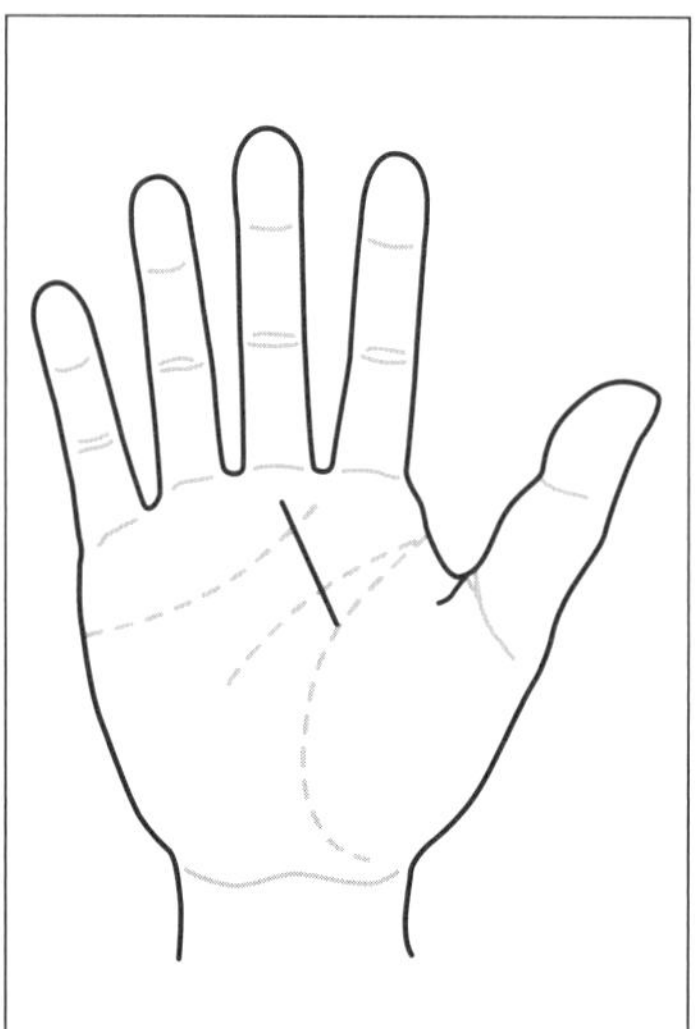

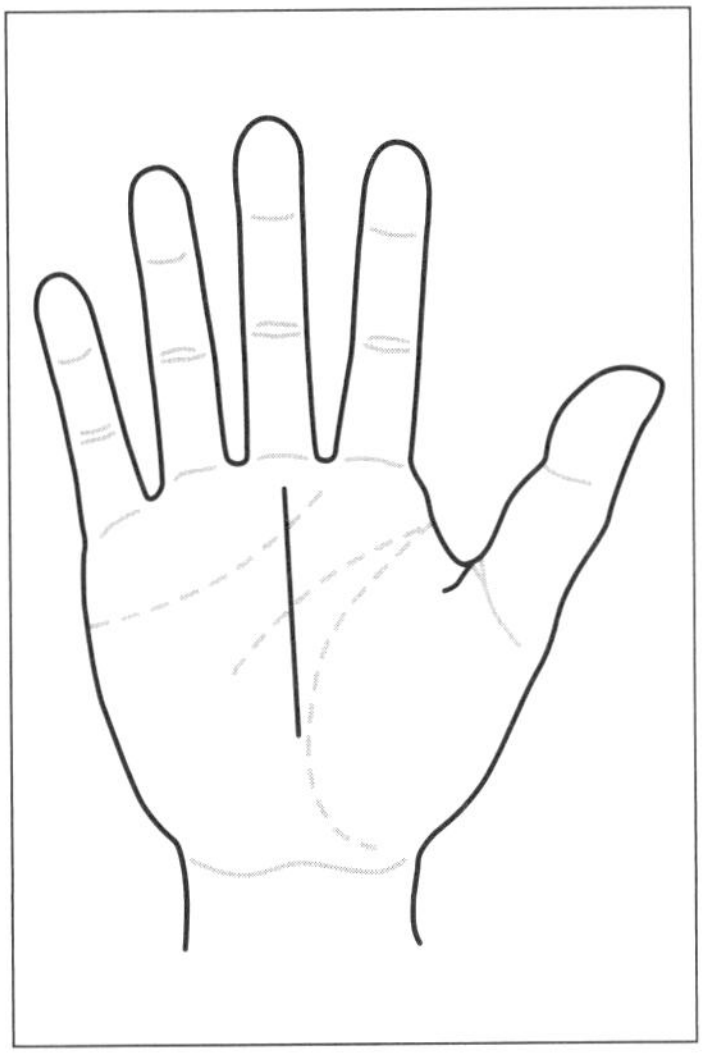

③生命線側から生命線にそって出る

親や祖先との縁が強い人で、家を継ぐ役目を担っています。親の跡を継いだり、先祖の遺伝子を継いでいたりします。家庭の事情による苦労が多い暗示があります。

④手首の真ん中辺りから一直線に出る

天下筋（女性は女主人の相）とも呼ばれている線です。いずれの業界においても、第一人者になれる相と言われていますが、周囲の協力を得られないと自滅することもあります。

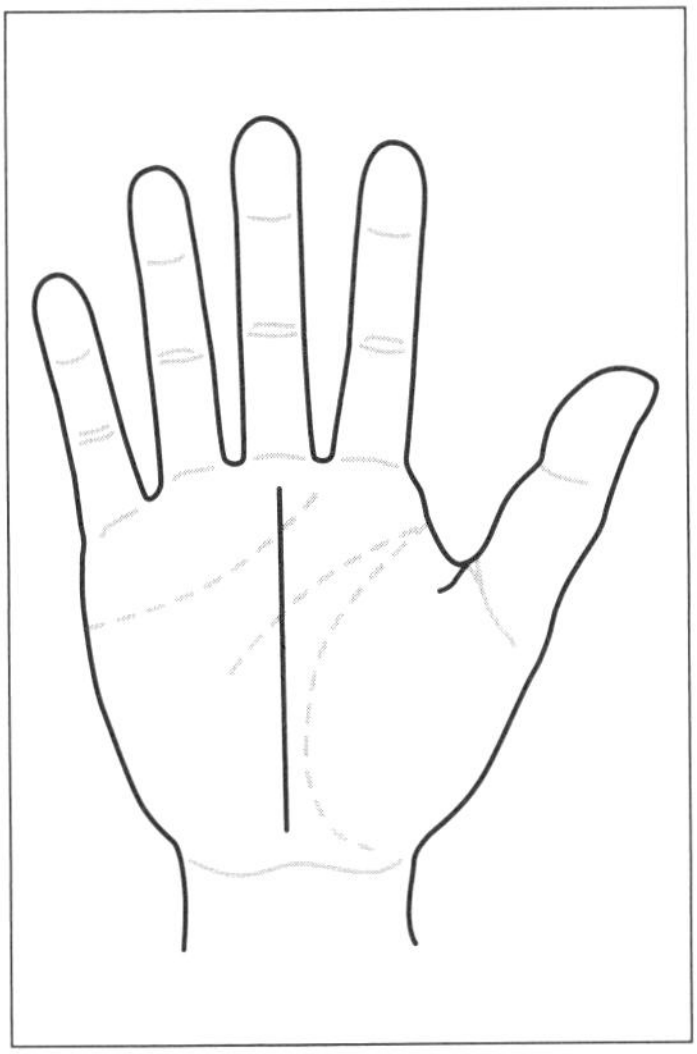

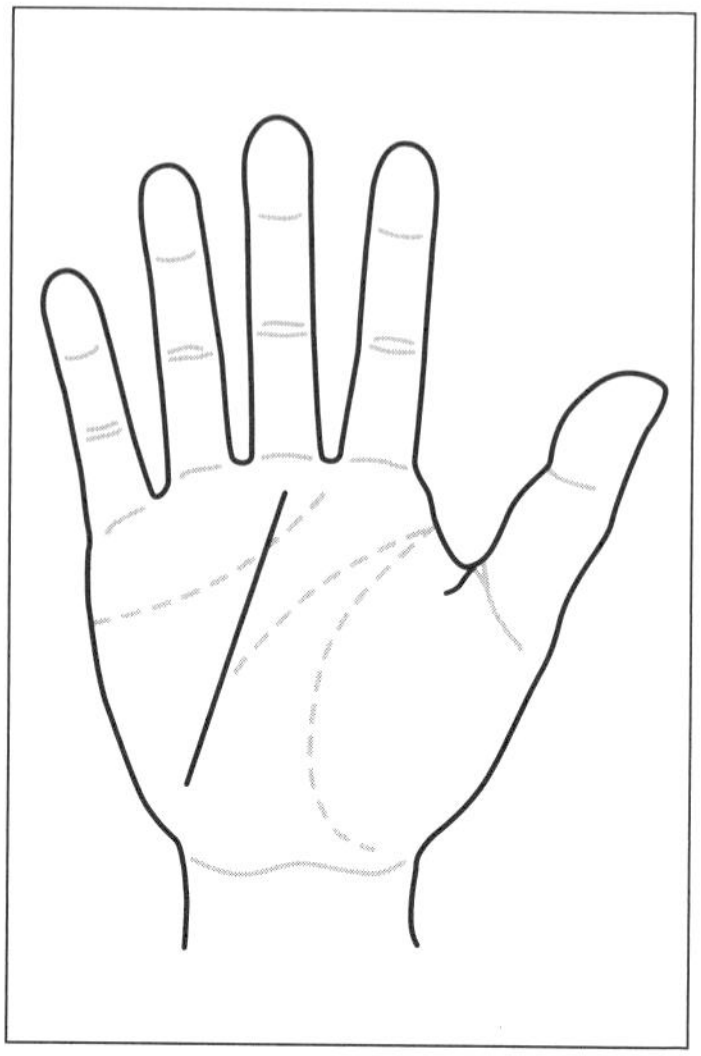

⑤月丘の中央辺りから斜めに出る

他人の援助を受けて開運する。上司運がよいので、公務員やサラリーマンが吉です。人気があるので、人気商売もよいでしょう。社会運が強く、他人に可愛がられやすい人です。

⑥月丘の上で、感情線の下辺りから弓型に出る

夢を追いかけていく人です。人に夢を与えたり、楽しませたりすることが好きな傾向があります。娯楽産業や遊びや趣味を仕事にすると吉です。

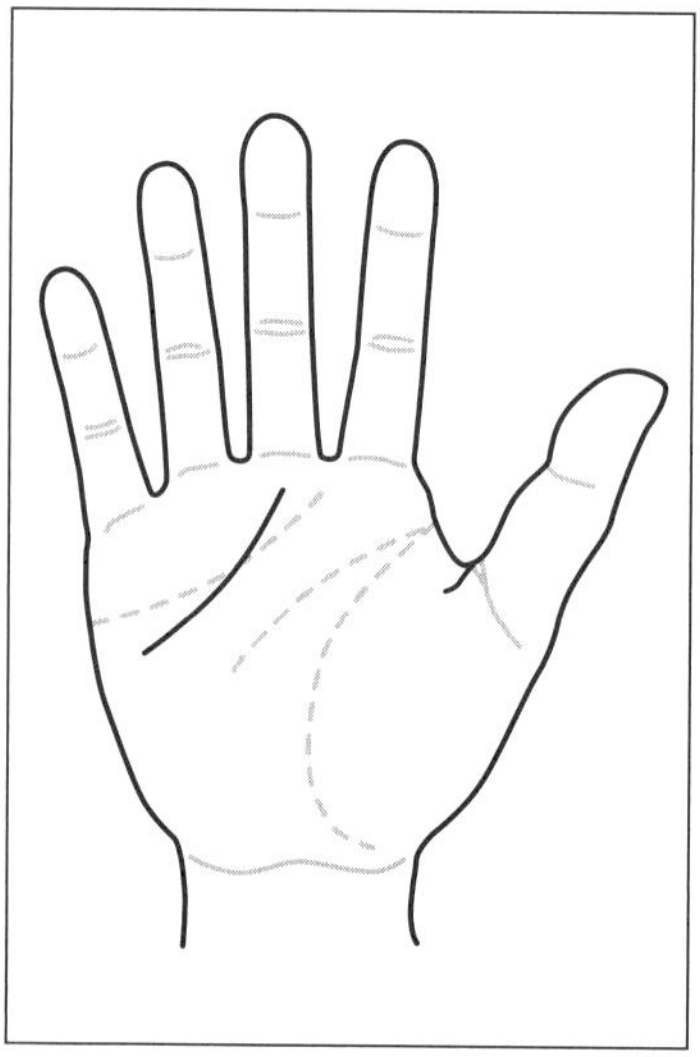

五、太陽線

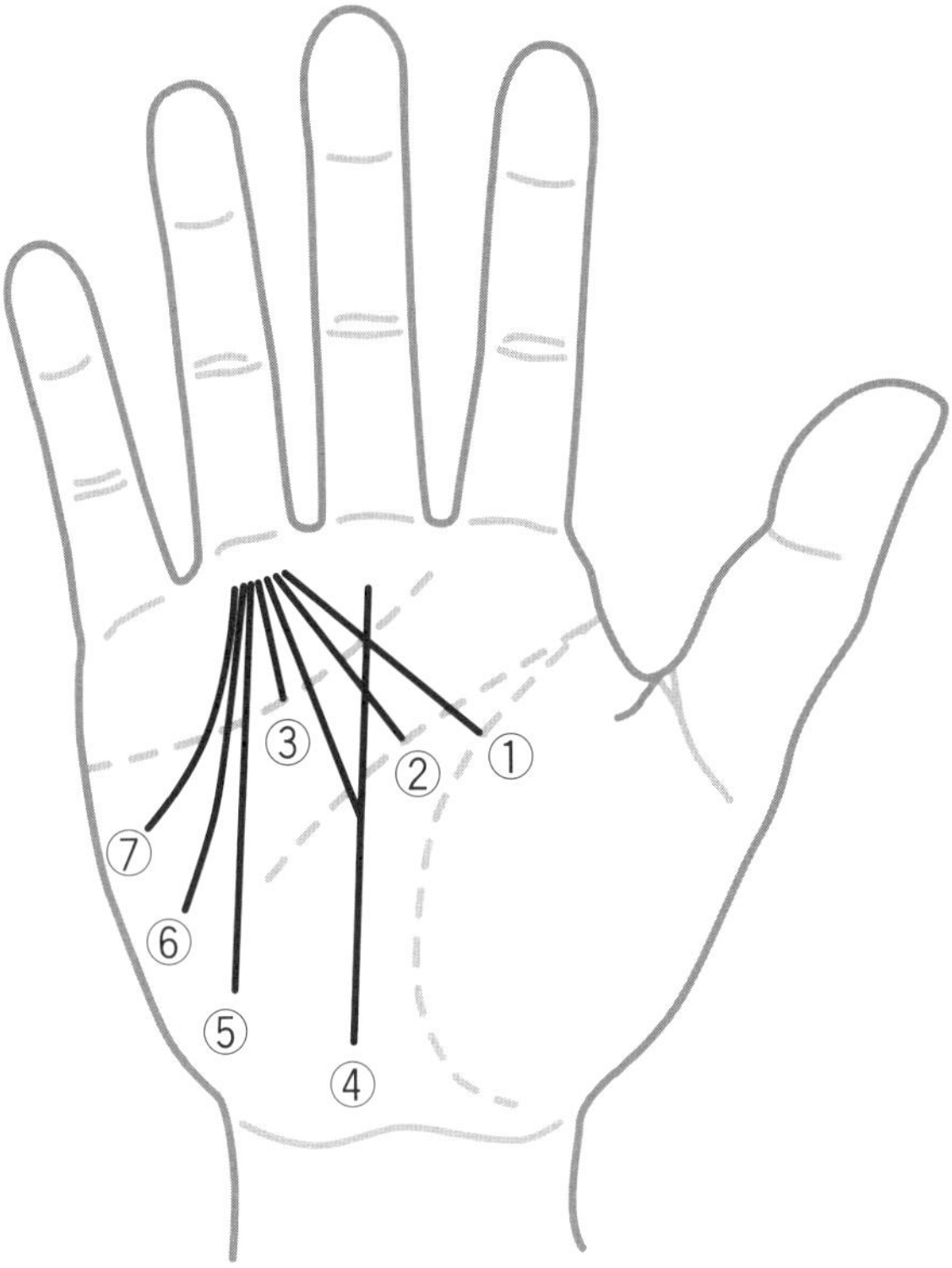

五、太陽線

太陽線は、薬指の付け根に向かって走る縦線です。太陽線は、他人の援助や引き立てをみるもので、人気、オーラなどもみます。運命線が中指の付け根に向かう線なのに対して、太陽線は、薬指の付け根に向かう線です。

運命線と太陽線は、車の車輪に当たるもので、両方あるほうが望ましいのです。運命線は言わば「実力」をあらわす線といってもよく、それに対して、太陽線は「人気」をあらわす線といえるでしょう。運命線があって太陽線のない人は、「実力」はあるが「人気」がない。つまり、能力は持っているのだが、周りから認めてもらえない。逆に、太陽線があって運命線がない人は、「実力」はイマイチだが「人気」だけはある。つまり、能力以上の評価を周りからされる傾向があるということです。運命線と太陽線の両方があると「人気」「実力」とも兼ね備え、周りから自分の実力通りの評価が得られるということです。

運命線があって太陽線のない人は、「実力」のある間に「人気」を得る努力をすること。逆に、太陽線があって運命線のない人は、「人気」のある間に「実力」を身に付けておくことが開運法でしょう。太陽線は、薄くなったり、消えたりすることもあるのです。「人気」はいつまでも続かないという事です。

① 生命線上から出る

努力線、または向上線と呼ばれている線です。自分の努力で開運していく人です。向上心が強く、他人の力や運に頼らず、自力で名声を得ようと努力する人です。

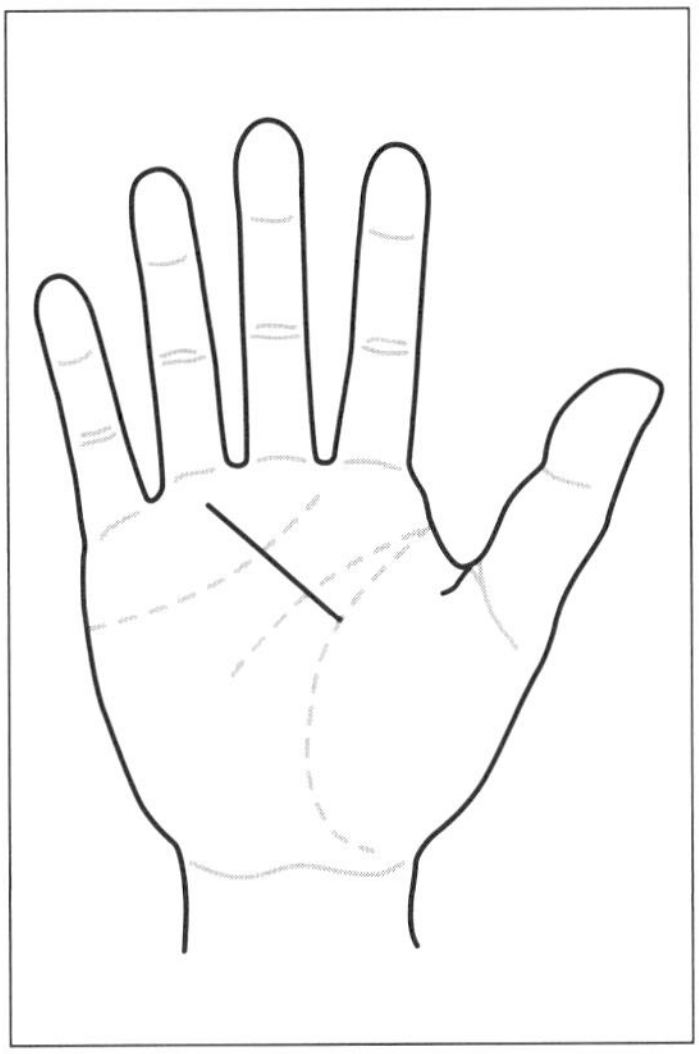

② 頭脳線から出る

知識や技術、資格などを生かして開運していく人です。頭脳明晰で才能があり、社交的な人です。時代の要請に応えて、一躍社会的な名声を得られる暗示があります。

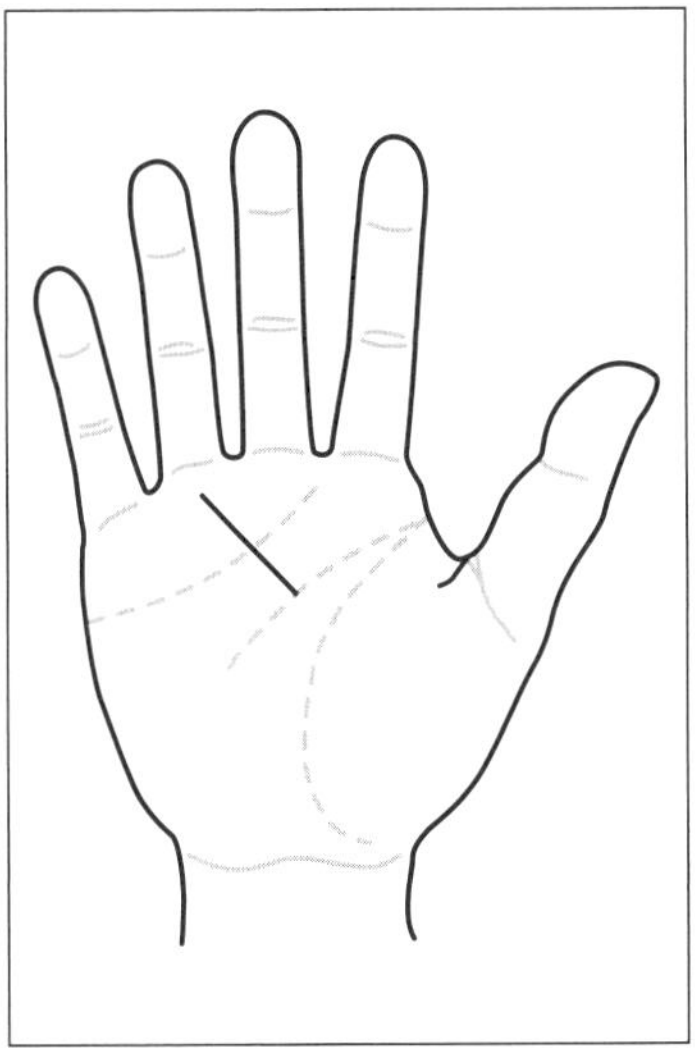

③感情線から出る

感情線と薬指の付け根の間に出ているのが標準型です。晩年や五十歳過ぎから開運していく人です。精神的に安定した老後を送ることができるという暗示です。

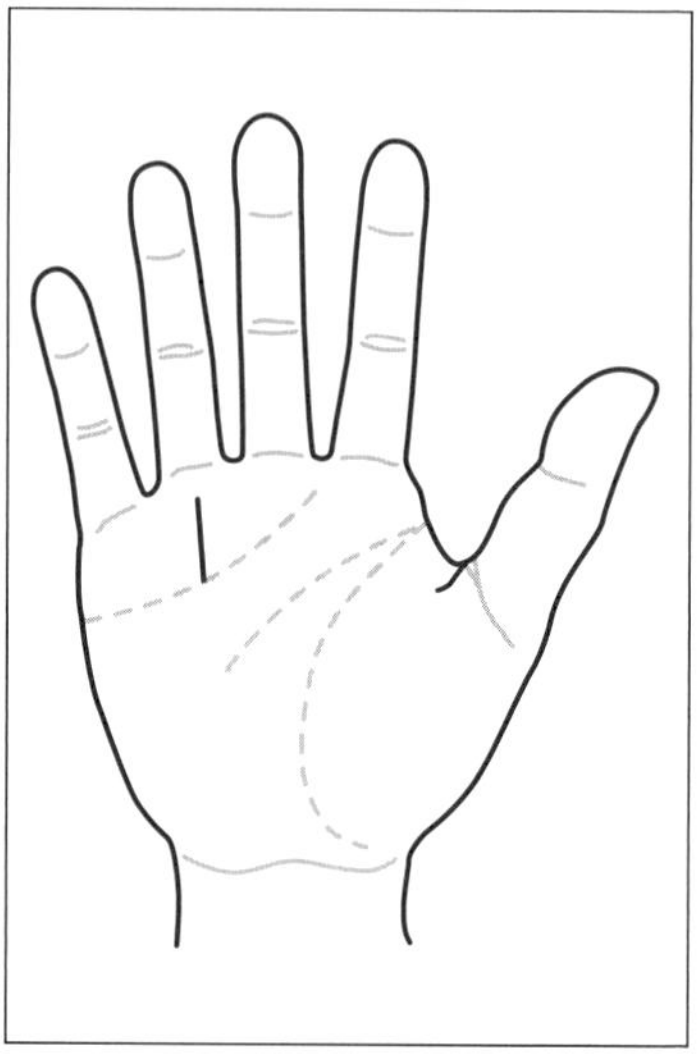

④運命線から出る

強運の持ち主です。本物の太陽線とも呼ばれ、努力が実を結ぶことを示しています。自分の願いが叶う、大変ラッキーな人です。太陽線と運命線の接点の年に、幸運が訪れることの暗示です。

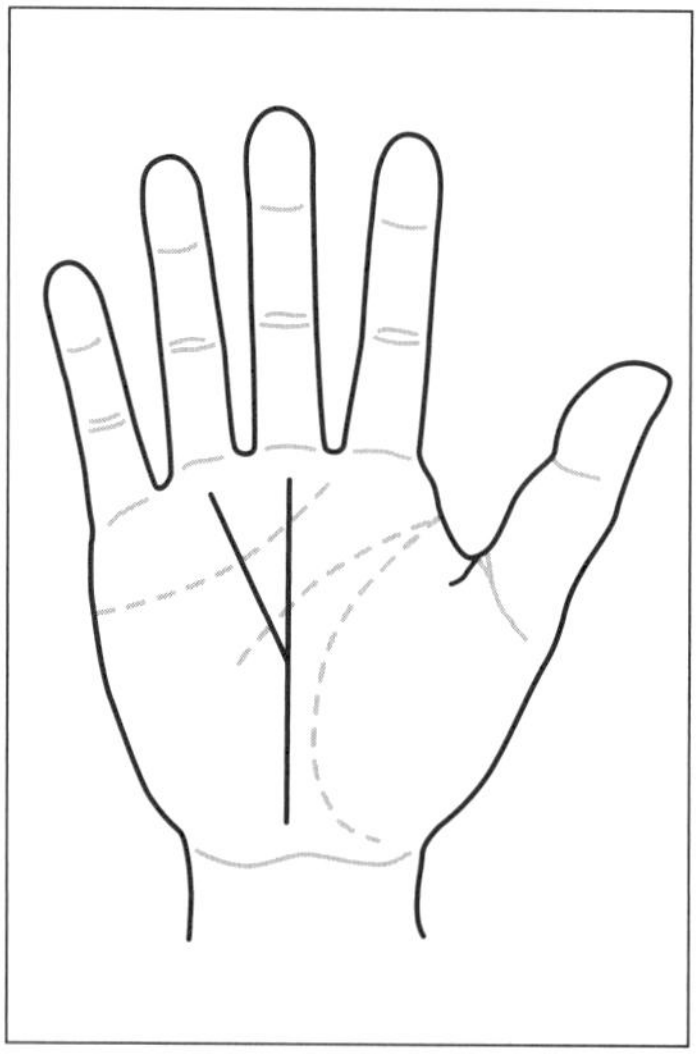

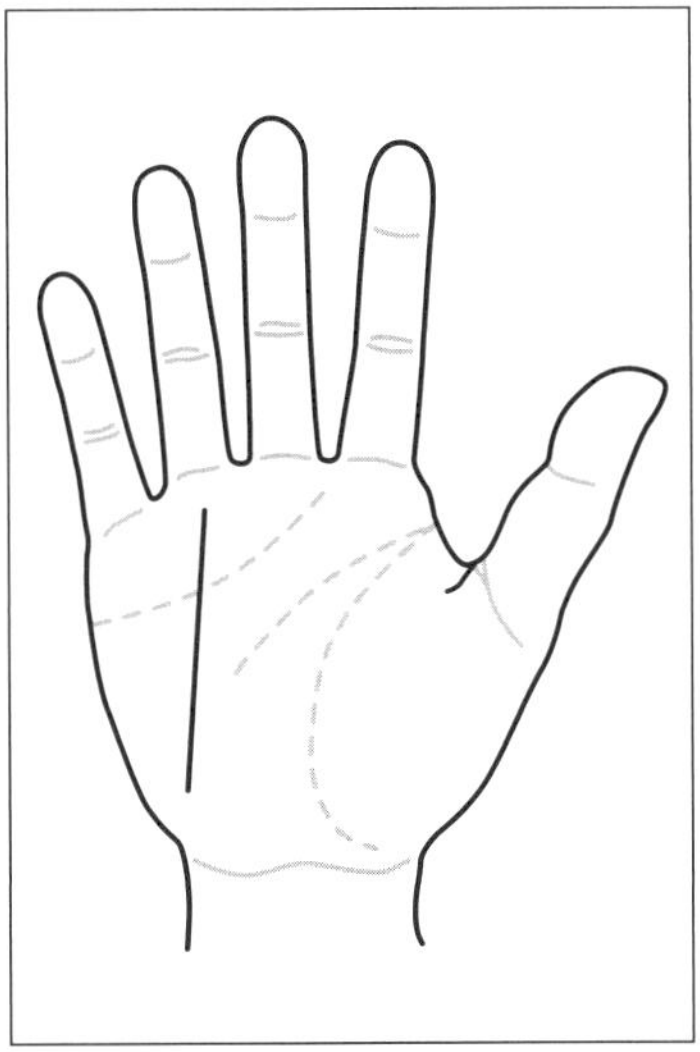

⑤月丘から一直線に出る

他人の援助や人気によって開運していく人です。人気があり、他人から可愛がられ、援助や引き立てを得られる人です。太陽線が長い人は、人気が長く続くことを示しています。

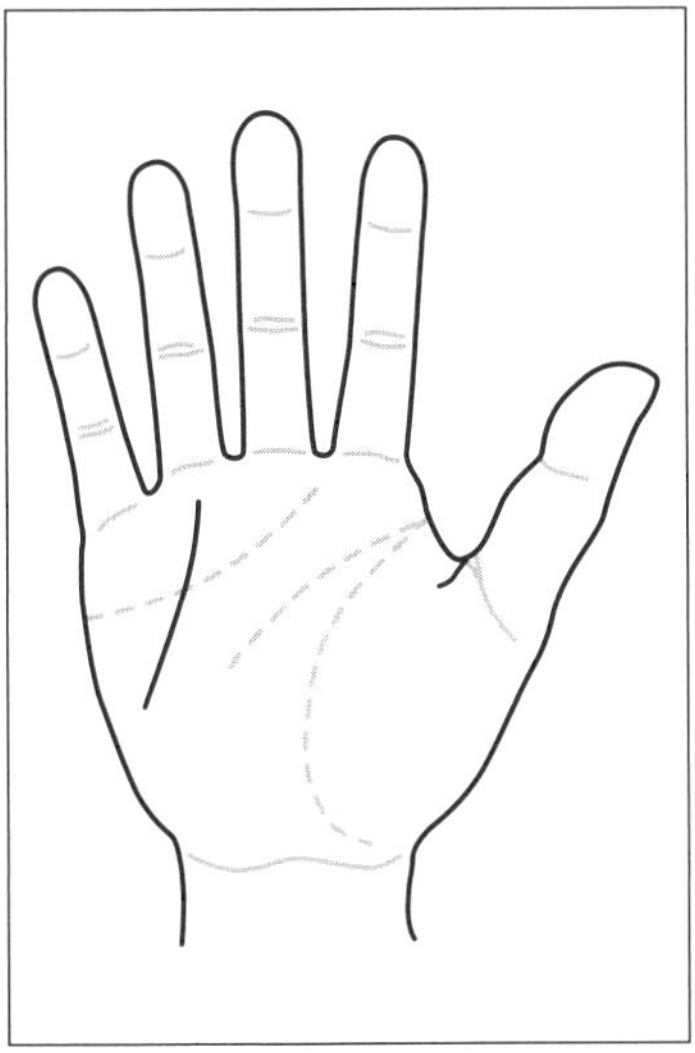

⑥月丘の中央辺りから出る

感性を生かして開運していく人です。芸術や芸能方面に向いている人です。ユニークな発想や想像力の持ち主です。ただし、人気は水物なので、人気に溺れず、実力を養っておく必要があります。

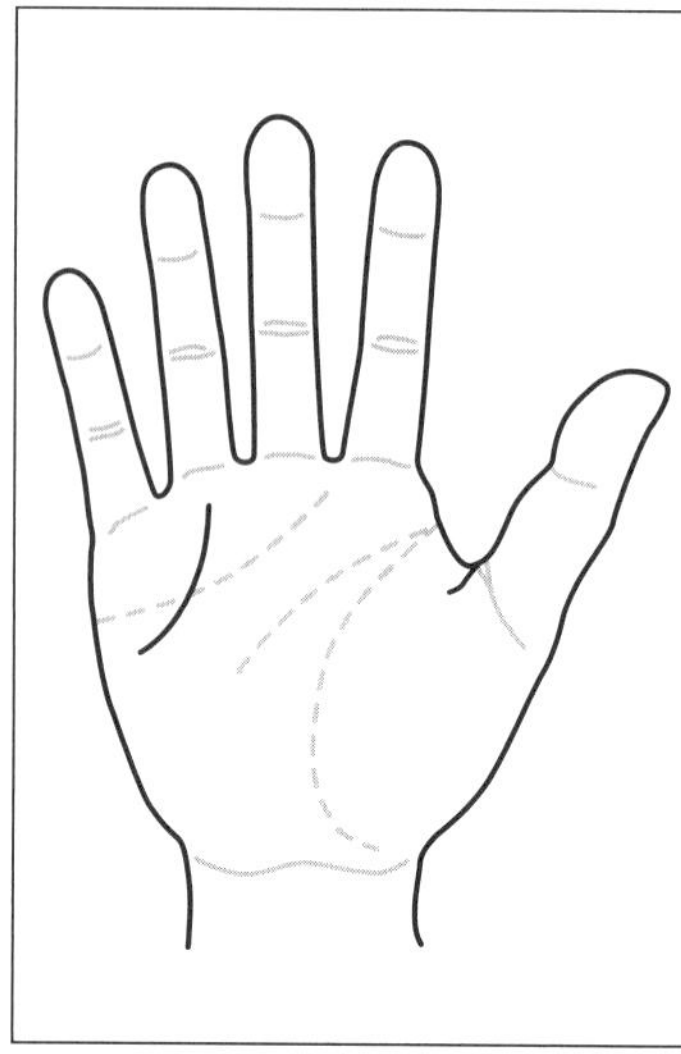

⑦火星丘から弓型に出る

裸一貫で地道にコツコツ努力して開運していく人です。技術職や職人タイプの人です。地味ながら勤労をいとわず、確実に財を築いていける人です。接客業で成功した人にもよく出ています。

六、財運線

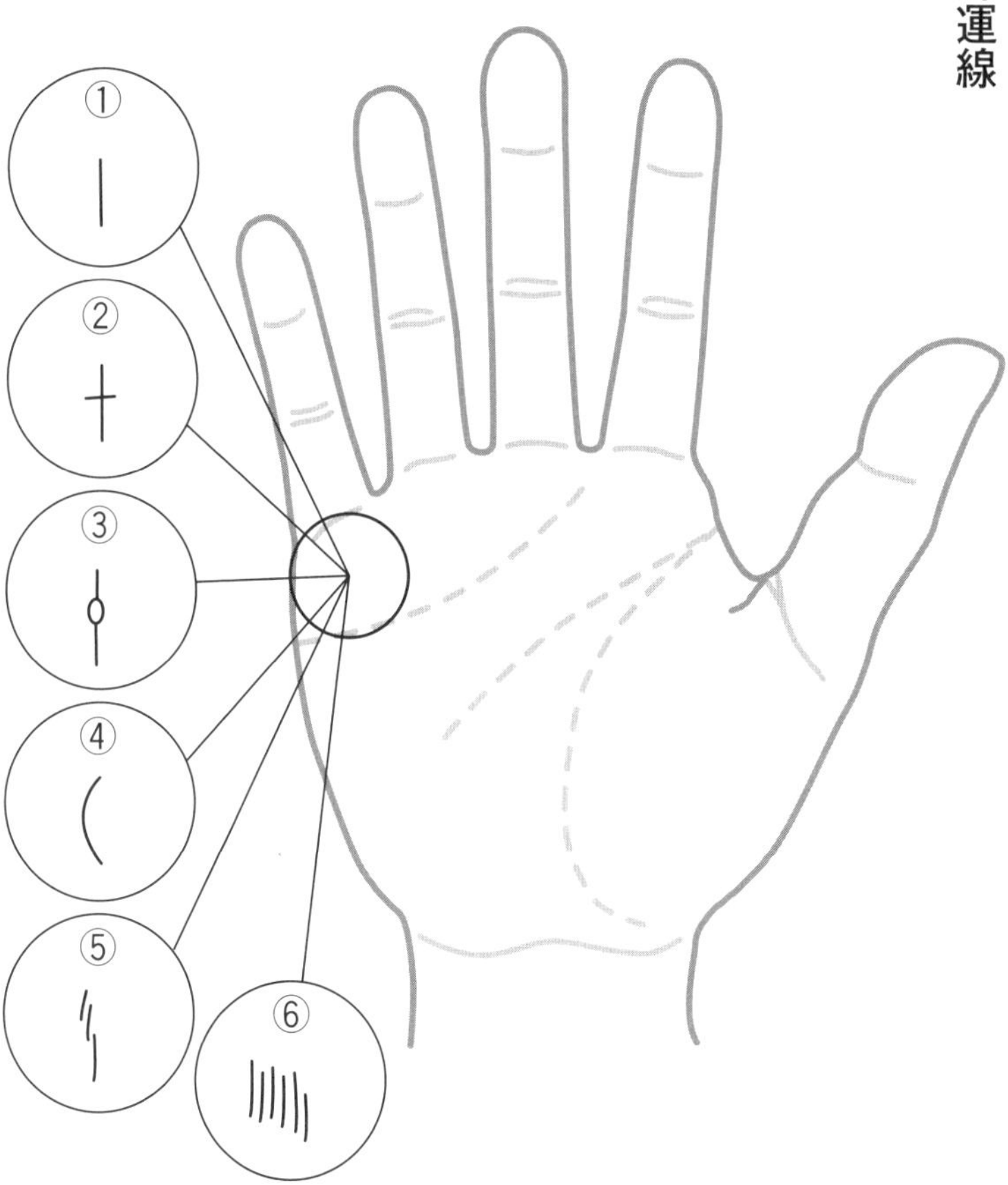

六、財運線

財運線は、小指の付け根の水星丘にあらわれる短い縦線です。財運線は、金運やお金に対する満足度をみるもので、商才や説得能力、蓄財力などもみます。

財運線は、くっきりと一本だけスッと出ているのが望ましいのですが、まったく出てなかったり、あるのかないのかわからないくらい薄かったり、ごく細い線が何本も出ていたりするのがむしろ多いのです。

後述説明しますように、財運線がはっきりと出ている人が少ないということは、それだけ、お金に満足している人や、金運のある人が少ないと言えるのかも知れません。

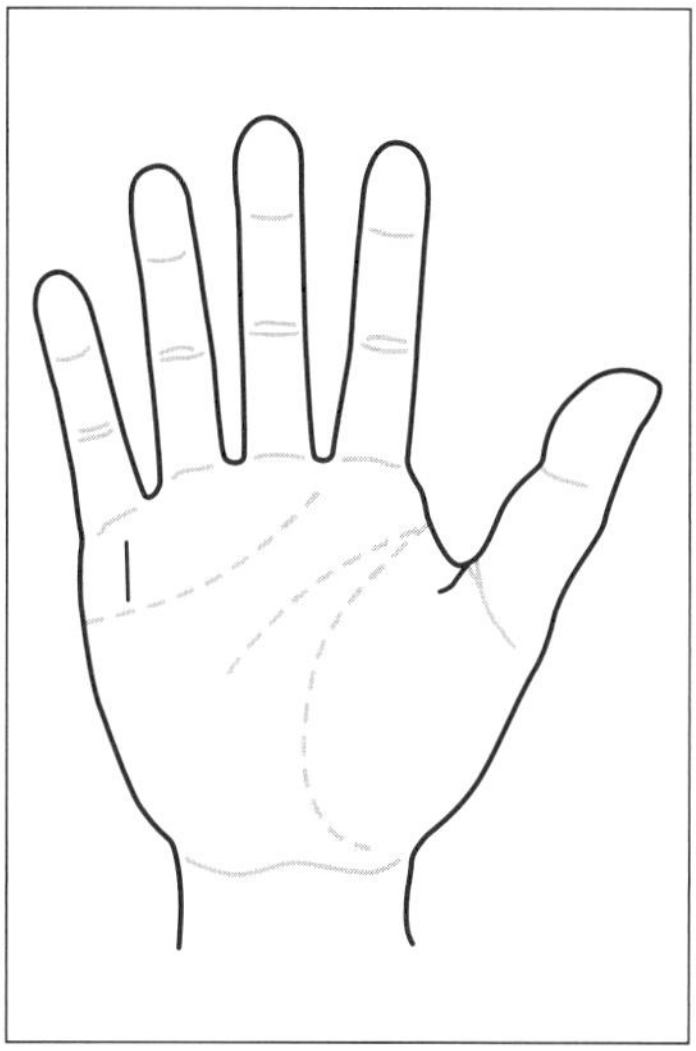

①太く真っ直ぐに伸びる

金運良好です。商売が上手くいき、貯蓄もできる状態です。二本あるとさらに強運です。財運線が一本、ないし二本ハッキリと出ていると、自分の努力以上の金運に恵まれる暗示があります。

②障害線が横切っている

金運が悪い暗示です。思わぬ損失や出費に見舞われて収入が減る状態です。予定していたお金や財産が入ってこないことの暗示です。お金や財産に関するトラブルなどにも注意です。

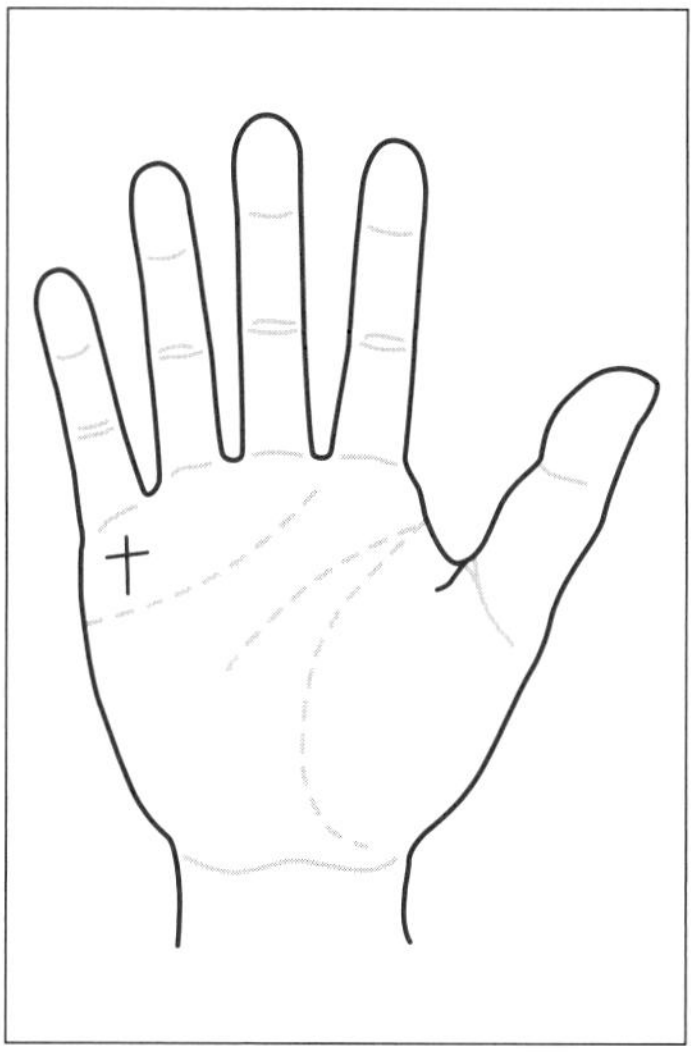

③島がある

金運が悪い暗示です。収入があっても、損失や出費が多くて追いつかない状態です。収支がマイナスになる暗示です。極力、無駄な出費を抑えるようにしましょう。

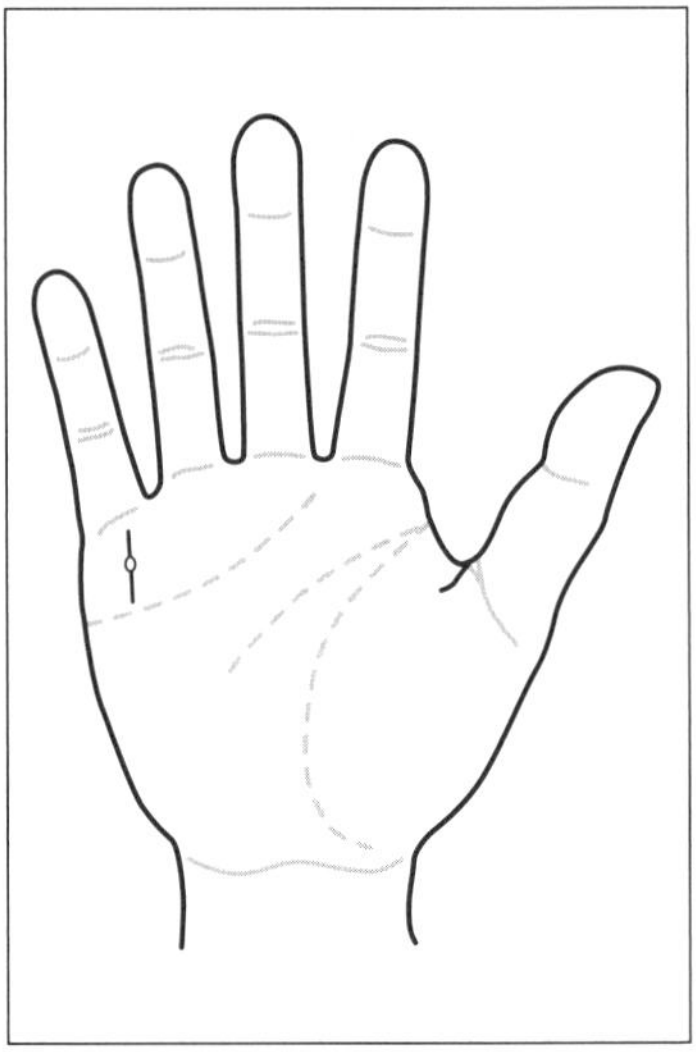

④弓型に反っている

金運が悪い暗示です。支出に収入が追い付かない状態です。お金回りが思うようにいかない暗示です。自転車操業状態の場合もあり、縮小、リストラをすべきです。

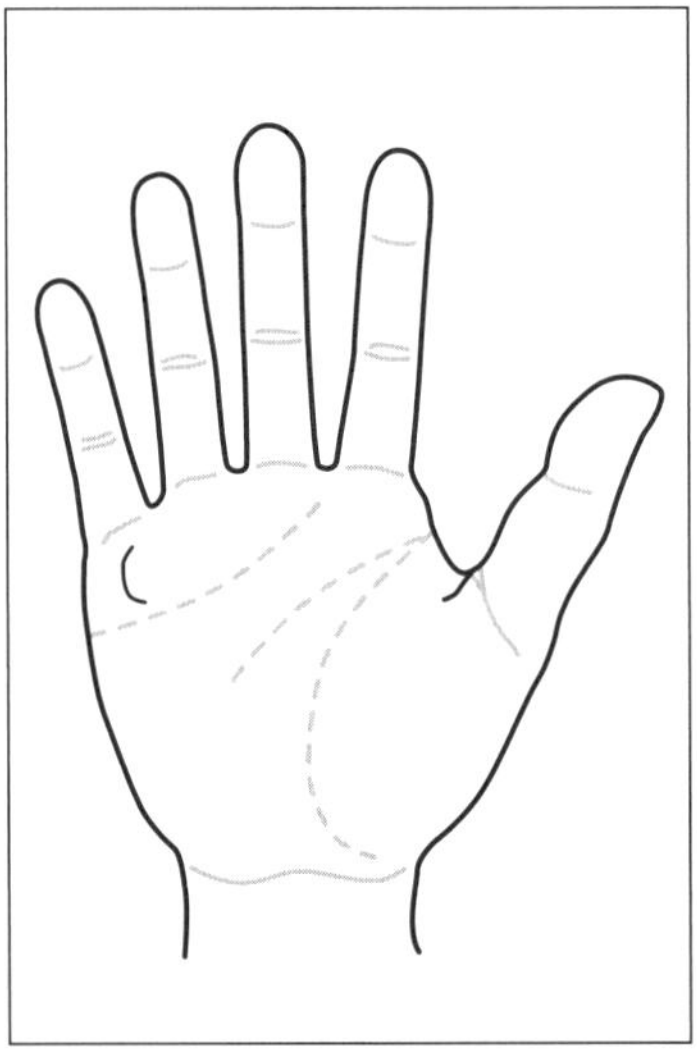

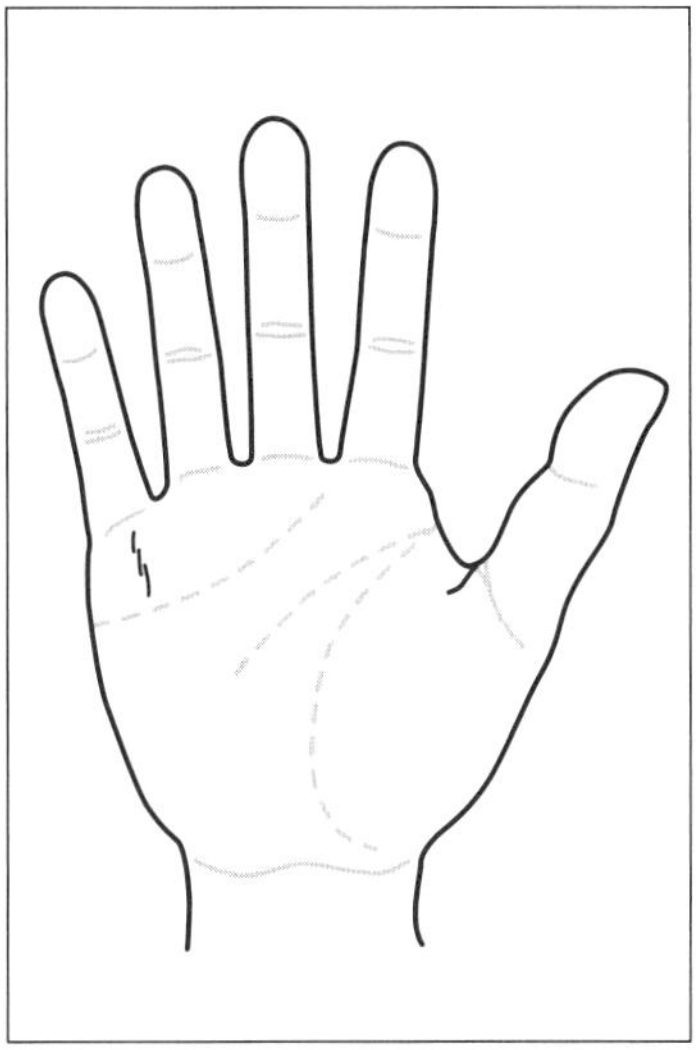

⑤切れ切れになっている

金運が悪い暗示です。商売が上手くいかないか、生活が苦しい状態です。生活を安定させることが急務です。金銭感覚が大雑把で、何事もどんぶり勘定のところがある人です。

⑥細い線が何本もある

金運が弱い暗示です。収入があっても支出が多く、お金が貯まらない状態です。お金遣いが荒いところがあるので、無駄遣いを減らせばよくなります。

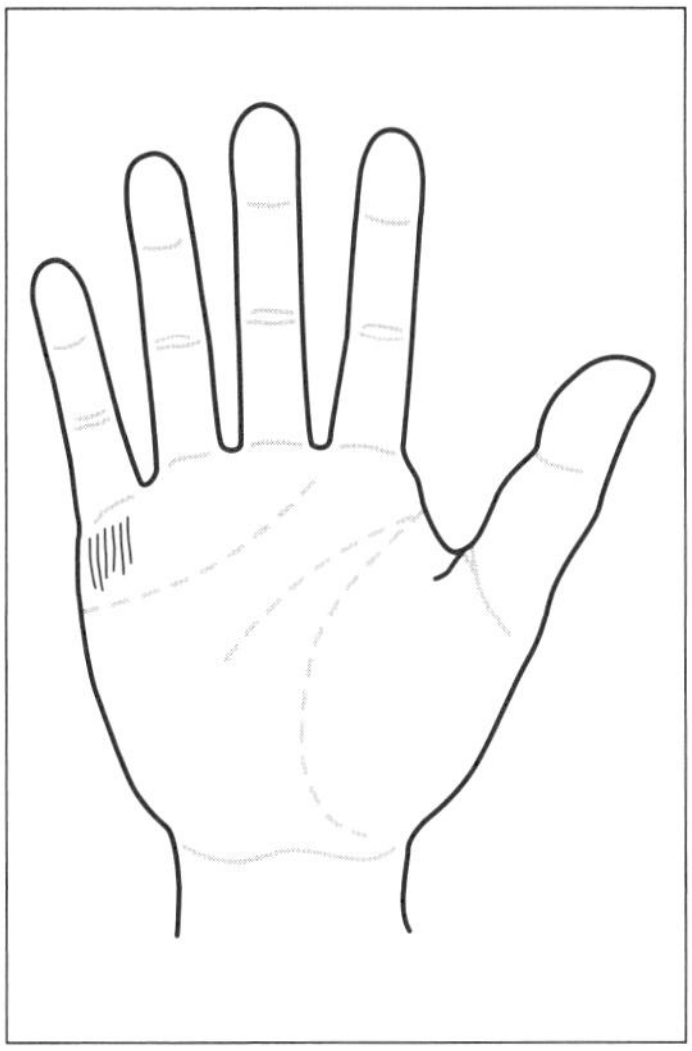

七、結婚線

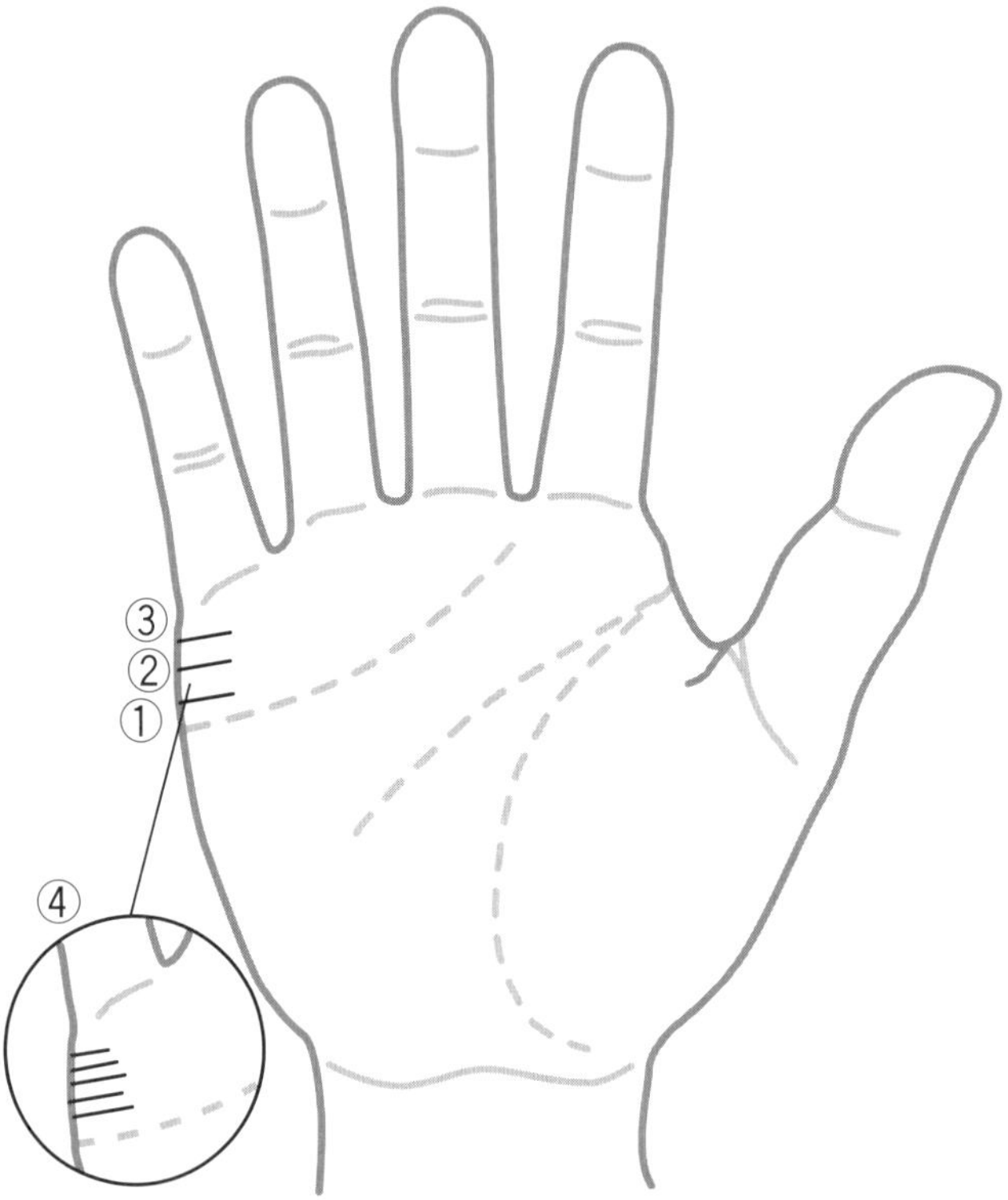

七、結婚線

結婚線は、小指の下の側面で、感情線と小指の付け根の間の、水星丘に出る横線です。

結婚線の長さの標準は、小指の幅の長さの三分の二くらいです。長くなると、薬指の下まで伸びて太陽線に届くものや、金星帯とつながるようなものもあります。

結婚線は、結婚の有無や異性への関心度をみるもので、結婚の時期や愛情の度合いなどもみます。結婚線は、一本だけあるという人はまれで、普通二〜三本あるのが標準です。よく、結婚線の本数が結婚や恋愛の回数だと思っている方がいますが、決してそんなことはありません。結婚線が何本もある人は、少ない人に比べると気が多いとは言えるのですが、異性との出会いや結婚、恋愛の回数とは関係ないのです。また、結婚線のない人は、一生結婚や恋愛がないと思っている方もおられるようですが、これも自分の意識の持ちようで結婚線が出てきたり、結婚線がなくても彼氏や彼女が出現することもあるのです。

結婚線のない人は、「結婚せん！」のではないのです。

①感情線近くに出る

早婚タイプです。恋愛に目覚めるのが早い人です。感情線に近いほど早婚の傾向がありますす。感情線より四分の一くらいだと二十歳前後になります。

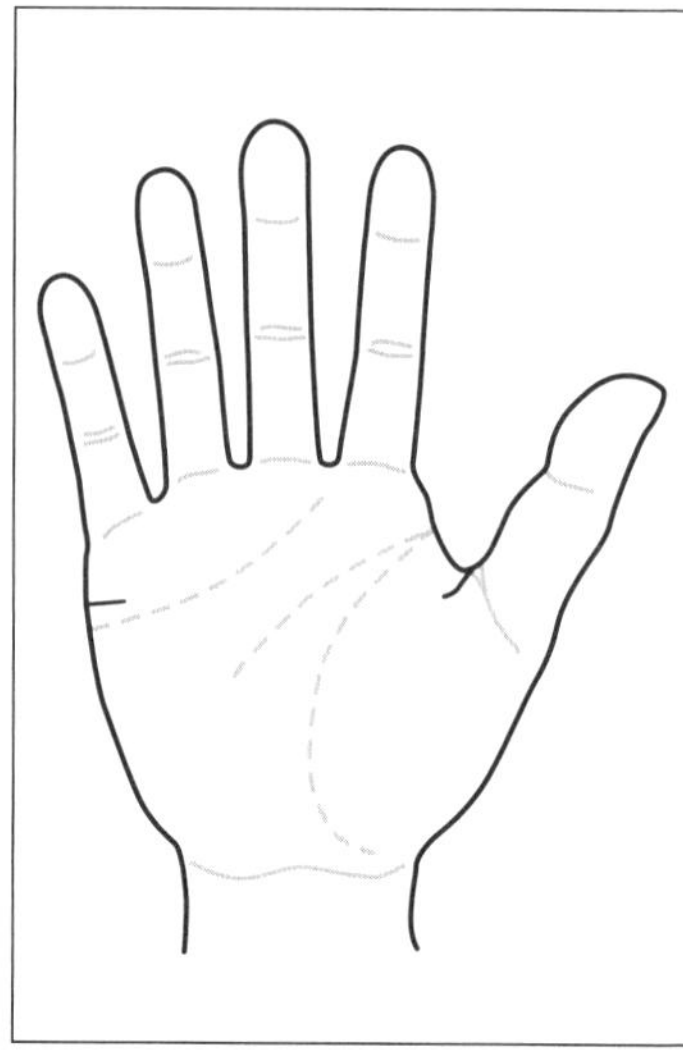

②真ん中辺りにある

早婚でも晩婚でもない標準タイプです。平均的な結婚適齢期です。男女とも、二十歳前後に一番良いご縁があります。近年、晩婚化の傾向がありますので、アラフォーでも十分チャンスありです。

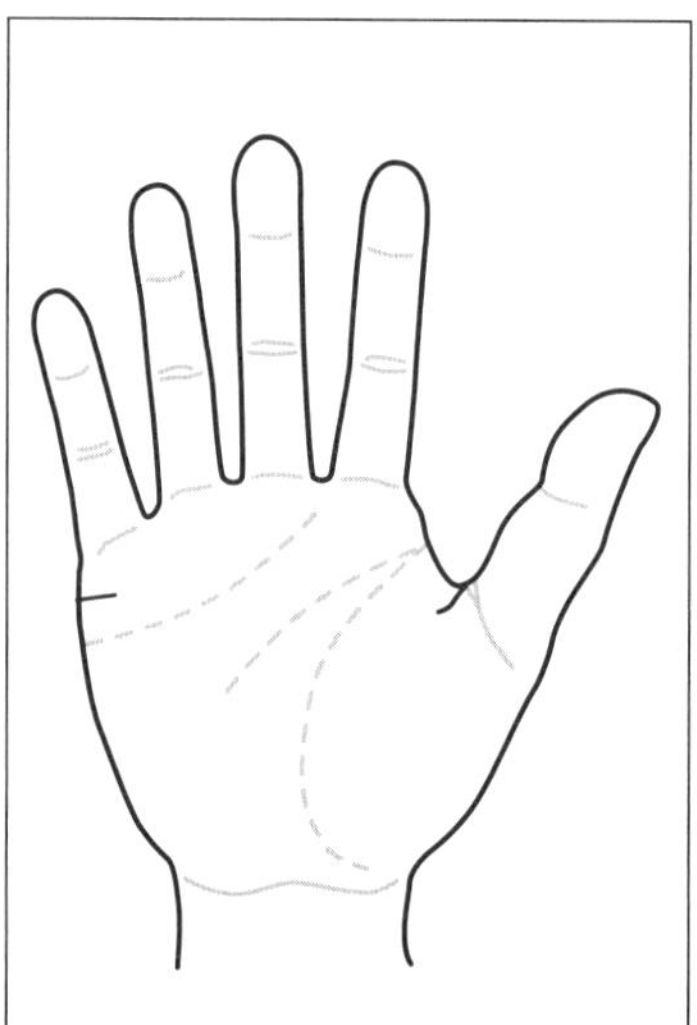

③小指の付け根近くにある

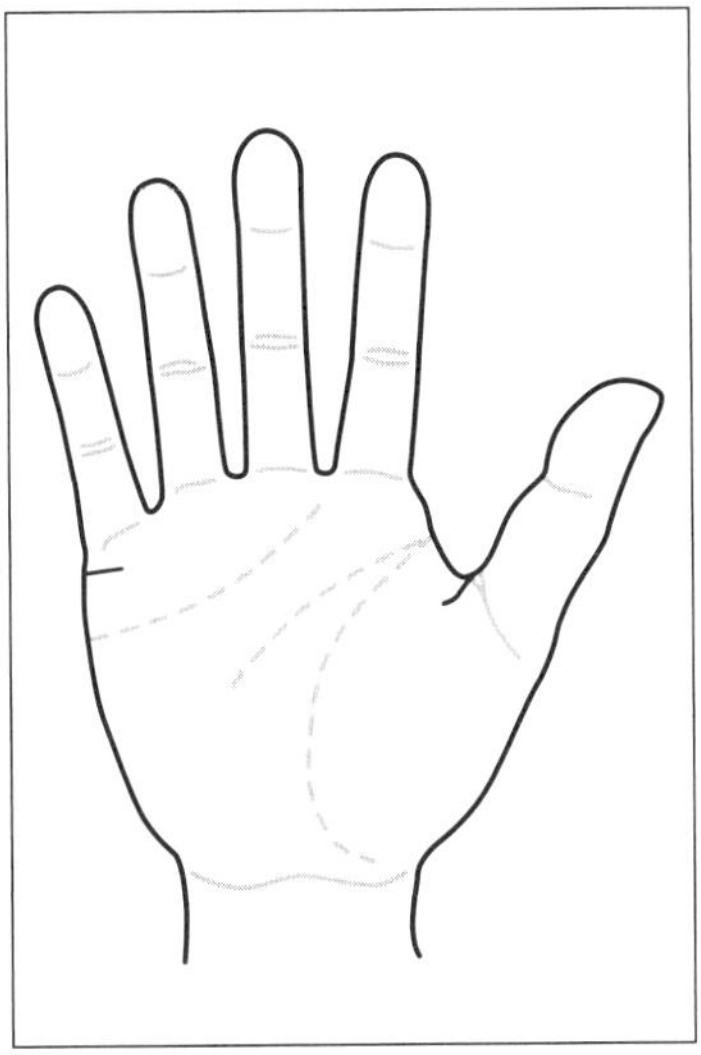

晩婚タイプです。小指に近いほど晩婚の傾向があります。感情線より四分の三位だと三十五歳位、小指に近ければ、アラフォーか五十歳代以降でも結婚のチャンスありです。

④結婚線が何本もある

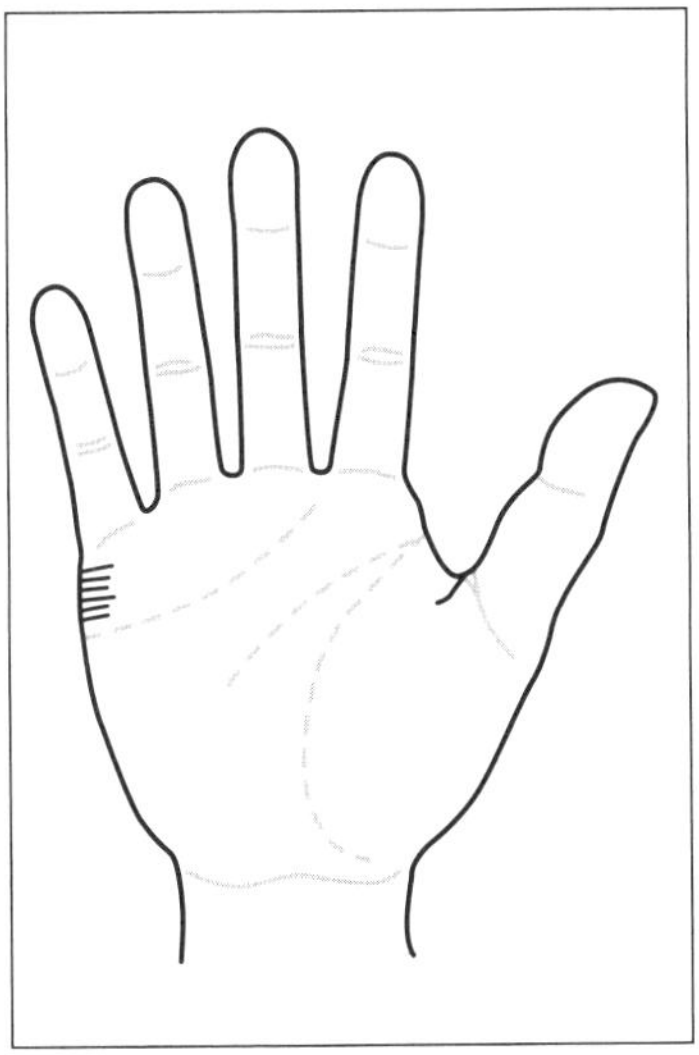

どの線も薄ければ、まだ結婚の時期ではありません。どの線もはっきりしていると、気が多くて一人に絞れない状態です。八方美人型なので、タレントや接客業、人気商売には吉です。

八、健康線

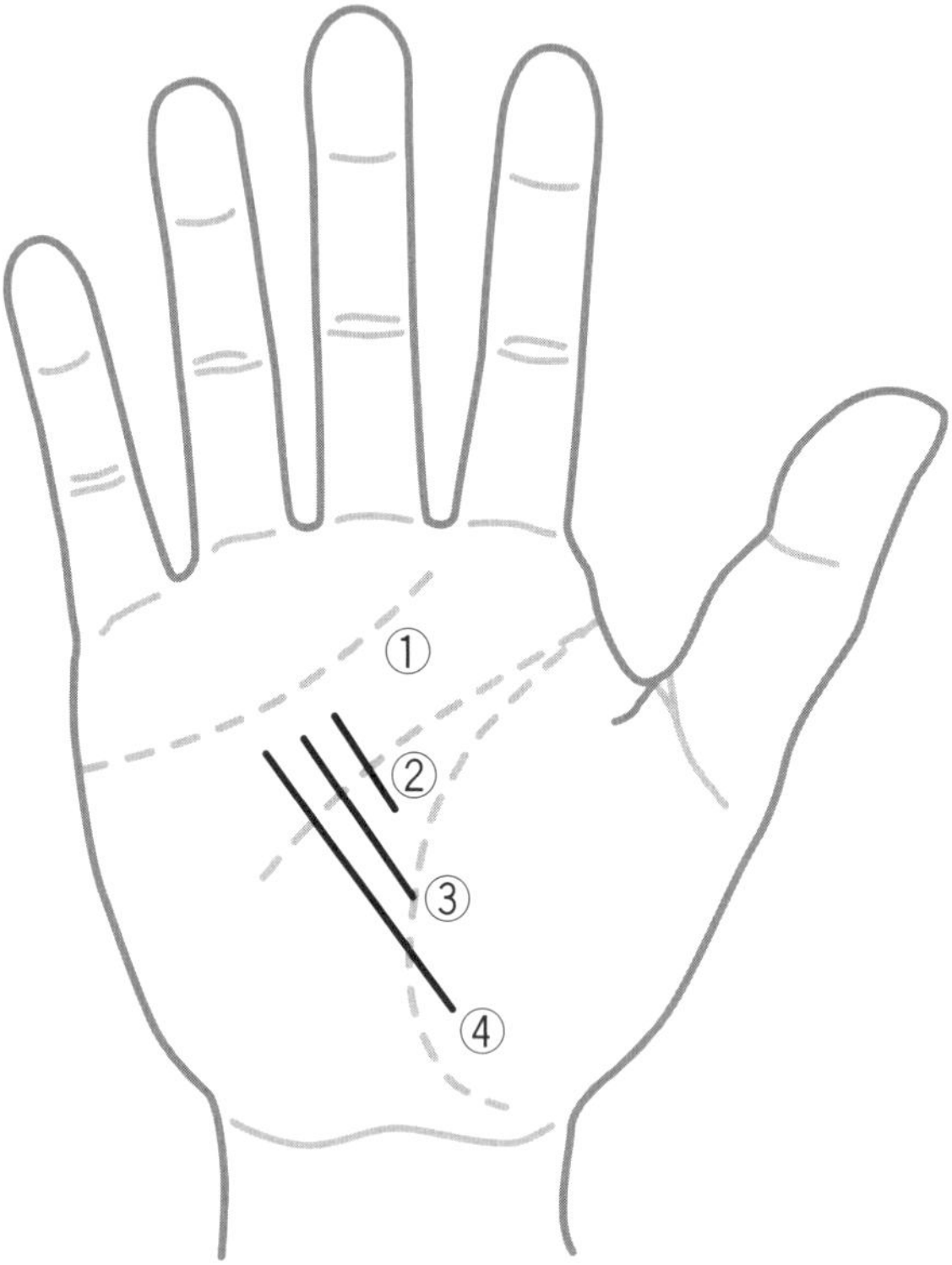

八、健康線

健康線は、手のひらの下から、小指の付け根の水星丘に向かう、斜めに走る線です。生命線と感情線の間に一本真っ直ぐ出ているのが標準で、生命線を切ると健康に注意です。

健康線は、むしろないのが最高なので、あると、「不健康線」と言った方が当たっているのかも知れません。

健康線は、病気の有無や健康状態をみるもので、持病や内臓の状態などもみます。

現在、健康であっても、過去に病気をしたり手術をしていると、完治していてもその形跡が残っていたりします。また、今健康であっても、健康状態の悪い線が出ている場合は、このままでいくと、将来病気になるかも知れないという暗示ととらえて、健康管理を怠らないことが大事かと思われます。

① 健康線がない

健康優良児です。今の健康状態を持続して下さい。本来、健康線がまったくないのが一番健康なのです。普通、若い頃にはあまり目立たない線なのが、年とともにハッキリ出てくるものなのです。

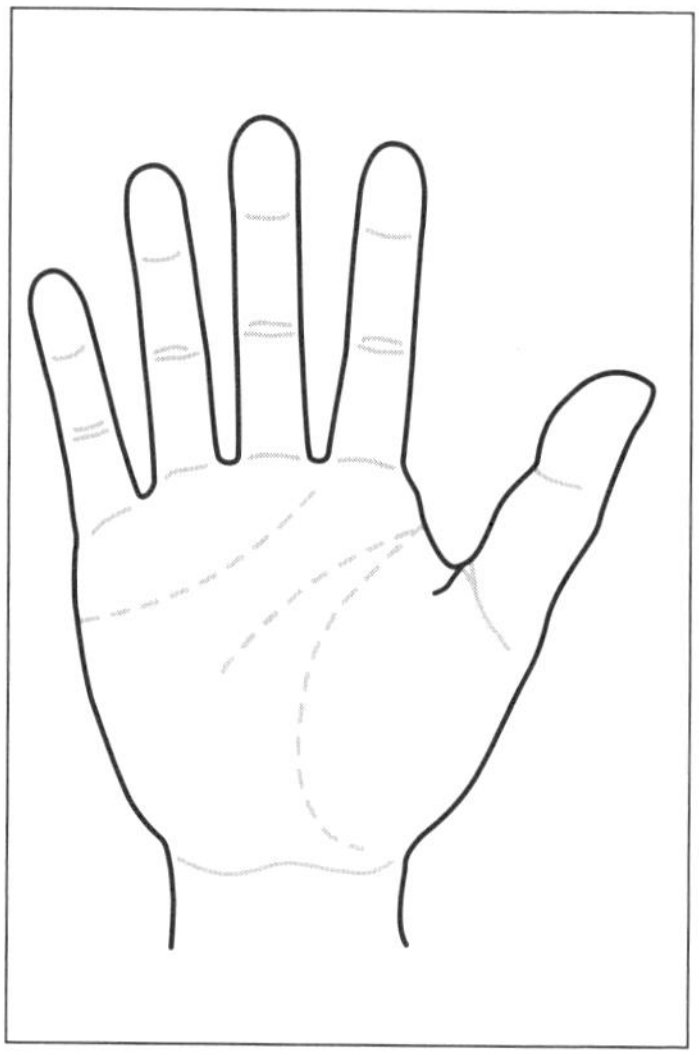

② 感情線と生命線の間に一本真っ直ぐに出る

標準型です。健康です。線が短いのが健康を示すので、長く伸びて、生命線や感情線に接すると健康に注意です。

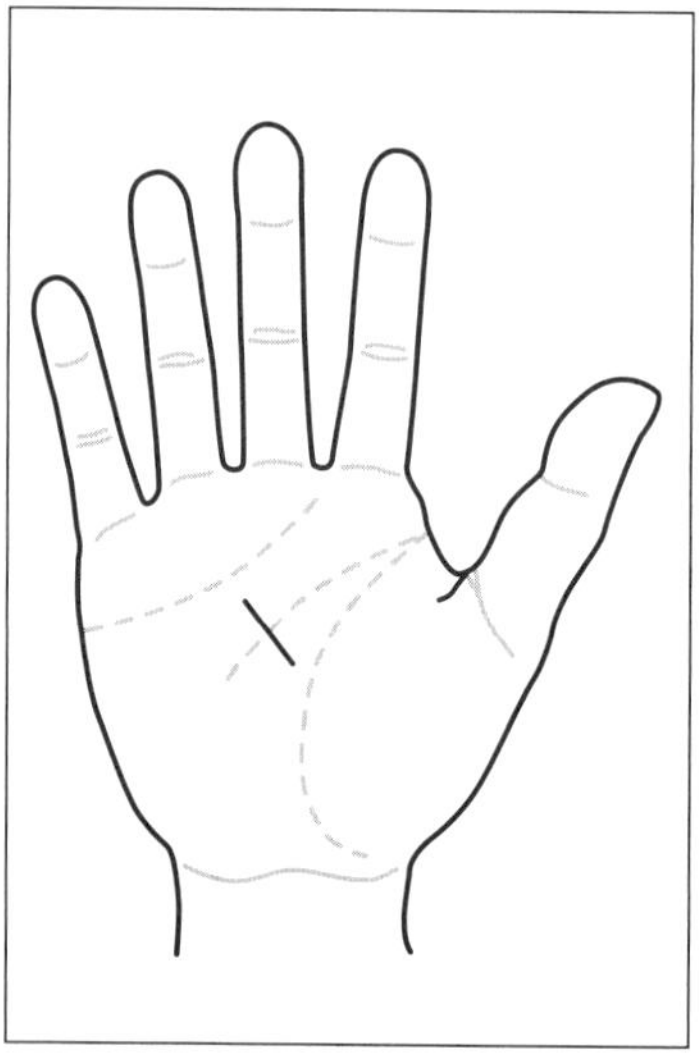

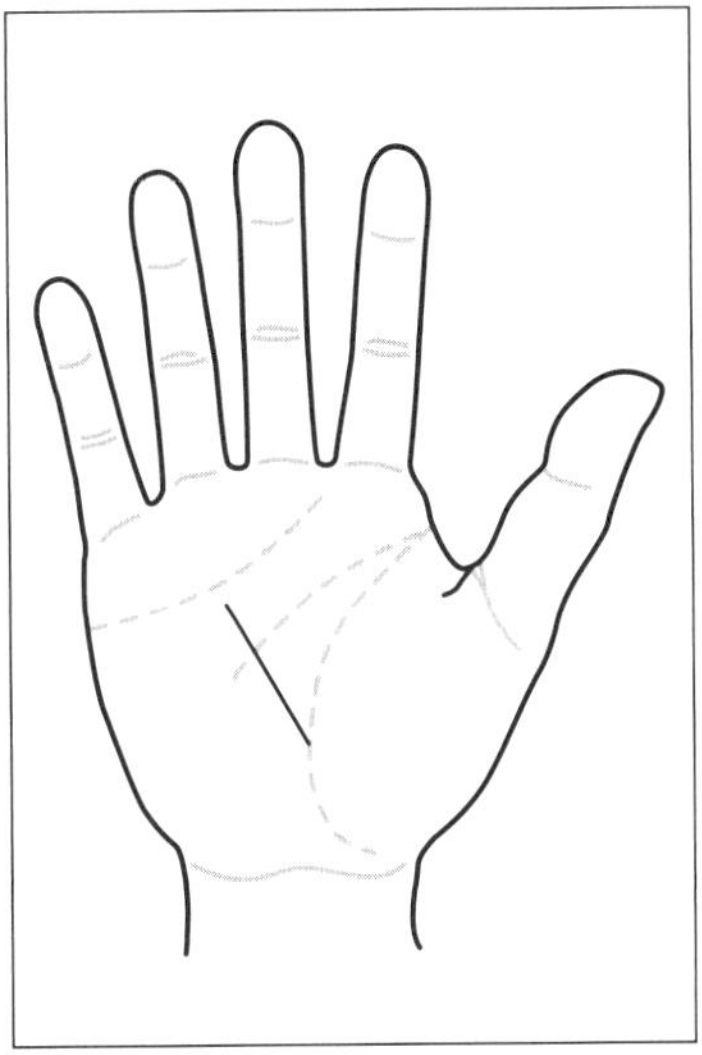

③生命線に接する

健康に注意です。定期的に検査をしましょう。とくに心臓にはあまり負担をかけないように心がけて下さい。

④生命線を横切る

健康に注意です。健康診断や人間ドックなどで必ず検査をして下さい。とくに内臓や循環器系に注意です。

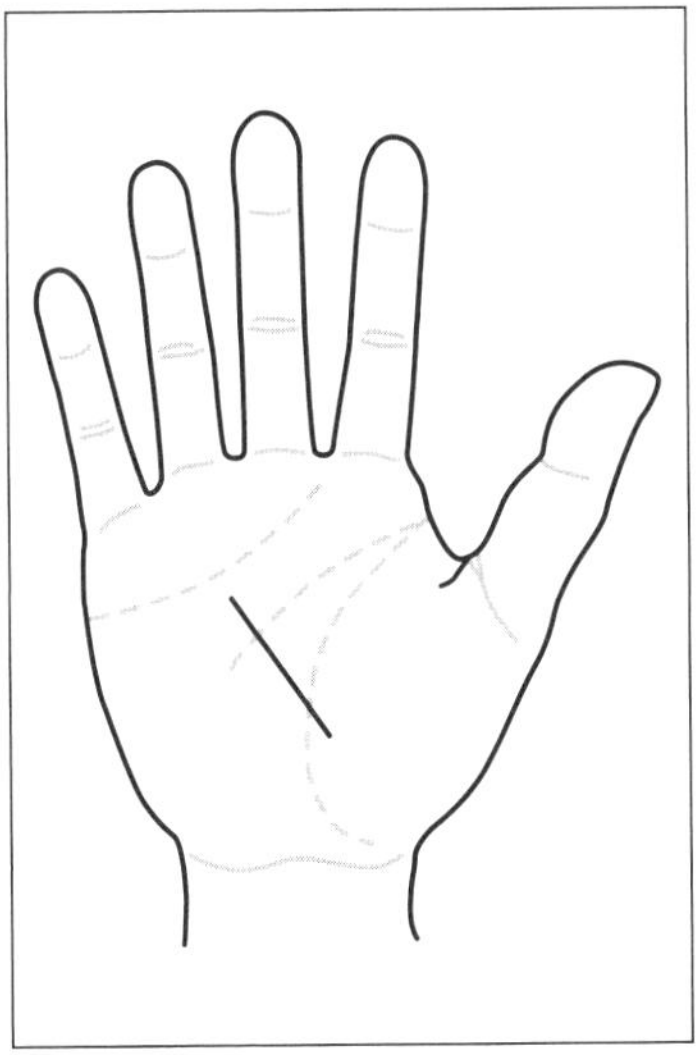

九、障害線

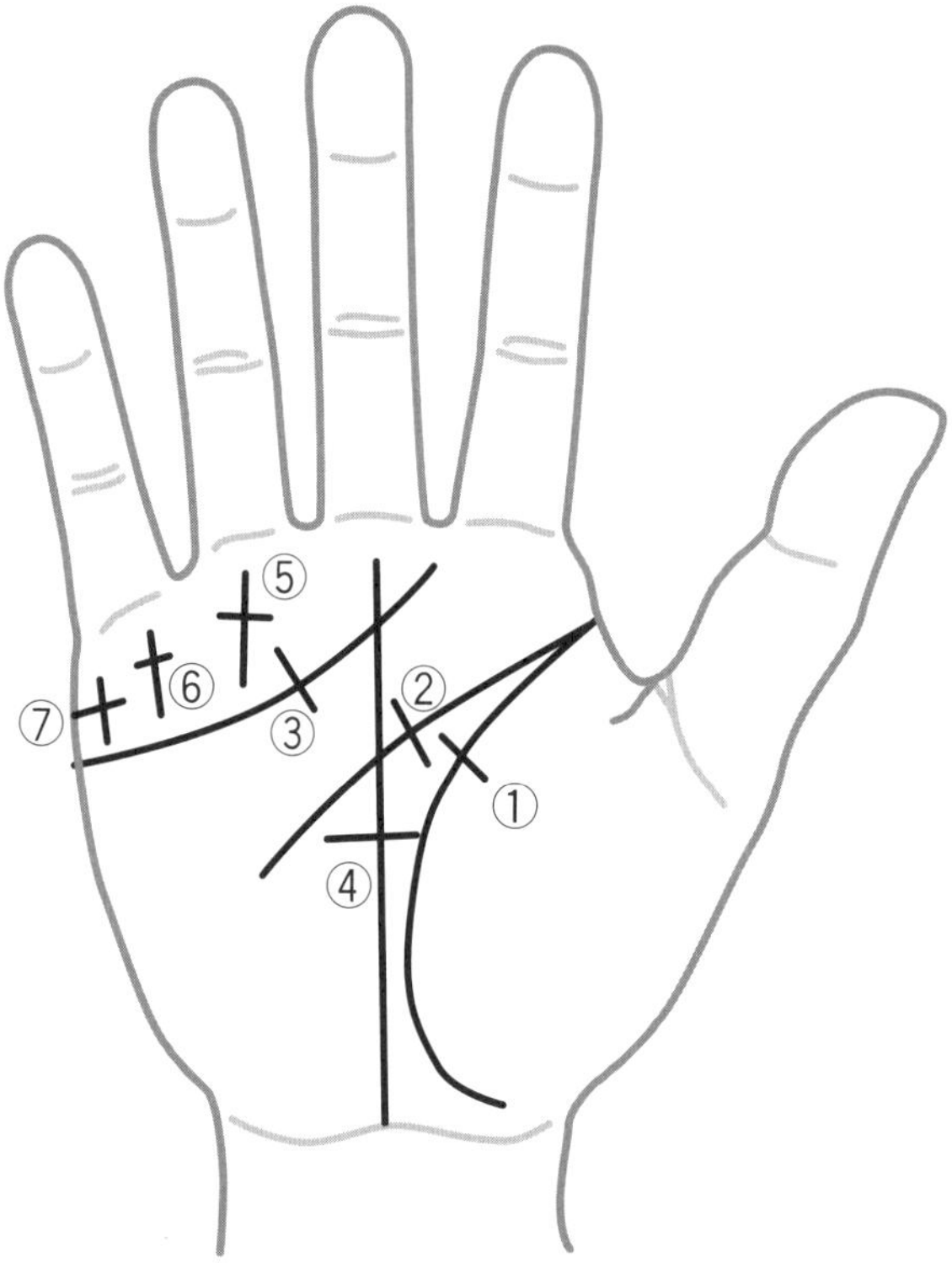

九、障害線

障害線は、各線（本線）を縦や横や斜めに遮るように出る線です。障害線は、何らかの障害をみるもので、人生の失敗や不運、損害、病気、ケガ、トラブル、ストレスなどもみます。

障害線は、どの線にも出ることがあります。ただ、障害線が出ていても、各線（本線）が障害線を突っ切っておれば、障害を乗り越えて前に進んで行けるので、そう心配はありません。

障害線は、ストレスを受けたりマイナス志向になると出てくることがあり、前向きにプラス志向になると薄くなったり消えたりします。このように障害線は、自分の心の持ちようで出たり消えたりする線なので、何事も前向きにプラス志向で、後ろ向きになったりマイナス志向にならないように心がけることが大切です。

① 生命線に出る

突発的な病気やケガや事故、災難などの暗示です。金星丘側に出ると、親戚身内の不幸の暗示です。細い障害線は、病気が慢性化する暗示です。

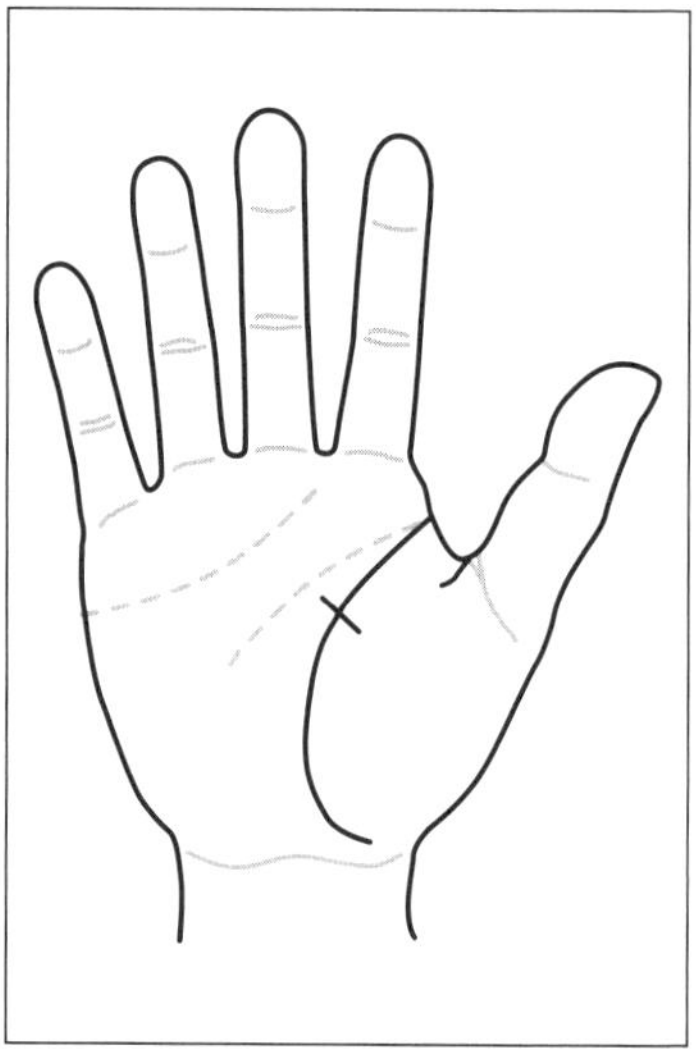

② 頭脳線に出る

首から上の病気の暗示です。太い線は、脳障害の暗示です。細い線は、頭や神経の使い過ぎによる頭痛の暗示です。ストレスがたまっている場合もあります。

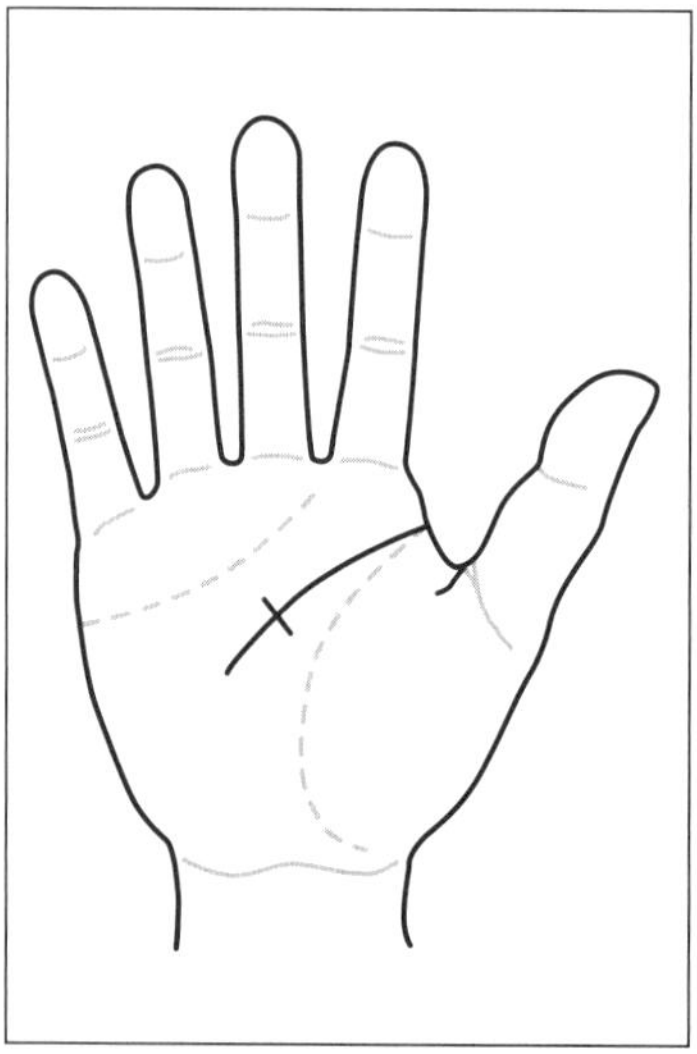

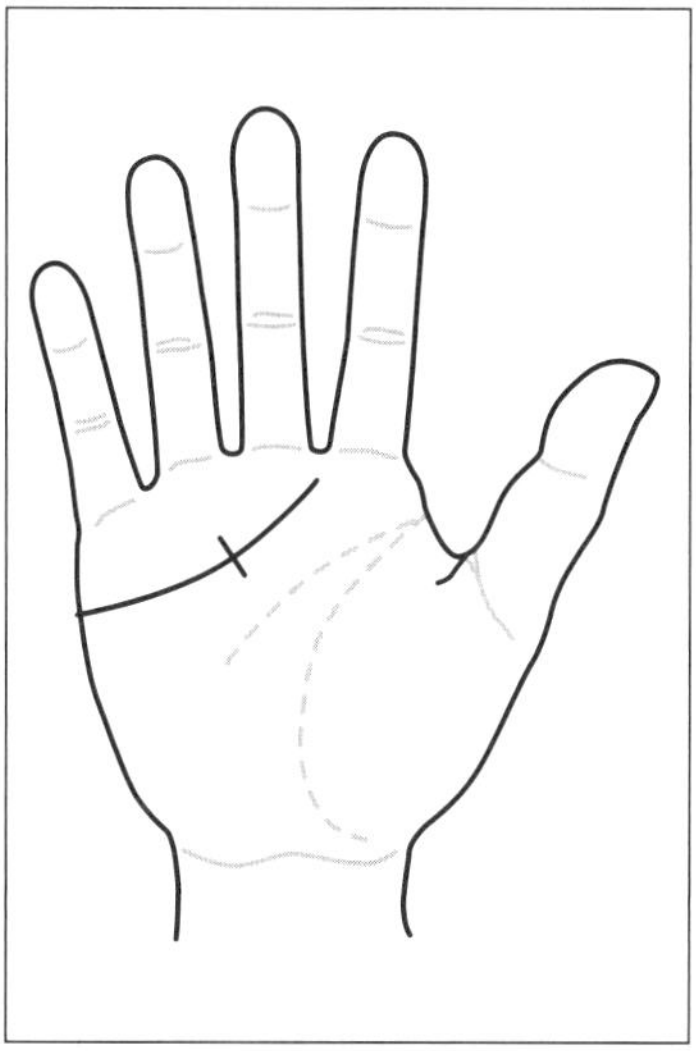

③ 感情線に出る

失恋の暗示です。愛する人との別れや、失恋によるダメージの暗示です。恋愛線と紛らわしいですが、恋愛の暗示ととらえることもできます。細い線は、一時的なダメージの暗示です。太い線は、ダメージが大きい暗示です。

④ 運命線に出る

本来の障害線です。不運な時期、病気、ケガ、トラブル、離婚、失業、倒産などの暗示です。仕事運や社会的立場が悪くなる暗示です。身内や家庭内トラブルの場合もあります。

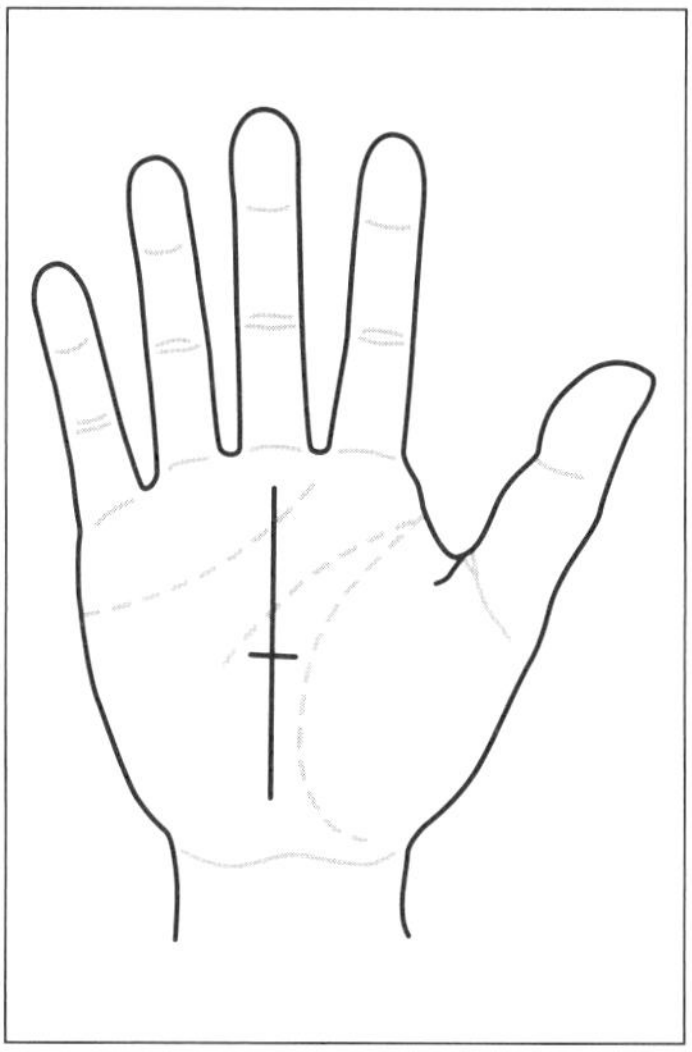

⑤太陽線に出る

他人の妨害による挫折の暗示です。他人の敵意や恨み妬みなどを受ける暗示です。現在の地位や立場、名声などが脅かされる暗示です。

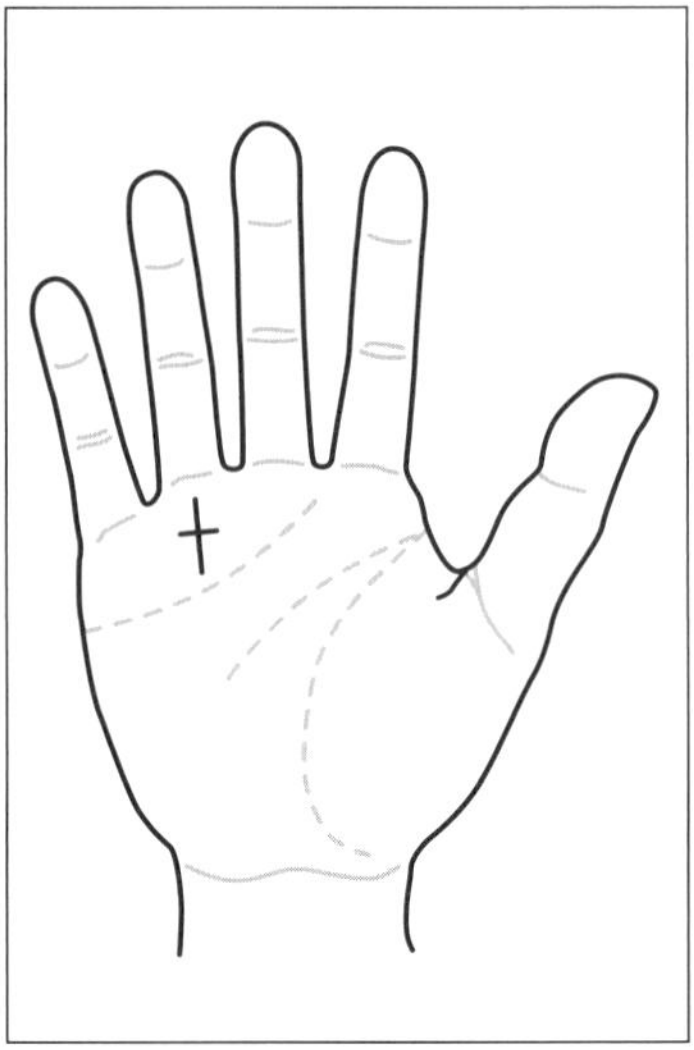

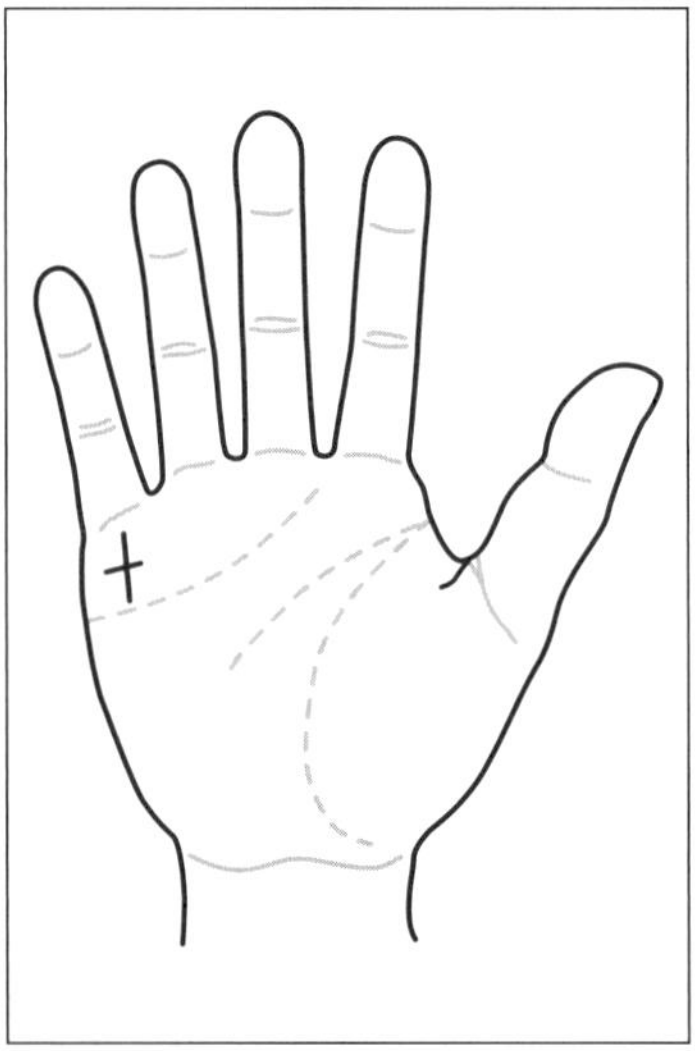

⑥財運線に出る

金運が悪い暗示です。思わぬ損失や出費に見舞われて収入が減る状態です。予定していたお金や財産が入ってこないことの暗示です。お金や財産に関するトラブルなどにも注意です。

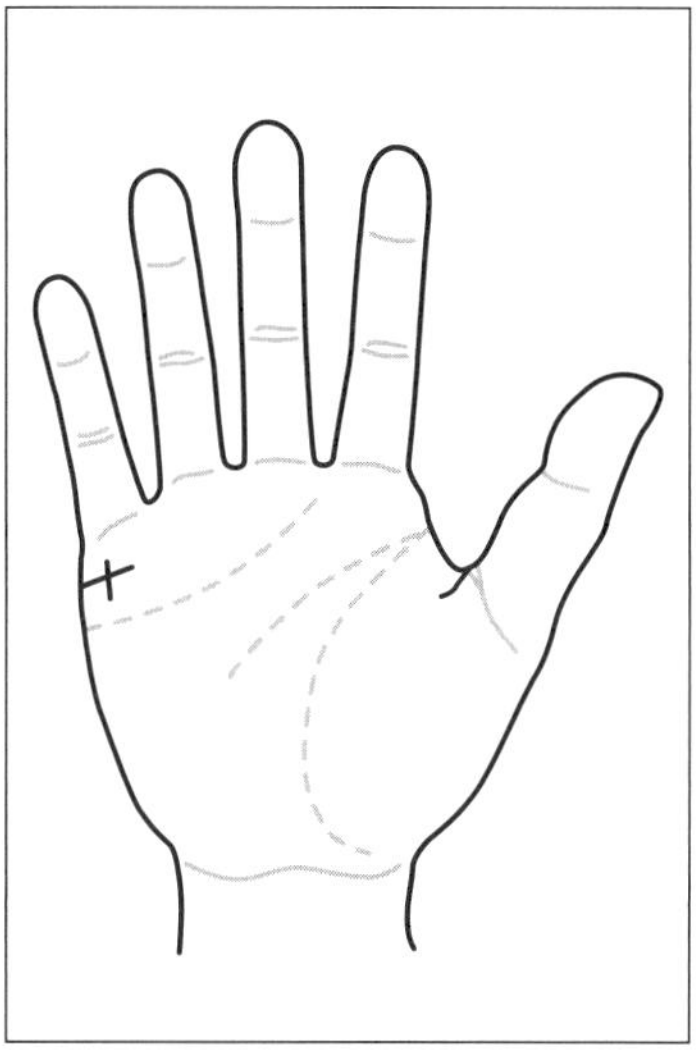

⑦結婚線に出る

結婚運が悪い暗示です。結婚に対する障害や反対などの暗示です。また、結婚後に身内などから迷惑をかけられたり、夫婦仲が悪くなる暗示です。

十、副生命線

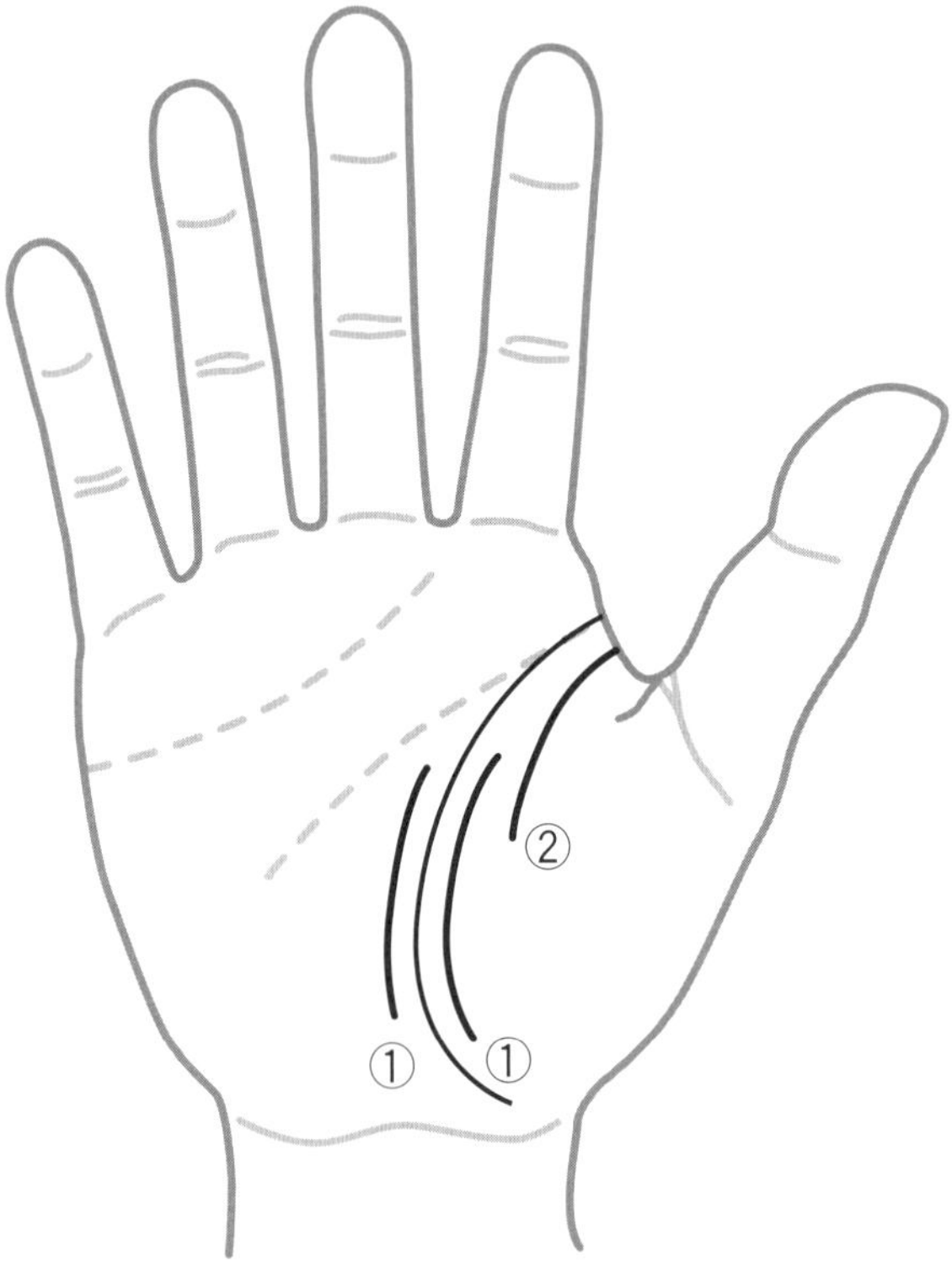

十、副生命線

副生命線は、生命線と平行して伸びる線です。副生命線は、生命力をみるもので、結婚や寿命、闘争心、体力気力、活力などもみます。

副生命線は、金星丘にあらわれるものなので、身内やご先祖に信仰心の強い人がいる場合が多く、この線が出ている人は守護神に守られています。

生命線に近ければ身内に、遠く離れるとご先祖に守られています。大病になっても完治したり、災難や事故に遭遇しても、自分だけ奇跡的に助かったりすることがあるのです。

また、生命線の起点の下辺りの第一火星丘から出ている副生命線は、火星線とも言います。この線が出ている人は、闘争心が強く、体力気力が旺盛です。高齢者でも、気力が旺盛で周囲と喧嘩するような人はなかなか死にません。当然、生命力が強くて長寿なのです。

①生命線と平行して伸びる

生命線の内側に出るのが標準ですが、外側に出る場合も同じです。生命力が強く、健康で長寿です。身内や先祖に信仰心の深い人がいて、守護神に守られています。

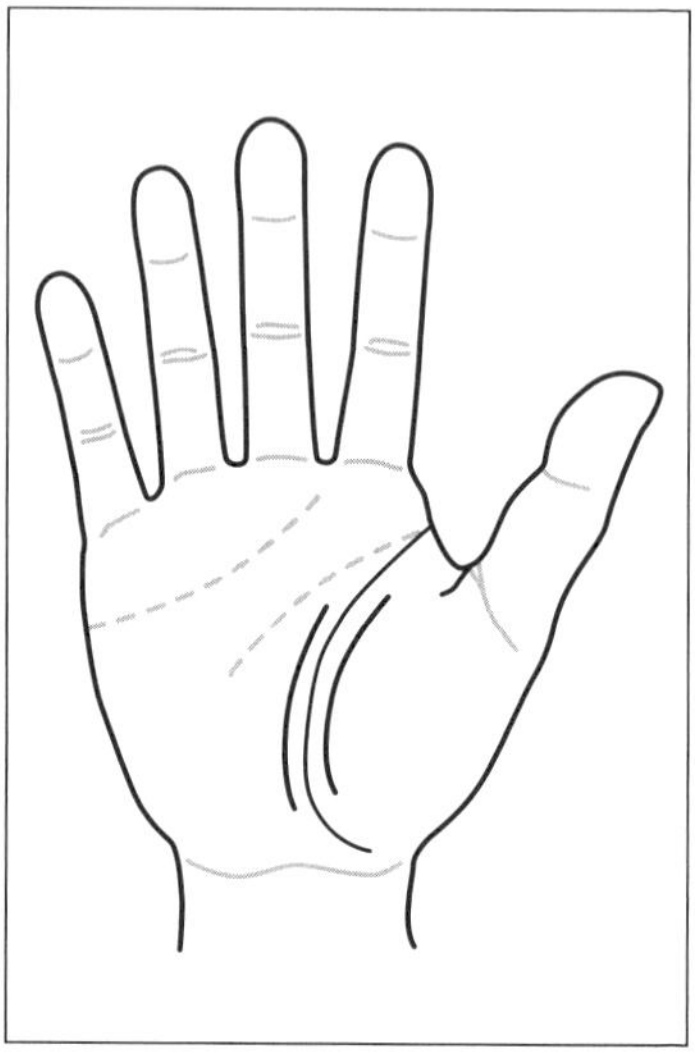

②生命線の起点の下辺りから出る

火星線と呼ばれている線です。闘争心が強く、体力気力ともに旺盛です。短気で怒りっぽい性格ですが、いつまでも健康で長寿です。

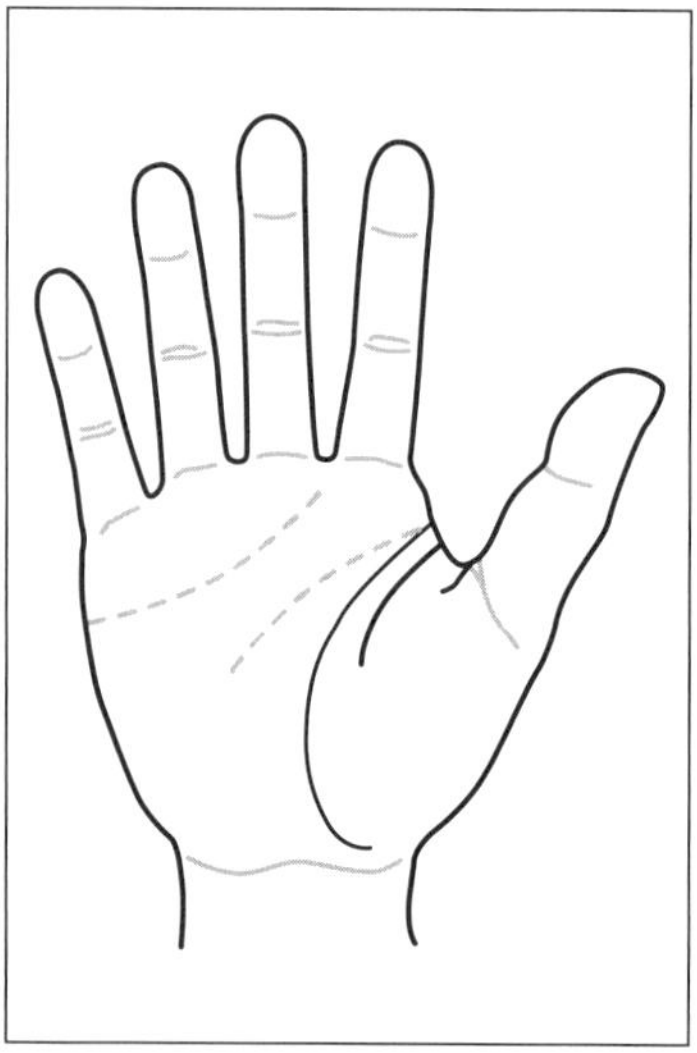

手相鑑定秘話 ④

運命線が頭脳線でストップ⁉

「わたし…、最近ツイてないんです」という、二十代の女性の話。

「しばらく付き合っていた彼と、些細なことから口論となって別れたの。それから、居酒屋でナンパされた彼と付き合っていたのですが、最近、別の彼女ができたらしくて、今の彼とも別れようと思っています。でも、本当は、もと彼とよりを戻せたら、とも思っているのですが…」

そう言うので、手相をみせてもらうと、運命線が頭脳線のところで完全にストップしているのです。これは、自分の判断ミスで、人生に大きな狂いが生じることを示しています。

「過去に何か大きな判断ミスや、選択の失敗と思われるようなことはありませんでしたか？」と私が尋ねると、

「…実は、短大を卒業して、当時は、まだ景気が良かった時代で、二社に内定

をもらいました。本当は気に入っていたA社を断って、少しばかり給料の良いB社に入社したのです。最初は悪くなかったのですが、景気がだんだん悪くなり、給料は減り、ボーナスも減らされました。四年目に上司が替わり、職場の雰囲気も最悪になりました。逆に、同期にA社に入った子の方が、給料が良くなっちゃったんです。こんなことなら、最初からA社に入っておけばと後悔しているんです」

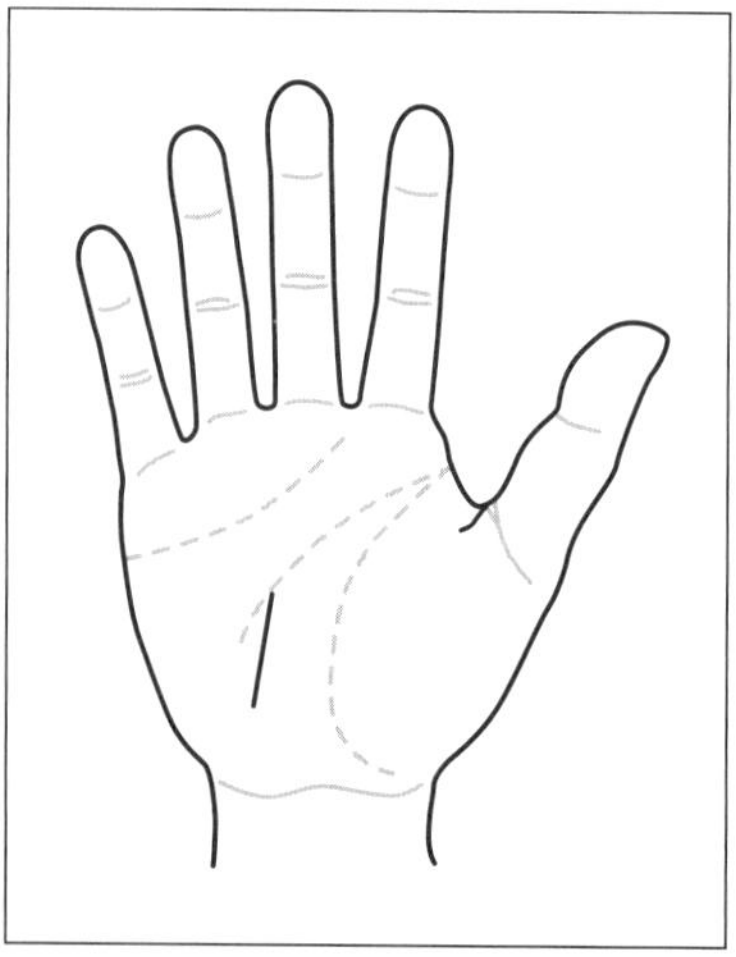

手相鑑定秘話 ⑤

財運線が出てきたぞ〜っ⁉

何年か振りで来られた六十代の男性客。

「今日は、手相をみてほしいんや！」と言う。

「最近、こんな線が出てきたんや。以前は、なかったんやがなあ」と言って手を見せてくれました。

みると、小指と薬指の間の付け根に、縦の線がくっきり出ています。

「これは、財運線と言って、とても良い線ですよ！　最近、何か思わぬ収入に恵まれるようなことが、ありませんでしたか？」

「思わぬ収入と言っても、別に働いている訳でもないしなあ」

「たとえば、投資で儲けたとか、遺産が入ったとか…」

「う〜ん。そう言えば、もともと自分が所有していた土地が、市に収用されることになって、近々お金が入ることになっているが…」

「それも投資ですよ！　別に、儲けようと思わなくても、たまたま買ったものや、入手したものが、高値で売れたという事は、投資に当たるのです」

「なるほど、そういうことなのかあ」

市に収用される土地は、もとはと言えば、親から相続した土地で、他人に貸していたそうです。借地人とは長年に渡り、立ち退き交渉を続けていたところで、市が収用することで、話し合いがまとまり、立ち退きの了承を得られたとのことでした。

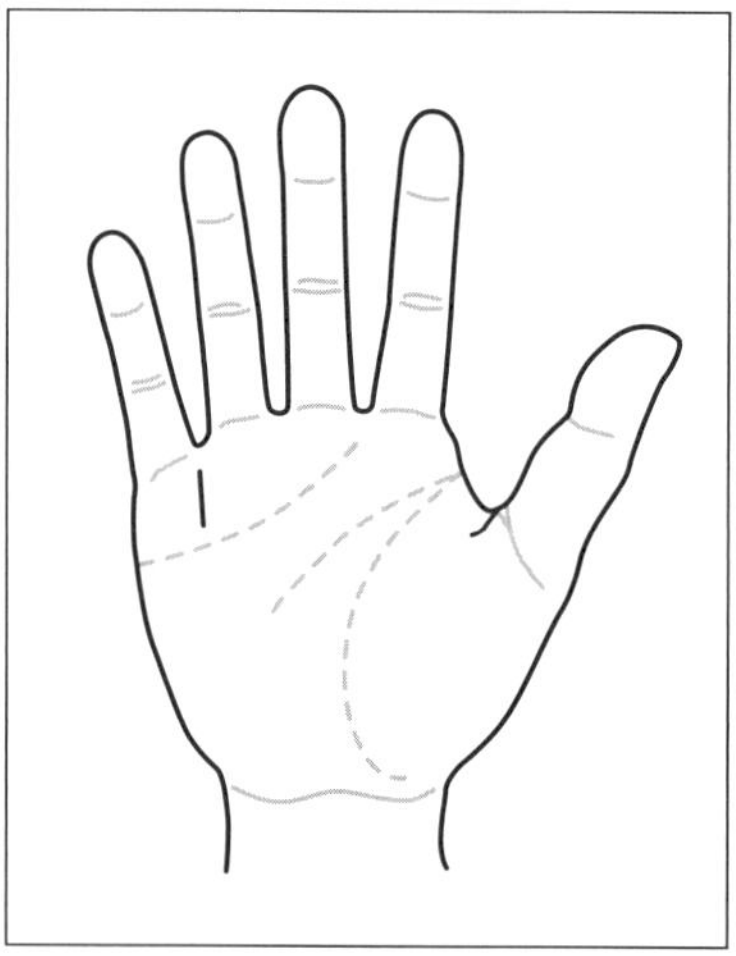

第四章 その他の線の見方

その他の線

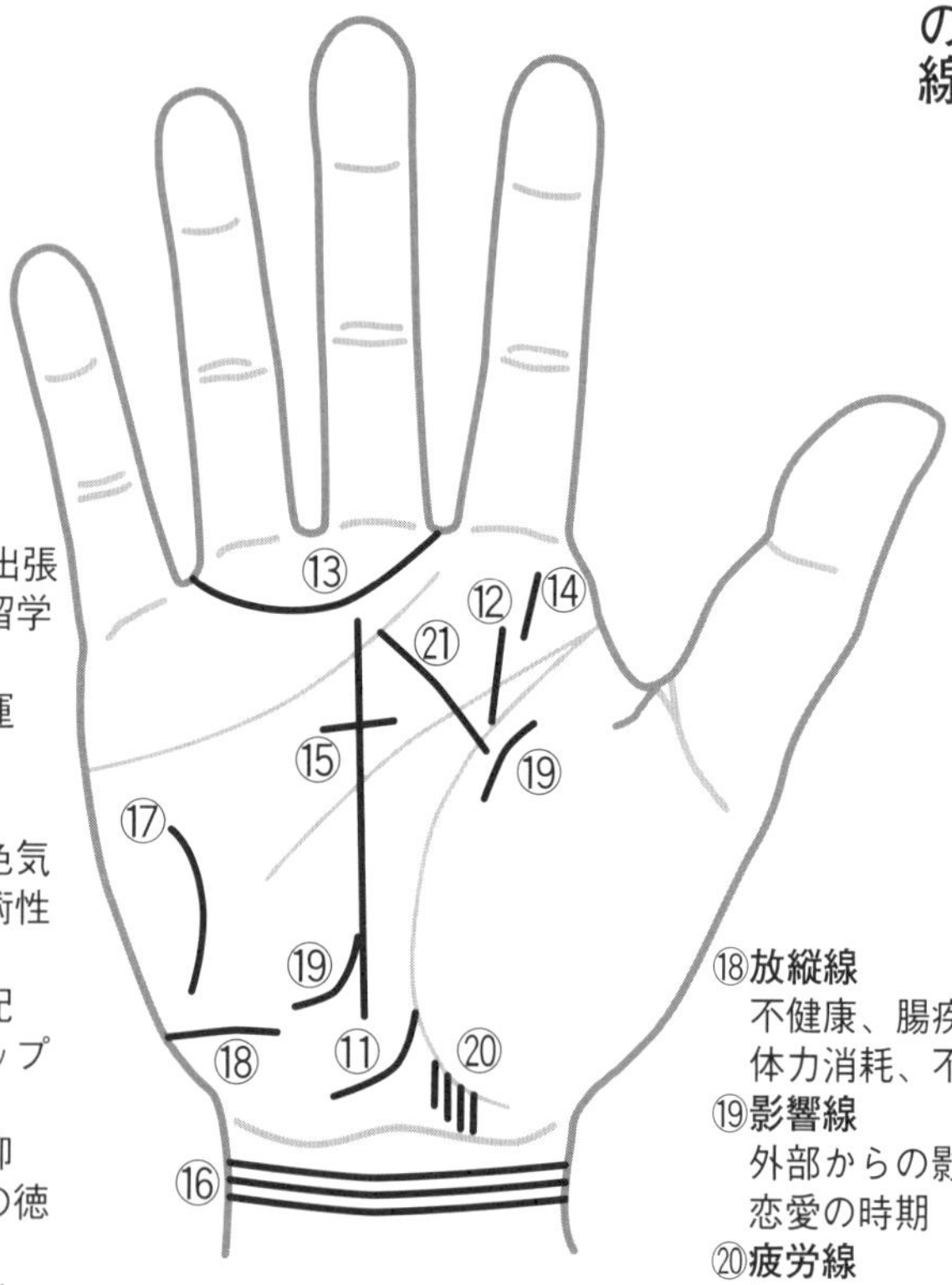

⑪旅行線
旅行、移動、出張
海外赴任、留学

⑫努力線
努力家、開運
希望、向上

⑬金星帯
美的感覚、色気
感受性、芸術性

⑭リーダー線
指導力、支配
リーダーシップ

⑮神秘十字線
神秘性、信仰
宗教、先祖の徳

⑯手首線
健康、頑張り
意志、タフさ

⑰直感線
直感力、ひらめき
反射神経、感性

⑱放縦線
不健康、腸疾患
体力消耗、不摂生

⑲影響線
外部からの影響
恋愛の時期

⑳疲労線
慢性疲労、病弱
神経過敏

㉑恋愛線
愛情、恋愛、失恋
恋愛失恋の時期

まぎらわしい線

十大線やその他の線、また、特殊な線の中には、どれがどの線なのか、一見してまぎらわしい線があります。

たとえば、障害線と神秘十字線。火星平原に運命線と十字になる線は神秘十字線ですが、十字にならずに斜めになったり、十字の左右の長さが異なっていると障害線になり、中年の挫折、不運、トラブル、離別などの暗示になるのです。

その他のまぎらわしい線の主なものを列挙すると次のようになります。

一　頭脳線と運命線
二　頭脳線と副生命線
三　感情線と金星帯
四　副生命線と影響線
五　障害線と影響線
六　努力線と独創線
七　リーダー線と引立て線
八　旅行線と疲労線
九　障害線と恋愛線
十　健康線と直感線

十一、旅行線

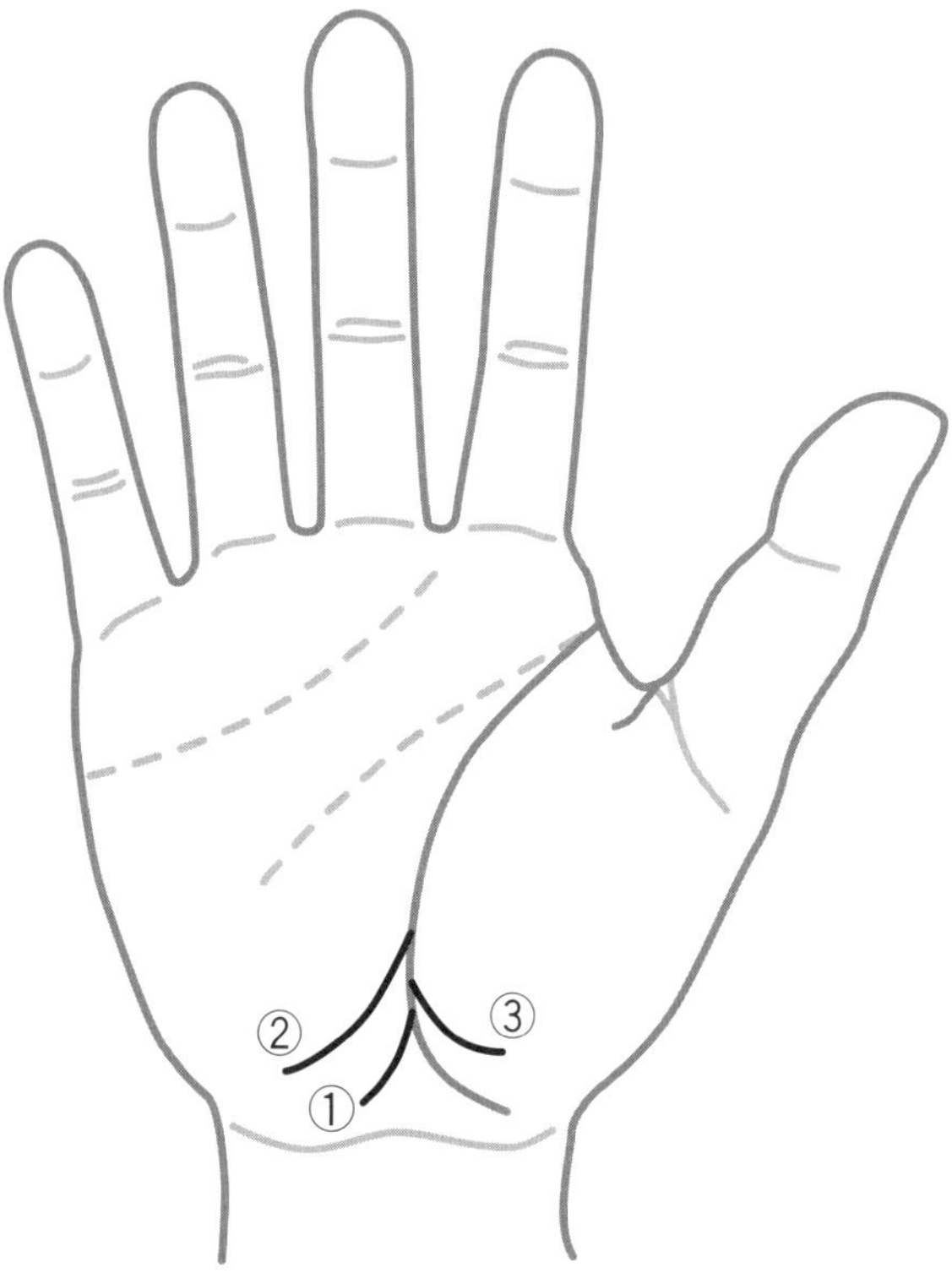

十一、旅行線

旅行線は、生命線上の真ん中より下の線上から、月丘に向かって伸びる斜めの線です。

旅行線は、次の三つに分けられます。

①手首線の真ん中辺りへ向かって小さく出るもの。

②月丘側に向かって大きく出るもの。

③生命線の内側の金星丘に向かって出るもの。

旅行線は、旅行や移動をみるものですが、海外赴任、留学、出張、移転などもみます。

①小さく出る旅行線は、比較的短期間の旅行や、短距離での移動などを示します。

②大きく出る旅行線は、長期間に及ぶ海外赴任や留学、海外長期滞在、永住などを示します。

③生命線の内側の金星丘に向かって伸びる旅行線は、家庭や実家を大切にして、外に出ない（出られない）ことを示します。たまに旅行しても、「やっぱり我が家が一番」とか言うタイプの人です。つまり、あまり「旅行せん！」人なのです。

十二、努力線

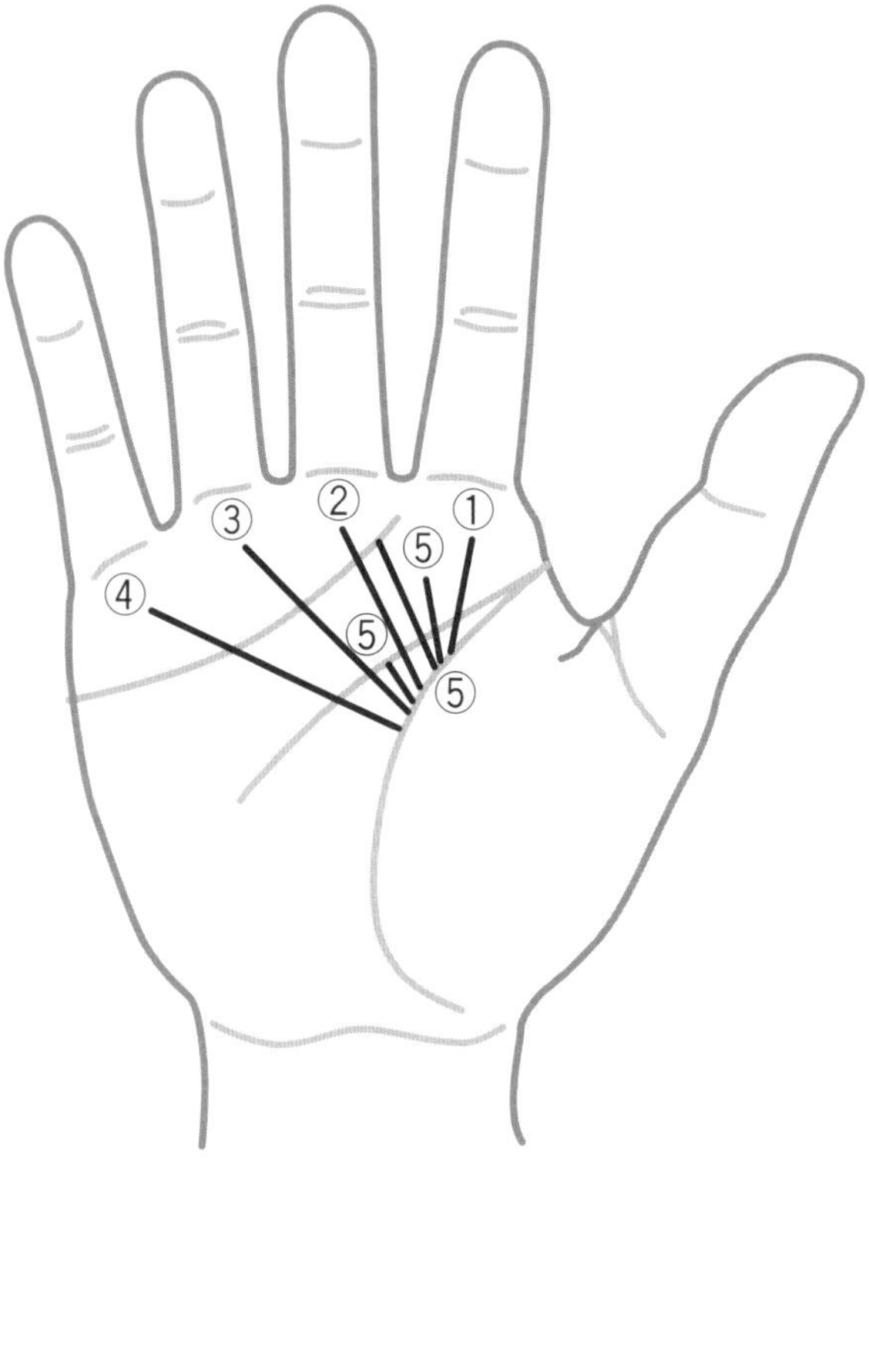

十二、努力線

努力線は、希望線とか開運線とも呼ばれています。努力線は、生命線上から上に向かって、真っ直ぐや斜めに伸びる線です。努力線には、次の五つがあります。

①人差指の付け根の木星丘に向かうもの。
②中指の付け根の土星丘に向かうもの。
③薬指の付け根の太陽丘に向かうもの。
④小指の付け根の水星丘に向かうもの。
⑤短く途中で止まるもの。

努力線は、努力家で頑張り屋さんであることを示す線です。努力線があることは、努力が実を結ぶことを暗示しているのです。努力線が出ていても、ごく短い線や、頭脳線や感情線で止まっている場合は、中途挫折で、努力が実を結ばないことの暗示です。

ただし、この場合でも、努力を続けていれば、やがて努力線が伸びて、努力が実を結ぶことになるのです。

十三、金星帯

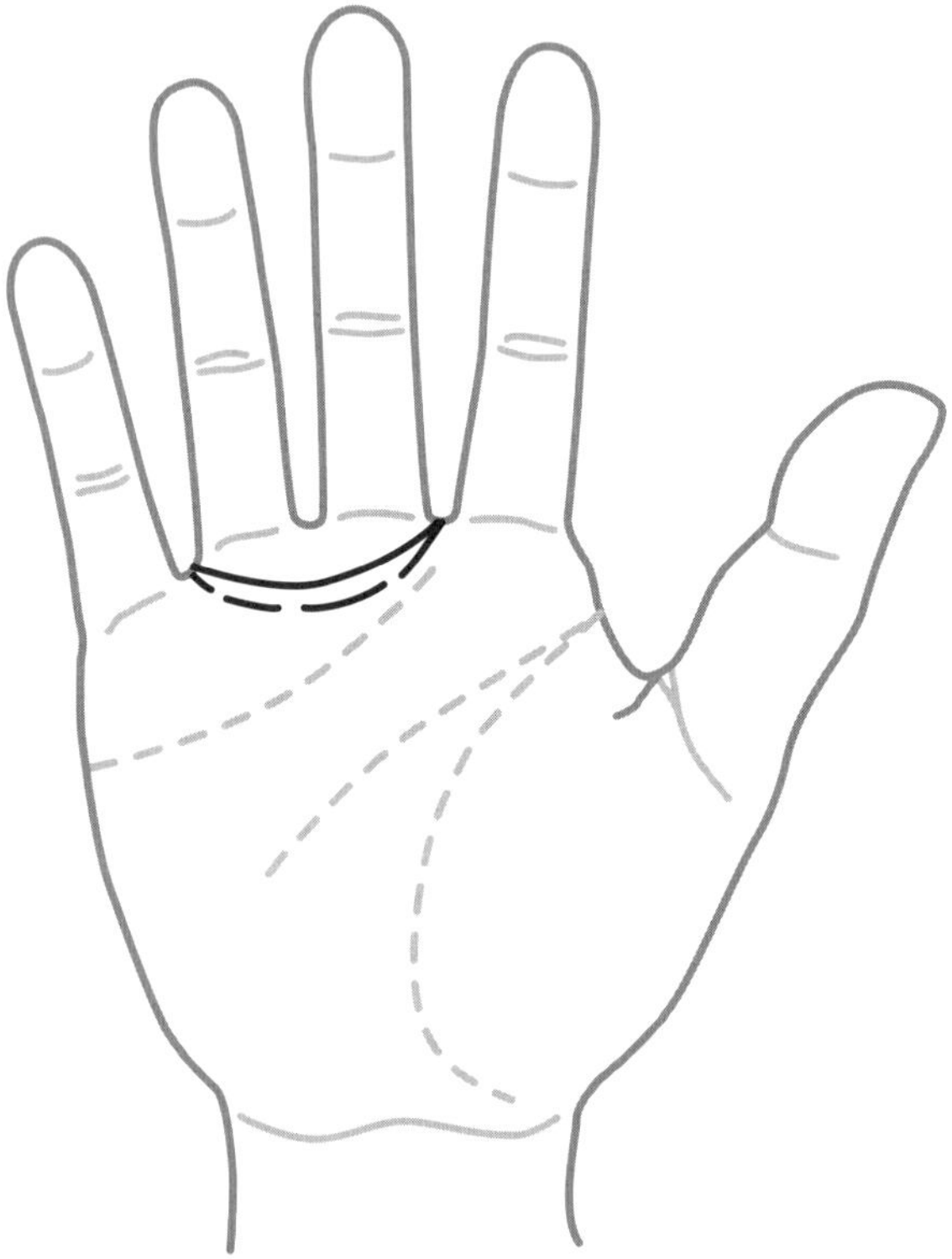

十三、金星帯

金星帯は、別名「金星環《きんせいかん》」とも呼ばれています。

金星帯は、人差指と中指の間から出て、小指と薬指の間に向かっている半円形の線です。金星帯は、はっきりととぎれずに半円形に出るものと、とぎれとぎれに出て中間に空白があるものとがあります。

金星帯は、むしろはっきりと出るのはまれで、とぎれながらも半円形を描いて出ているのが一般的です。

金星帯は、感性や美的感覚をみるもので、色気や芸術性などもみます。金星帯が出ている人は、感性が鋭く、美的感覚が発達しています。ですから、デザイン、芸術芸能、音楽、演劇などの方面の才能を持っている人が多いのです。有名なタレントさんや芸術家などには、金星帯のある人が結構多いのです。

十四、リーダー線

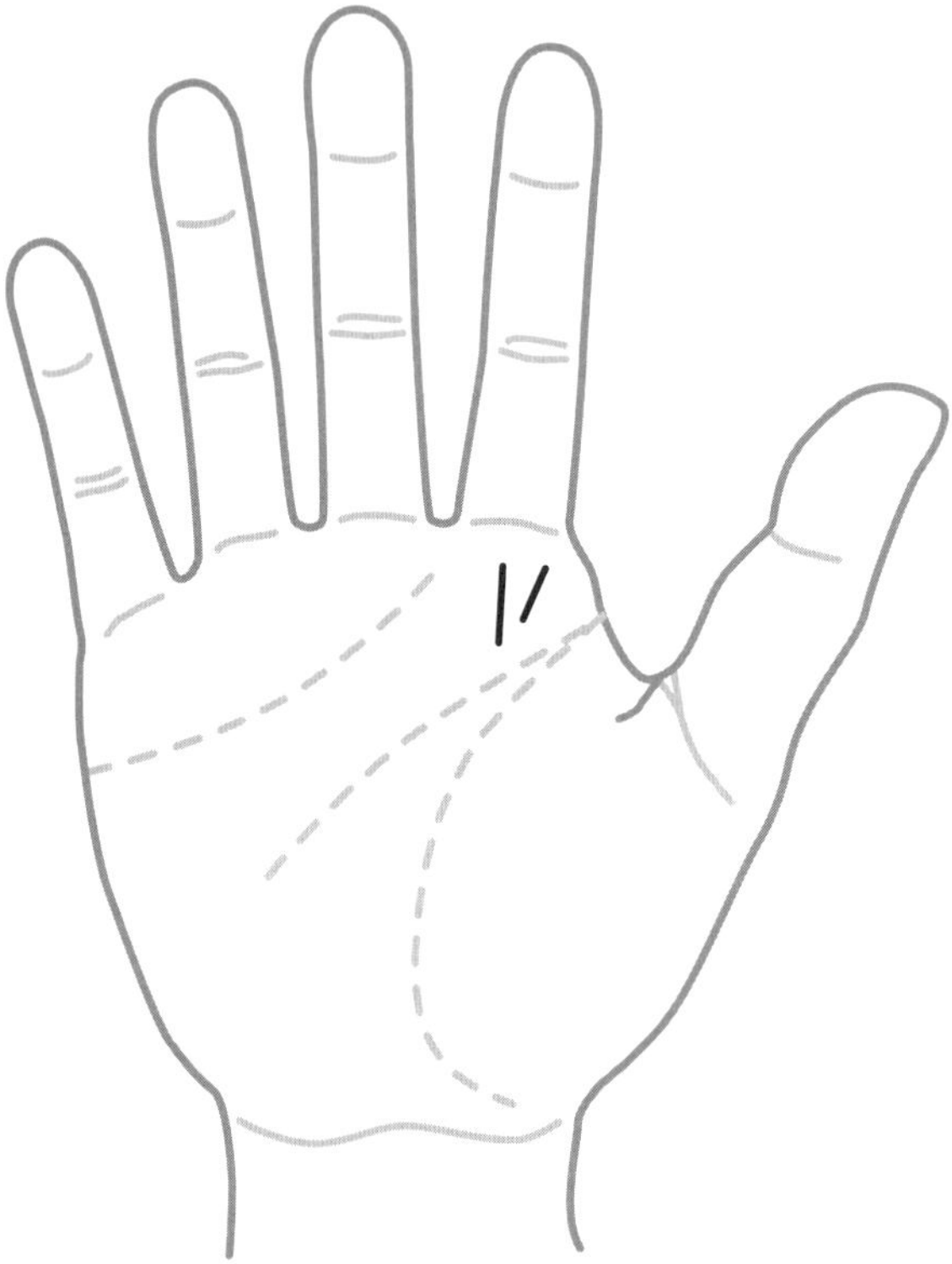

十四、リーダー線

リーダー線は、指導線とも引立線とも呼ばれています。リーダー線は、人差指の付け根の木星丘に走る短い縦線です。リーダー線は、真っ直ぐ縦に伸びるものと、斜めに伸びるものとがあります。

リーダー線は、リーダーシップや指導性をみるもので、支配力や影響力などもみます。リーダー線のある人は、指導力に長け、人を教え導いていくような立場になりやすいのです。公私にかかわらず、リーダー的な役目を担っていますので、普段から他人にあれこれ指示をしたり、ついつい自分が仕切ってしまうようなことが多いのです。

リーダー線は、木星丘に出る線です。木星丘は、野心や他人を支配する欲求をあらわします。

前述した努力線でも、木星丘に向かうと野心が強くあらわれるのです。

十五、神秘十字線

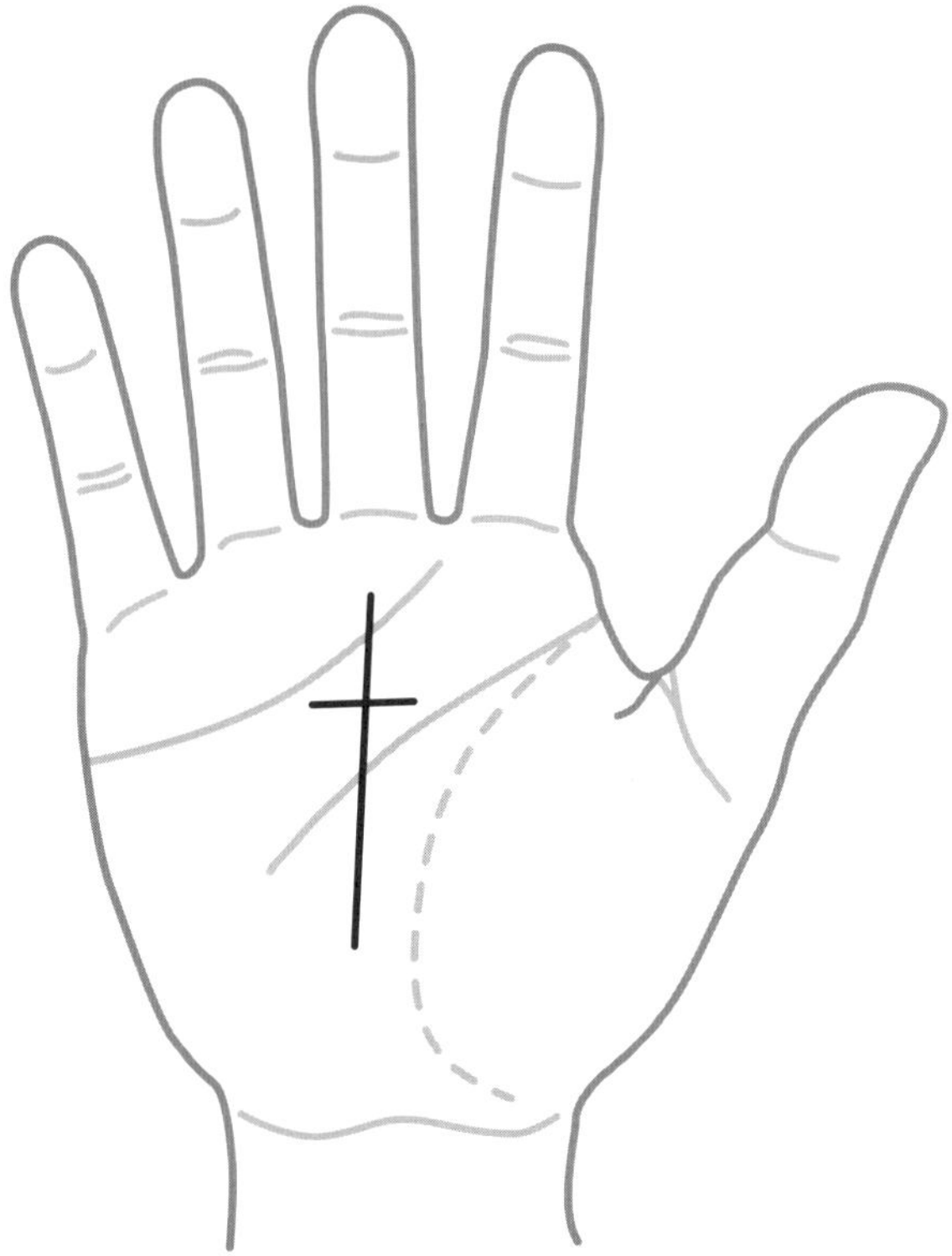

十五、神秘十字線

神秘十字線は、感情線と頭脳線の間の火星平原に、運命線を直角に横切る短い線です。

神秘十字線は、運命線と十字の形になって交わる線で、ちょうど、キリストの十字架の形に見えるようなものが本来の形で、斜めに出ているのは障害線である場合が多いのです。

神秘十字線は、目に見えないものや、神秘的なものへの関心度をみるもので、神仏や先祖などもみます。

神秘十字線のある人は、自分や身内に信仰心のある人や、宗教との関りの深い人がいる場合が多く、神仏やご先祖のご加護を受けているのです。災難にあわなかったり、あっても逃れられるような人に、この神秘十字線がある人が結構多いのです。

また、神秘十字線は、神秘的な力や未来予知能力もあらわしますので、不思議な能力を持っていたりもするのです。

十六、手首線

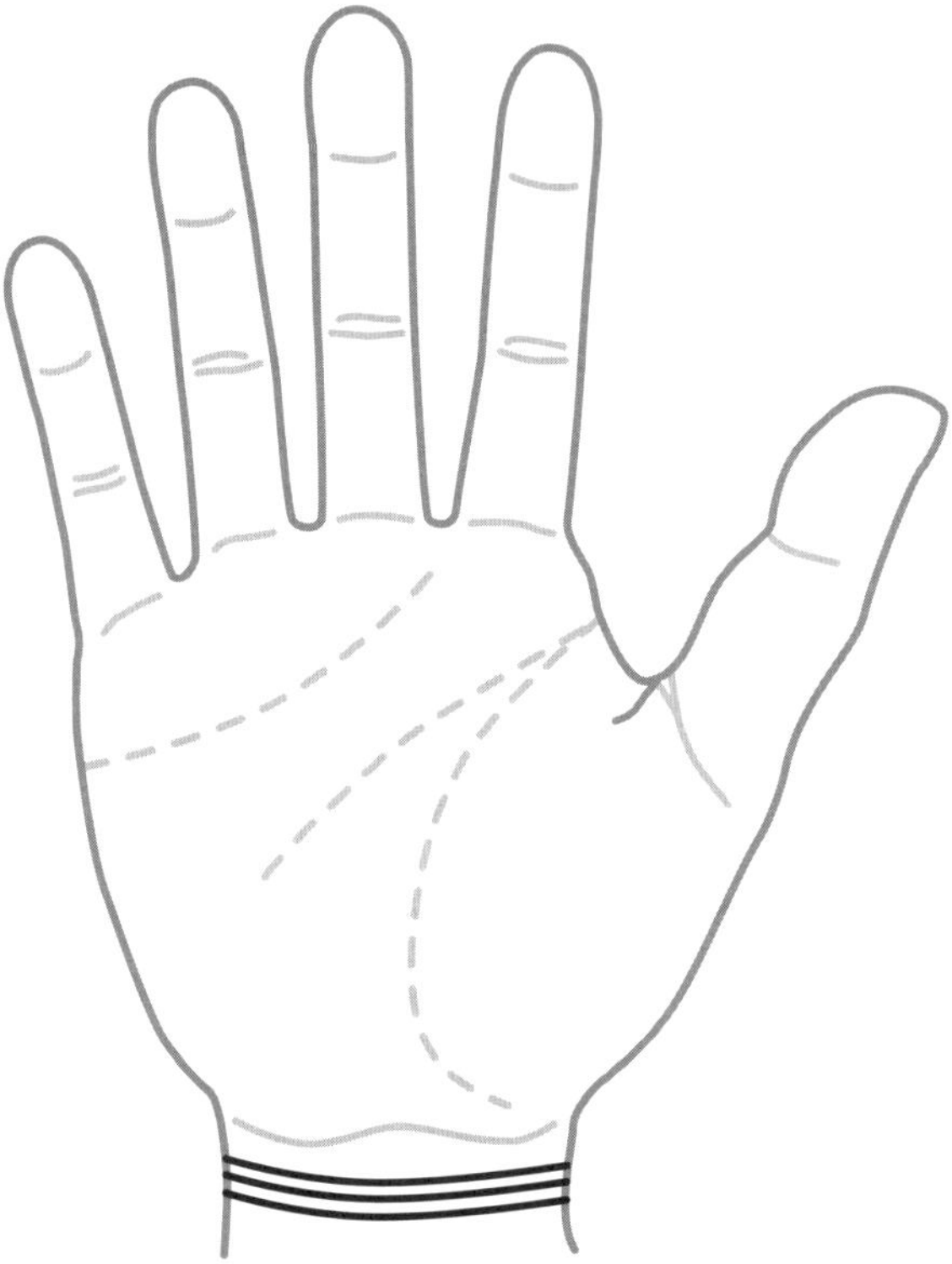

十六、手首線

手首線は、手首にあらわれる三本の横線です。手首線は、三本ともくっきりとあらわれている人もあれば、一本だけの人や、あっても鎖状になっていたり、薄くなっているような人もいます。手首線は、健康や頑張りをみるもので、運勢を支える土台や意志力などもみます。

手首線は、三本ともはっきりしているのが理想的で、最も健康で頑張りがきく状態です。手首線が鎖状になっていたり、薄くなっていると、疲れて頑張りがきかない状態を示しています。ただ、手首線は、年齢とともに鎖状になったり、薄くなってきますので、ある程度の年齢の方は、自然（老化？）現象とも言えるでしょう。

また、手首線は、三本あるのが理想ですが、一本だけあっても、はっきりとあらわれていれば、十分健康で意志が強いことをあらわしています。

十七、直感線

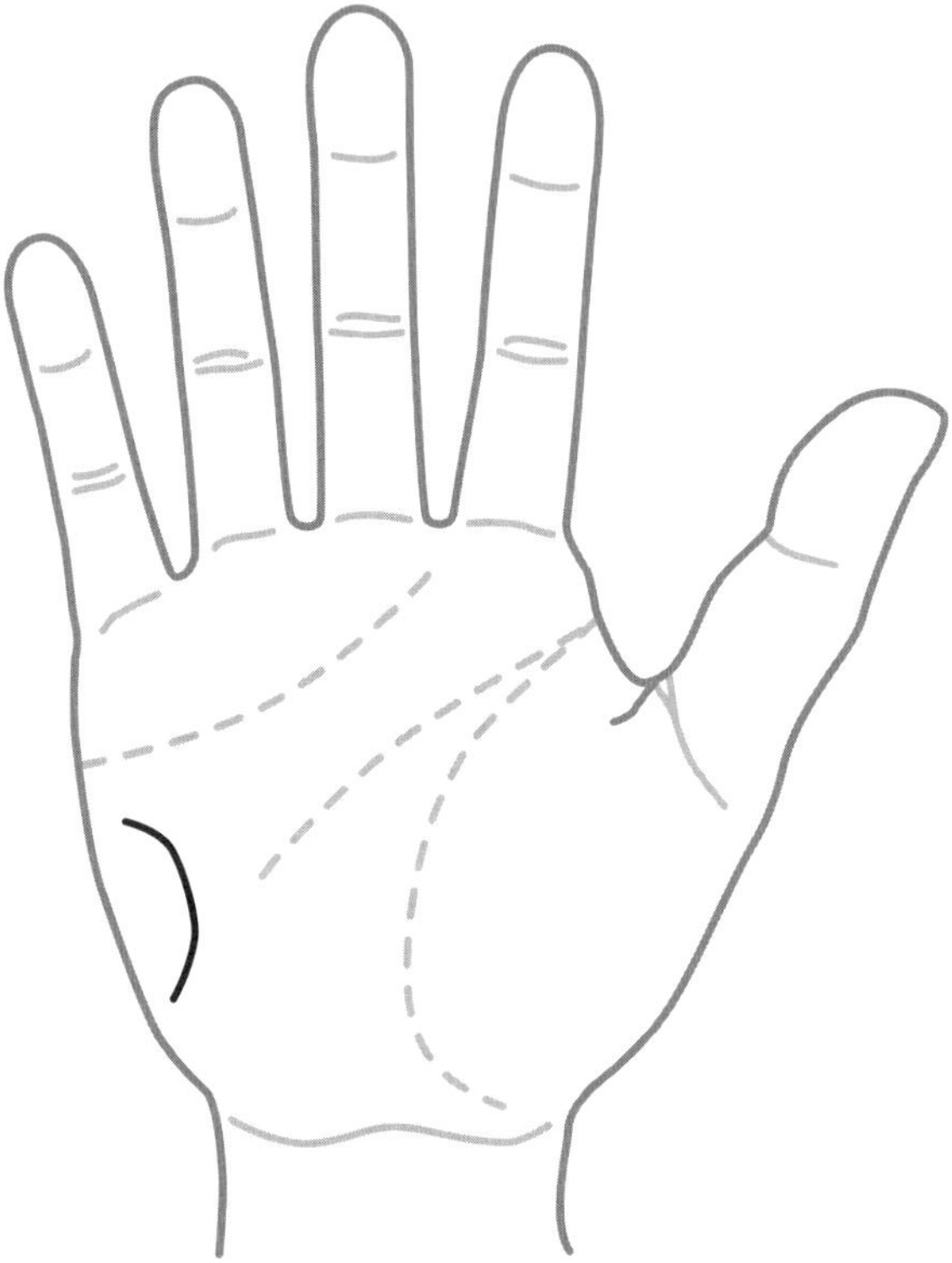

十七、直感線

直感線は、感情線の下から月丘にかけて弓なりに出る、半円形に走る細い線です。

直感線は、直感力や未来予知能力をみるもので、ひらめきや芸術的感性などもみます。

直感線が、直感力や未来予知能力をあらわすのであれば、占い師や霊能者の中にさぞ多くいそうですが、実際にはそんなことはありません。私自身を含めて、プロの占い師や霊能者の中に直感線のある人は、実は、今までにほとんど見たことがありません。

まれに、直感線のある人がいて、「私、直感線があるのよ！」と言ってくる人がいますが、どうみても直感力のなさそうな人だったりするのです。

むしろ、実際に直感線のある人達を観察してみると、ボクサーや漫才師のような、瞬時に反応をすることを求められる人達に多いように思うのです。つまり、反射神経のような、速射砲的な反応の持ち主に出ている場合が案外多いのです。

十八、放縦線

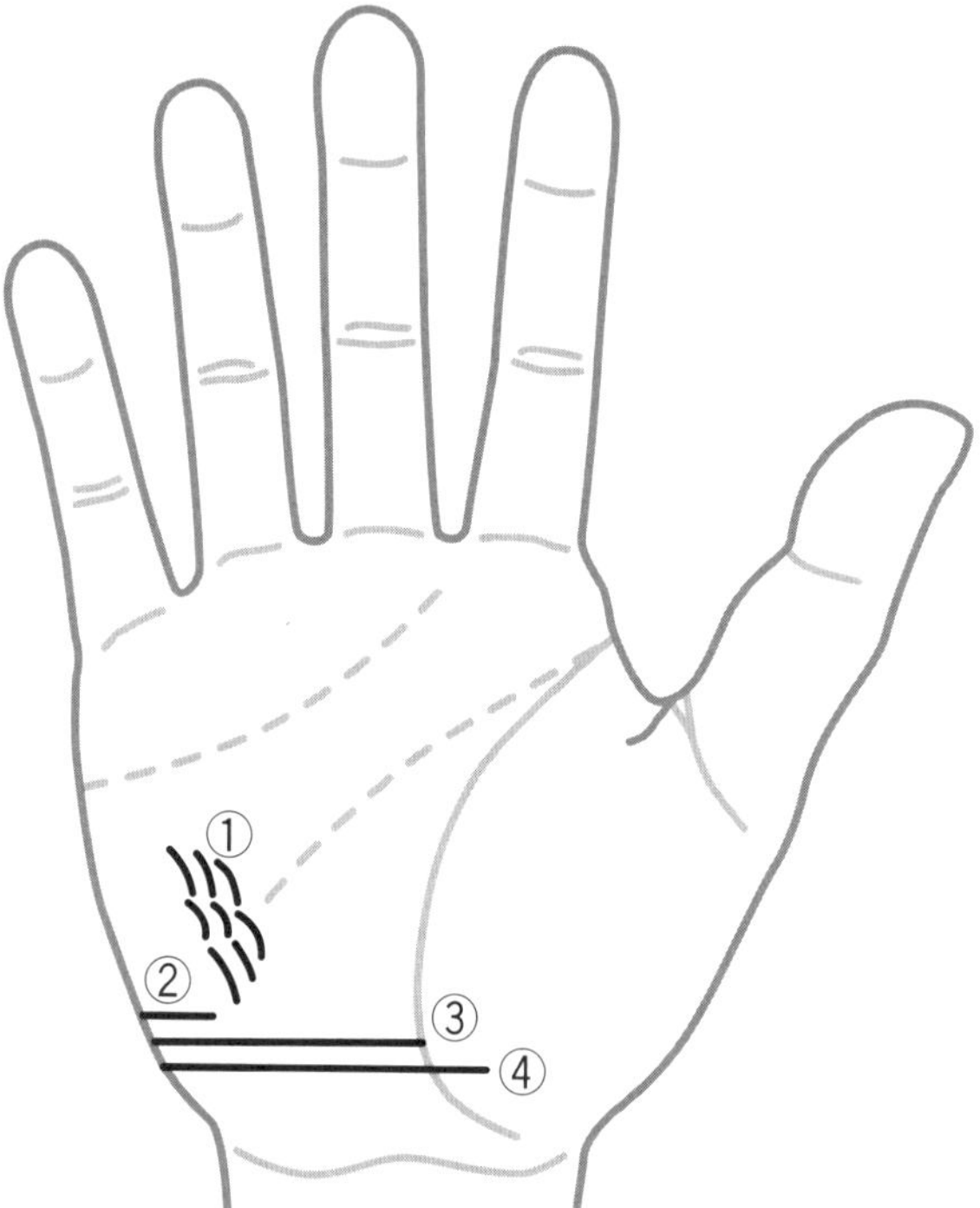

十八、放縦線

放縦線は、月丘の下部に、横や斜めにあらわれている線です。直線のものもあれば、カーブしているものや、切れ切れになっているようなものもあります。

放縦線には、次の四つの種類があります。

①月丘に何本もの線がカーブを描くもの。

②月丘から横に一直線に伸びるもの。

③月丘から生命線まで伸びるもの。

④月丘から伸びて生命線を横切るもの。

放縦線は、睡眠不足や不規則な生活や食生活が原因で、健康を害している状態を示しています。放縦線が出ているのは、不摂生による健康障害を示しているので、充分な睡眠と規則正しい生活やきちんとした食生活を行うことで、良い相に変わってくるのです。

詳しくは、「第八章　健康・病気占い」の「二、放縦線でみる健康・病気」の欄をご覧下さい。

十九、影響線

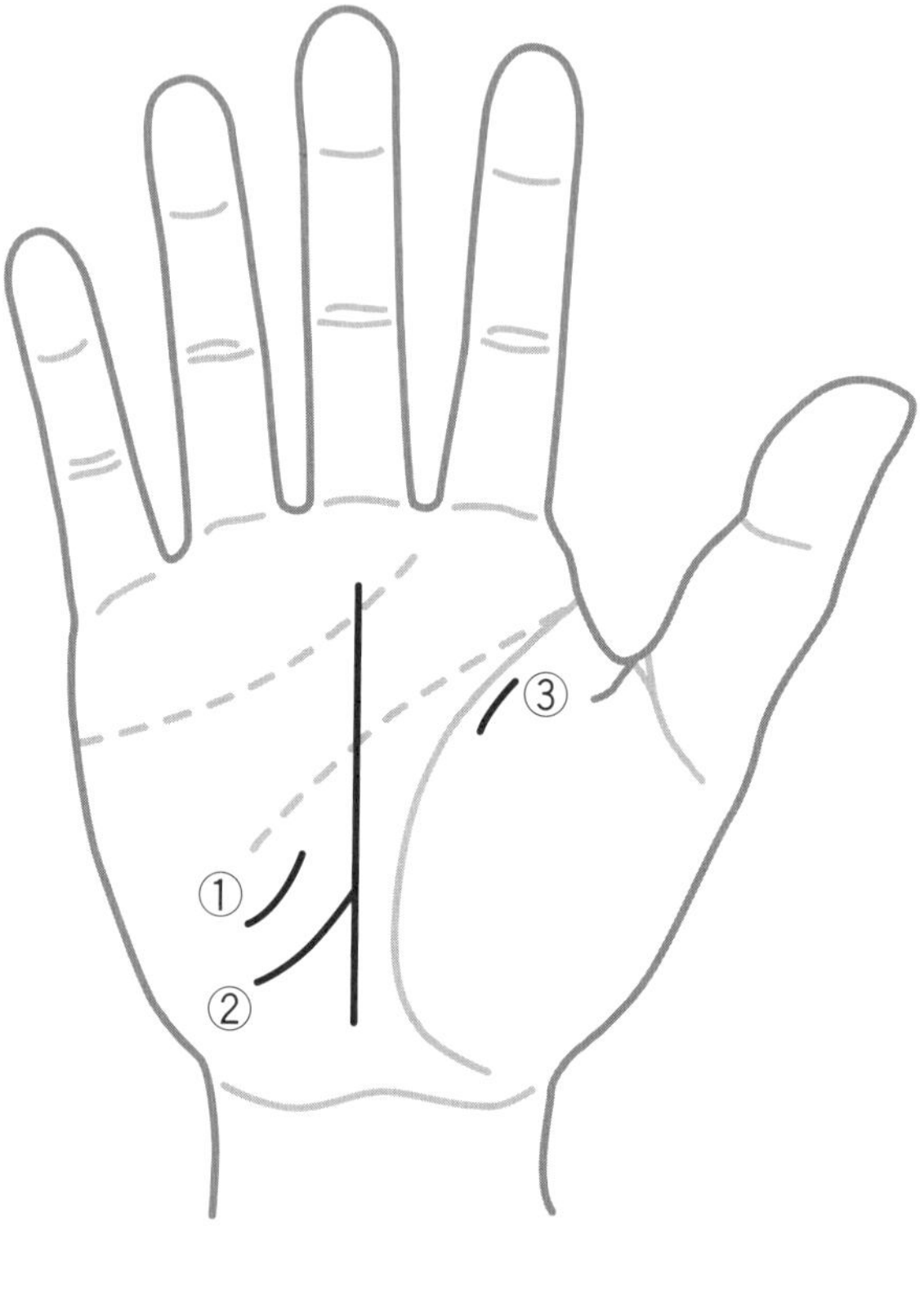

十九、影響線

影響線は、月丘から手のひらの中央に向かって斜めに走る線です。影響線は、運命線に流れ込むものや切るものもあります。

また、生命線の内側5ミリ以内に薄く出る線も影響線とみます。ですから、影響線は大きく次の三つに分けることができます。

①月丘から手のひらの中央に向かって、斜めに走る線。
②月丘から運命線に流れ込む、斜めに走る線。
③生命線の内側から5ミリ以内に、薄く出る線。

影響線は、外部からの影響や異性関係の影響をみるもので、他人が自分に与える影響の度合いをみます。生命線や運命線に比べると、薄く短く非常にデリケートな線なのです。

ある日突然、現れたり消えたりすることもあり、見えたり見えなかったりするようなこともある線なのです。

二十、疲労線

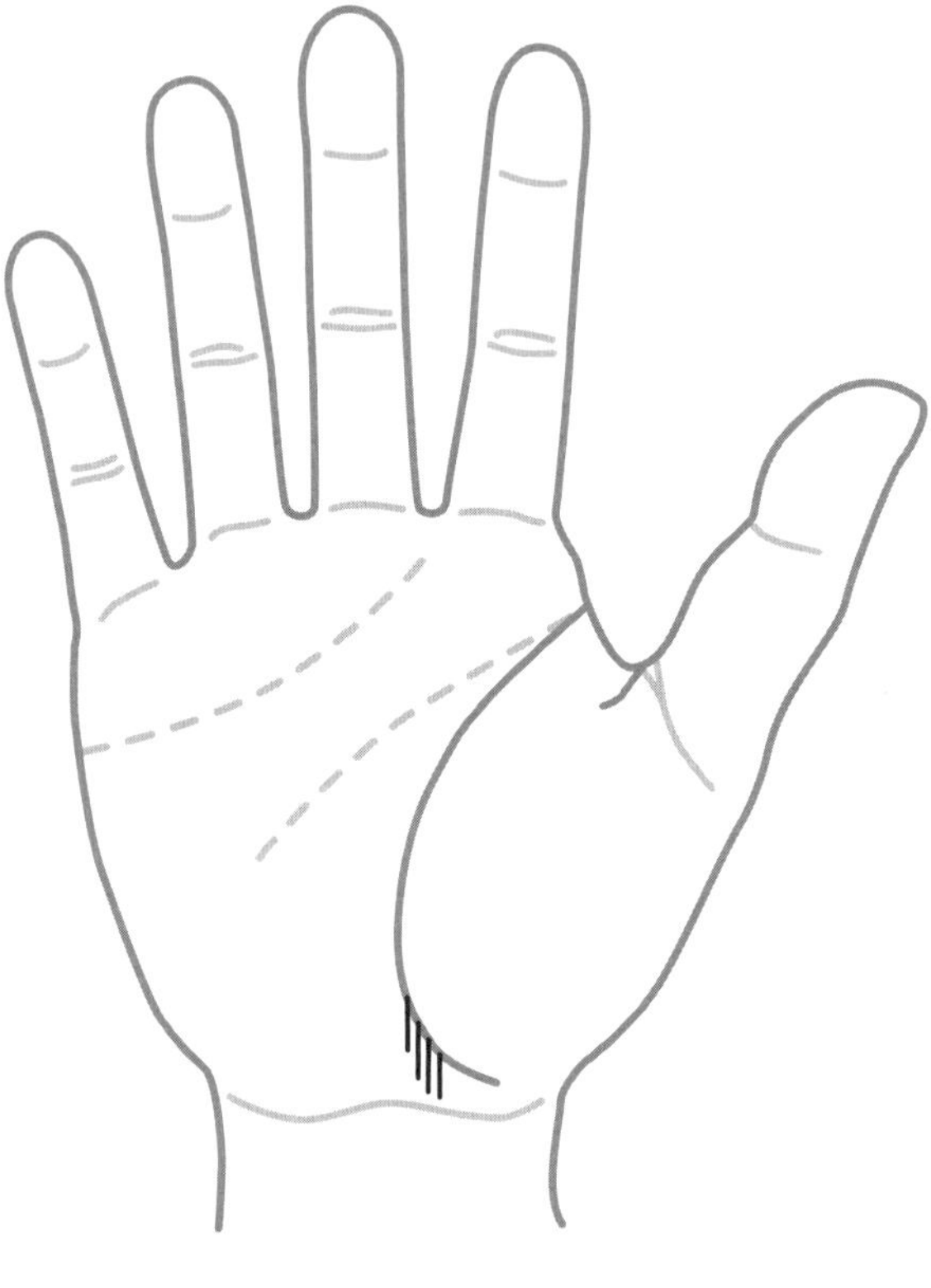

二十、疲労線

疲労線は、生命線の下側から下向きに伸びる、不規則の細い短い線です。旅行線と紛らわしいのですが、旅行線が一本なのに対し、疲労線は何本もの細かい線なのです。

疲労線は、疲労があることを示しており、不摂生や不養生による活力低下や精力減退をみるものなのです。

疲労線は、疲れていると何本も出てきたりしますが、疲労が回復するにつれて、線が薄くなってきたり消えたりすることもあります。疲労線が出ていても、命には別状はないので、適度な休息と規則正しい生活を続けることで、正常になってきます。

疲労線にかかわらず、悪い線が出ていても、あまり心配しすぎるとますます悪い線が増えてきて、手相が悪くなってきます。ですから、余計な心配をせず、無理をしないで体調管理につとめるようにしましょう。

二十一、恋愛線

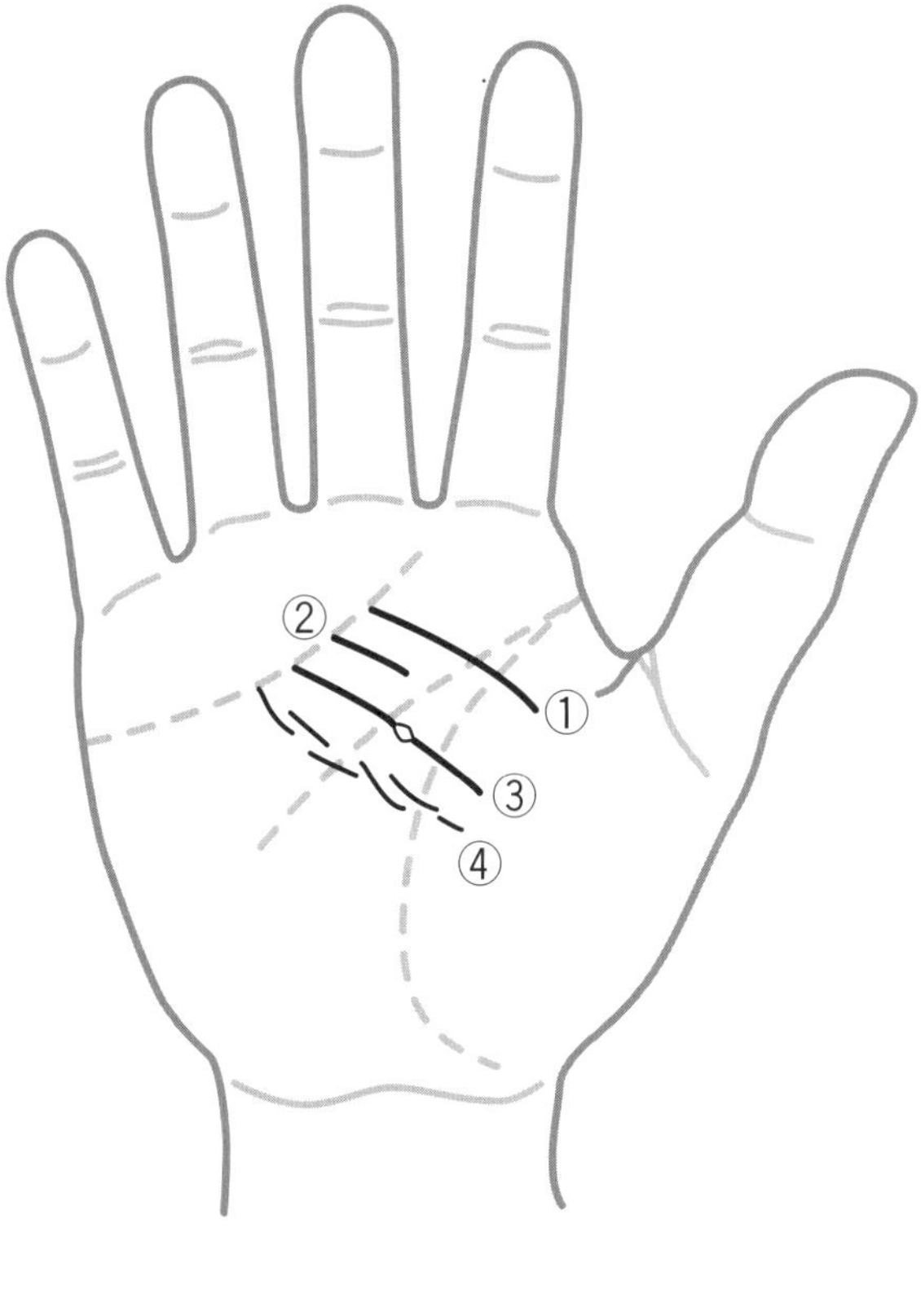

二十一、恋愛線

恋愛線は、感情線から出た支線が、生命線を横切って金星丘に流れ込む、斜めに伸びる線です。恋愛線には、次の四つがあります。

①生命線を横切って金星丘に達するもの。
②生命線に届かない短い線。
③島があるもの。
④切れ切れになっているもの。

恋愛線は、恋愛や失恋の時期をみるもので、愛情や出会いなどもみます。

恋愛線は、生命線を横切る障害線と紛らわしいのですが、生命線の障害線と考えて、失恋の時期である場合もあるのです。

恋愛線についての詳しいことについては、「第七章　恋愛・結婚占い」の「三、恋愛線でみる」をご覧下さい。

また、結婚や失恋の時期については、「第五章　運気の見方・流年法」の「一、生命線の流年法」をご参照下さい。

手相鑑定秘話 ⑥

人差指の付け根に線が⁉

見るからにしっかりとした感じの四十代の女性の話。

今の仕事が、自分に合っているのかどうか占ってほしいとのこと。そこで手を見てみると、人差指の付け根の木星丘の、ほぼど真中あたりを、縦の線がくっきり、真っ直ぐに伸びています。これは、リーダー線といって、野心家で、自らリーダーシップを発揮することで、開運していくことを示しています。

「貴女は、何か人を指導していくようなことに向いています。今のお仕事がそういう仕事なら良いのですが、逆に、上から抑えつけられたりすると、意欲が低下したりするかも知れませんね」

私がこう言うと、実は、学校の教師を二十年やってきて、最近、管理職になってから、上から色々と圧力がかかってきて、仕事をする気力が萎えて来ているとのことを話してくれました。

よく見ると、人差指が他の指に比べて太く、薬指よりも長くて、木星丘も盛り上っており、まさにリーダー的素質十分な手相をしています。

「せっかく管理職になられたんだから、とことん上までいく位の気持ちで、持ち前の指導力を大いに発揮されたらどうですか？」と申し上げると、我が意を得たりといった表情で、大きくうなずかれました。

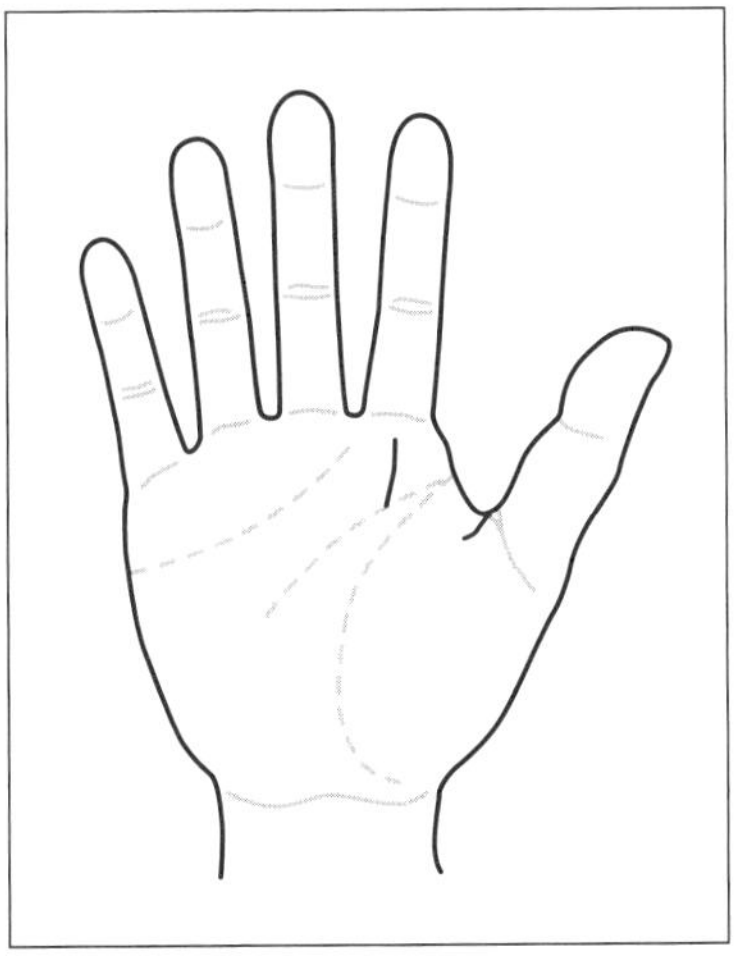

特殊な線①

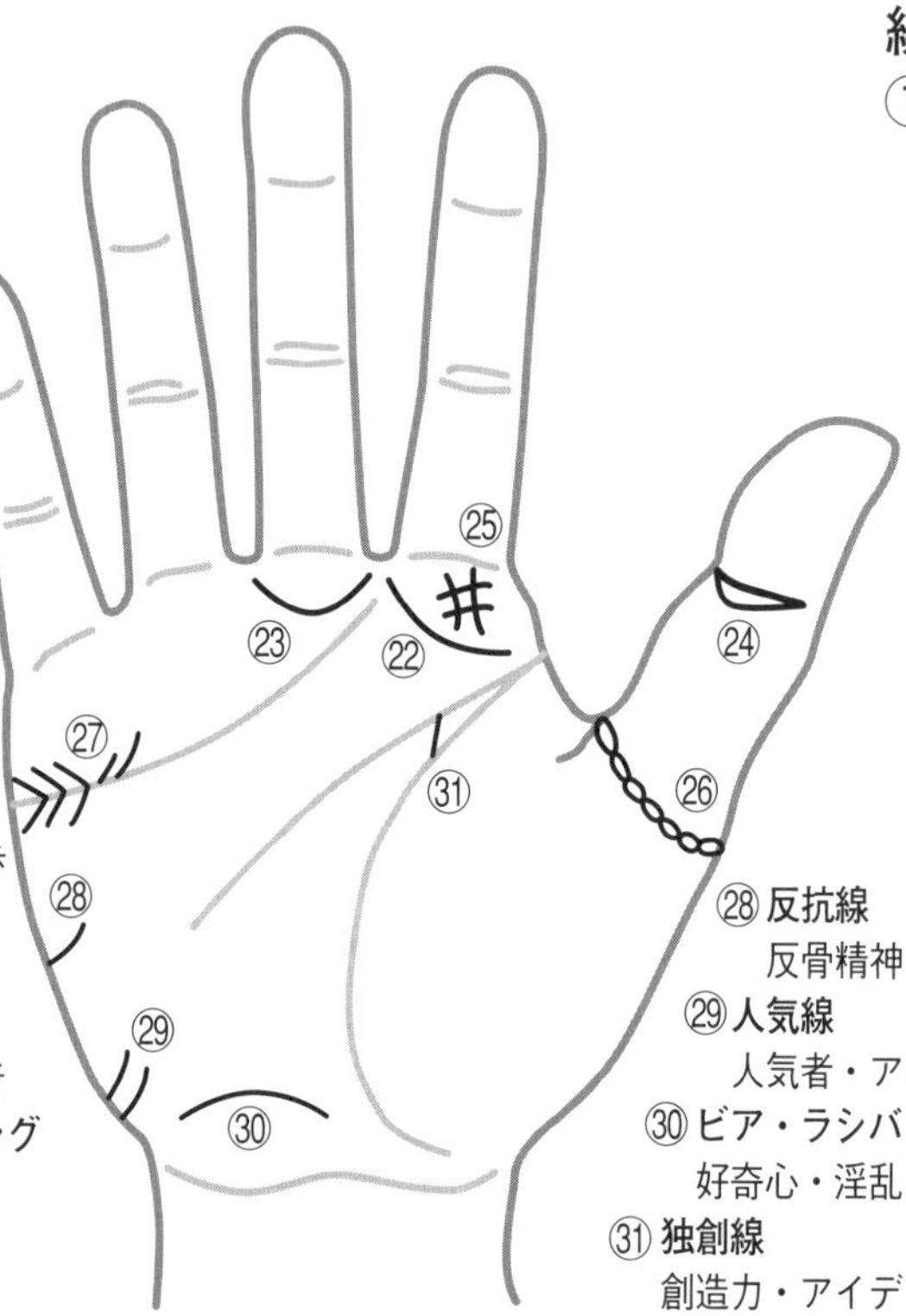

㉒ **ソロモンの環**
神秘的能力

㉓ **土星環**
孤独・独立独歩

㉔ **仏心紋**
信仰心・先祖

㉕ **玉井紋**
指導者・聖職者

㉖ **ファミリーリング**
親子の絆

㉗ **ユーモア線**
ユーモア精神

㉘ **反抗線**
反骨精神

㉙ **人気線**
人気者・アイドル

㉚ **ビア・ラシバ**
好奇心・淫乱

㉛ **独創線**
創造力・アイデア

特殊な線①

二十二、ソロモンの環……人指し指の付け根を囲む線で、神秘的能力を示しています。
二十三、土星環……中指の付け根を囲む線で、孤独性や独立独歩を示しています。
二十四、仏心紋……親指の第一関節に出る、仏像の目のような形をした紋で、信仰心や、先祖に守られていることを示しています。
二十五、玉井紋……井の出る紋です。指導者や、聖職者であることを示しています。
二十六、ファミリーリング……親指の付け根を囲む鎖状の線で、親子の絆や、親子関係を示しています。
二十七、ユーモア線……水星丘の下で、感情線から薬指に向かって伸びる短い線です。感情線の起点あたりから、くの字に出る短い線もユーモア線とみます。ユーモア精神があり、人を楽しませてくれることを示しています。
二十八、反抗線……小指の付け根と手首の中間ぐらいから、斜めに伸びる線で、反骨精神や、正義感を示しています。
二十九、人気線……月丘の下の方から、薬指に向かって伸びる二本の線で、寵愛線とか、アイドル線とも呼ばれています。人気者や、アイドル性を示しています。
三十、ビア・ラシバ……手首に近い部分に、上向きに弧を描いてあらわれる線です。「月の淫乱」という古代ギリシャ語に由来し、好奇心や、淫乱性を示しています。
三十一、独創線……生命線と頭脳線を結ぶ線です。努力線と紛らわしい線ですが、独創力や、アイデアで開運できることを示しています。

特殊な線②

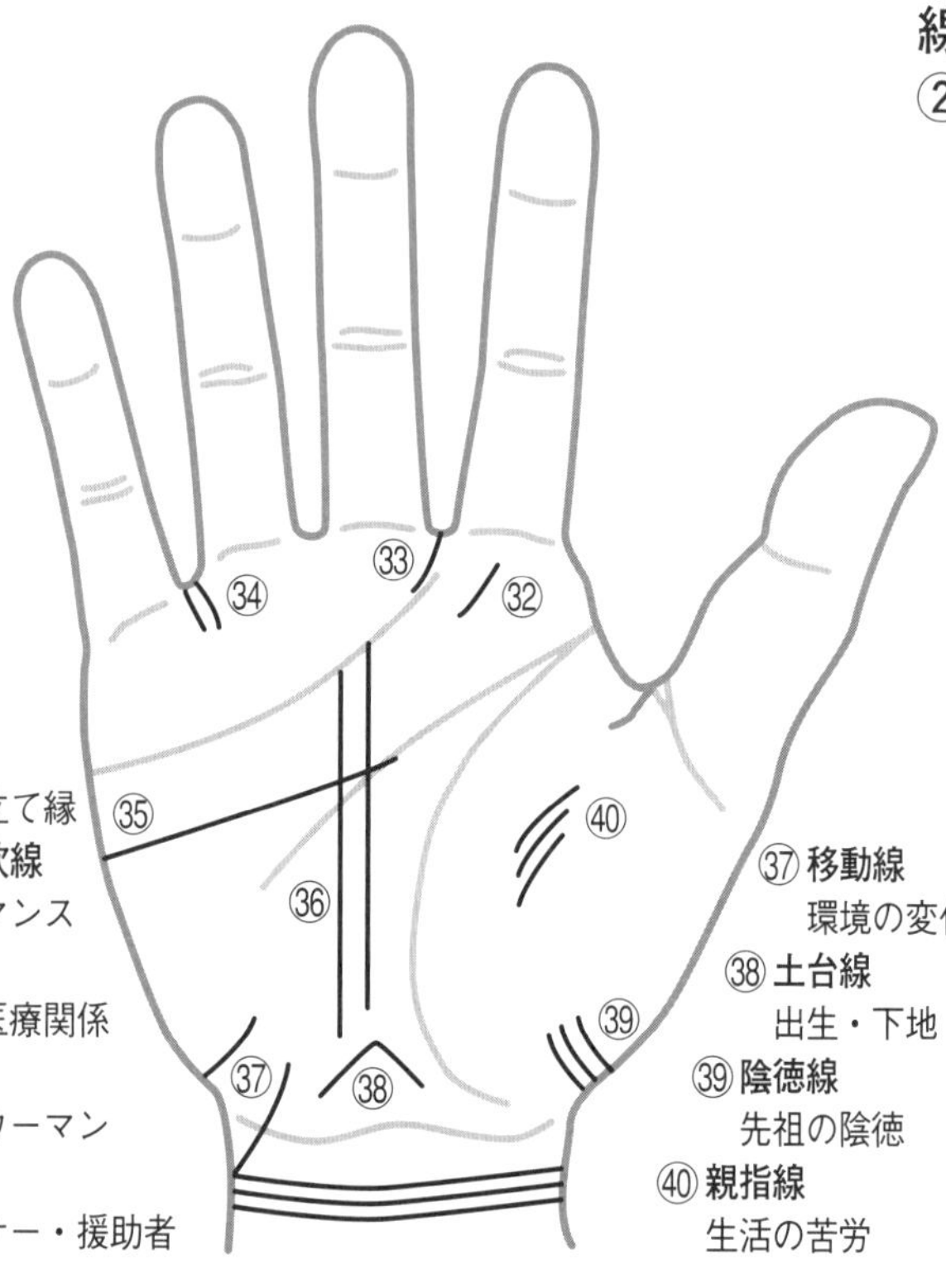

㉜ **引立て線**
他人の引立て縁

㉝ **自己顕示欲線**
パフォーマンス

㉞ **医療線**
癒し系・医療関係

㉟ **職業線**
キャリアウーマン

㊱ **姉妹線**
パートナー・援助者

㊲ **移動線**
環境の変化

㊳ **土台線**
出生・下地・相続

㊴ **陰徳線**
先祖の陰徳

㊵ **親指線**
生活の苦労

第五章

運気の見方・流年法

流年法

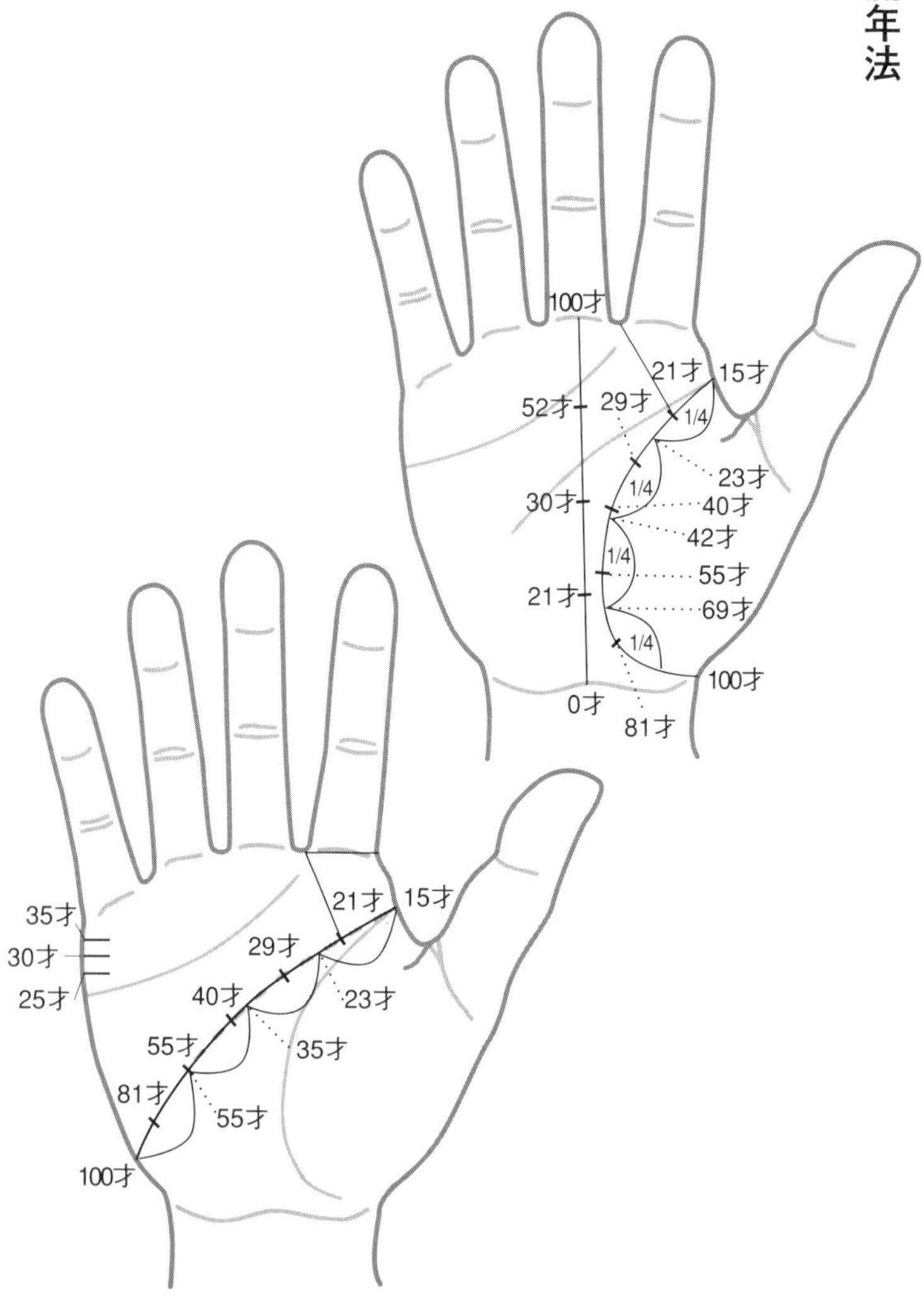
100才
21才
15才
52才
29才
1/4
23才
1/4
30才
40才
42才
1/4
55才
21才
69才
1/4
100才
0才
81才
21才
15才
35才
29才
30才
25才
23才
40才
35才
55才
81才
55才
100才

運気の見方・流年法

運気の見方は、流年法でみます。流年法とは、いつ何をすればよいのかを判断する見方です。たとえば、独立開業をいつすればよいのかとか、いつから資格を生かして始めればよいのかとか、いつ結婚できるのかといった事柄を判断する見方です。

流年法については、色々な見方がされているのですが、僭越ながら、西谷泰人先生の見方が最もよく当たっています。私流の見方も、「西谷式流年法」が基礎となっています。

しかし、これはあくまで参考であって、実際には必ずしもこの通りに行かない例も多くあるのです。たとえば、生命線の流年で、五十歳の時に病気の暗示があっても、実際には七十歳代で病気になったり、頭脳線で、二十歳の時にスタートになっていても、実際は二十五歳だったり、結婚線で、三十歳が適齢期であっても、実際は三十五歳で結婚していたりといったことはよくあるのです。流年法で最も難しいのは、実は生命線だと私は考えています。運命線については、「西谷式流年法」は恐ろしいくらい正確なのですが、生命線は、相当な数をこなしてカンを働かせる必要があります。

また、結婚線も、第七章で説明しますが、時代や国による価値基準や、結婚適齢期の捉え方の違いなどで、実際には絶対的基準は難しいと言わざるを得ないのです。

一、生命線の流年法

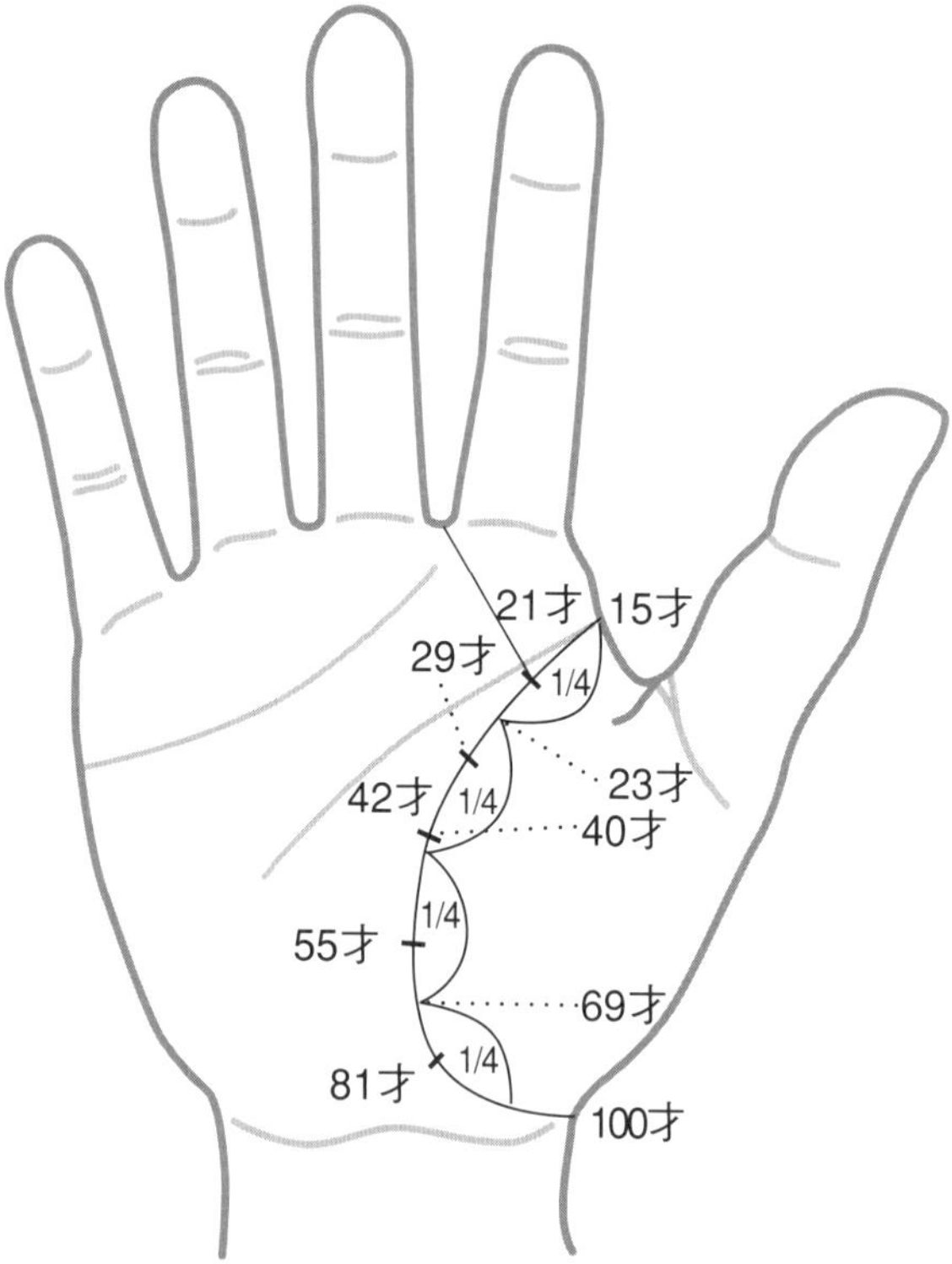

一、生命線の流年法

生命線の流年法は、人差指の付け根の幅を、生命線に降ろしたところを二十一歳としま す。この幅で、二十九歳、四十歳、五十五歳、八十一歳ととって、親指の付け根の下側の掌の端を百歳ととります。

また、生命線を四等分にして、真ん中を四十二歳、起点から四分の一を二十三歳、四分の三を六十九歳とします。ただ、生命線の長さやカーブの角度などによって若干の誤差がありますので、あくまで標準型のとり方とお考え下さい。

生命線が長く伸びて、手首線近くまで伸びていれば九十歳以上、手のひらの裏までのびていれば百歳近いと判断します。生命線の流年法により、寿命や病気、ケガ、障害、トラブル、開運などの時期の暗示が読み取れます。

ただし、未来の暗示については、今からの節制や努力、意識改革などで変えることができますので、絶対こうなるということではありません。

二、運命線の流年法

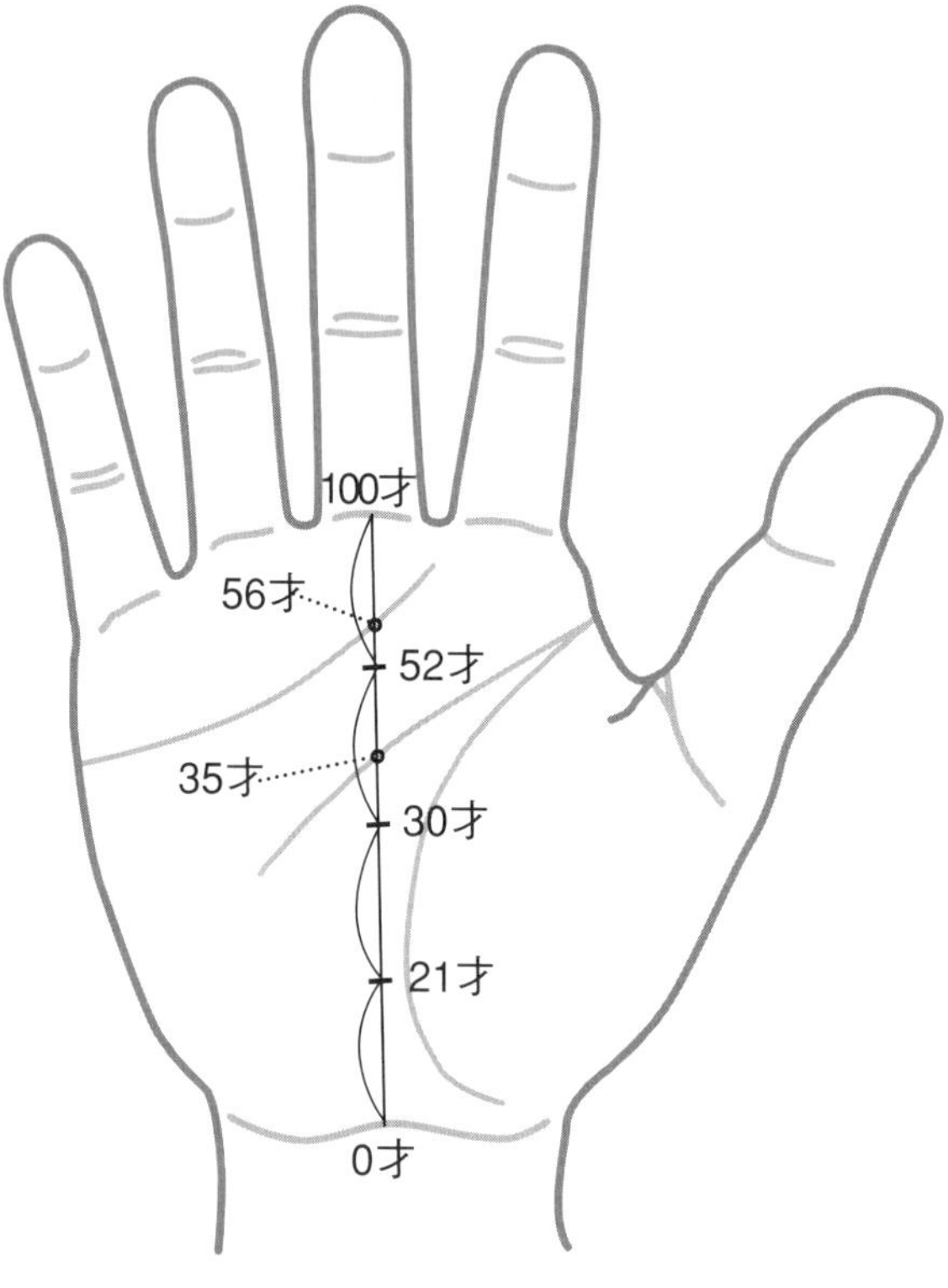
100才
56才
52才
35才
30才
21才
0才

二、運命線の流年法

運命線の流年法は、手首線の上を〇歳として、中指の付け根を百歳とします。頭脳線と交わる所を三十五歳、感情線と交わる所を五十六歳ととります。

ただ、これはあくまで標準型の場合のとり方であって、マスカケ線や頭脳線や感情線が真っ直ぐに伸びている場合は、もう少し上の年齢でとることになります。

むしろ、運命線を四等分して、真ん中を三十歳として、下から四分の一を二十一歳とし、四分の三を五十二歳とする方が、頭脳線や感情線にとらわれることなく、実践向きかと思われます。

運命線の流年法により、開運や仕事、転機、不遇、失業の時期の暗示が読み取れます。

また、運命線のない時期は、充電期間と考えて、目標を持って、資格や職業訓練、技術の習得などで将来の備えをしていると、そのうちに伸びてきたりします。

三、頭脳線の流年法

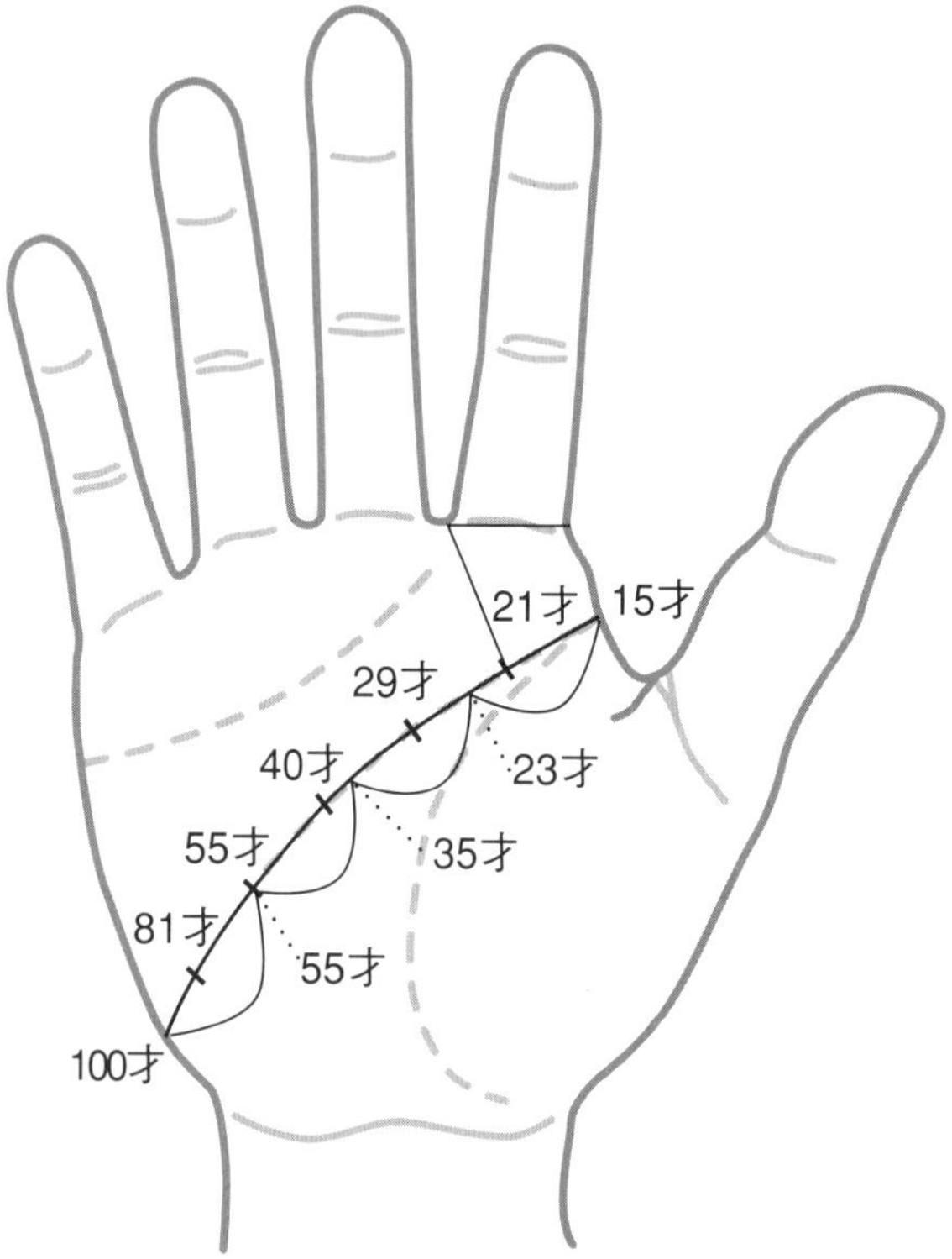

三、頭脳線の流年法

頭脳線の流年法は、生命線と同じ起点を十五歳とし、人差指の付け根の幅を頭脳線に降ろした所を二十一歳とします。この幅で、二十九歳、四十歳、五十五歳、八十一歳ととって、小指の付け根の下側の掌の端を百歳ととります。

また、頭脳線を四等分して、真ん中を三十五歳、起点から四分の一を二十三歳、四分の三を五十五歳とします。

頭脳線の流年法は、実は以前からあったのですが、あまり当てにならないとされていました。これを当てになるような見方にされたのは、西谷泰人先生の「西谷式流年法」です。

頭脳線の流年法により、才能が開花したり知的な仕事がスタートする時期の暗示が読み取れます。

ただし、頭脳線の島は、その時期にスランプに陥るという見方もできるのですが、むしろ、時期的な問題よりも、頭痛やノイローゼの暗示と捉えた方が当たっているようです。

四、結婚線の流年法

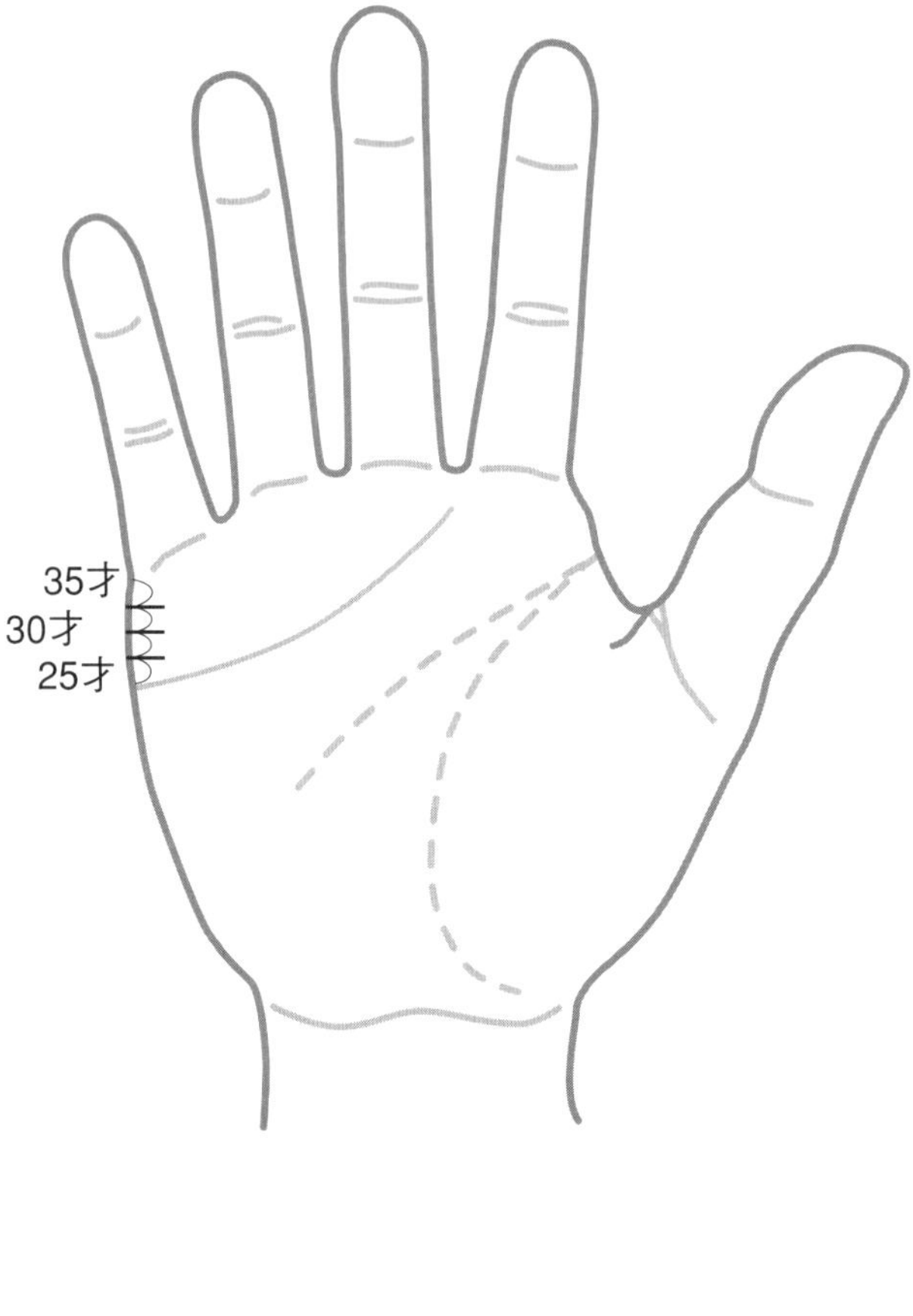

四、結婚線の流年法

結婚線の流年法は、小指の付け根と感情線の真ん中を、平均的な結婚適齢期とみます。

この結婚適齢期については、絶対的な年齢はありません。時代や国籍、生まれた地域や生活している場所の習慣などによっても異なります。

現在の日本人の平均的な結婚適齢期としては、二〇〇八年の統計で平均初婚年齢が、夫三〇・二歳、妻二十八・五歳ですから、おおよそこのあたりを基準に判断するのがよいでしょう。もちろん、その人の生まれた時代や生活スタイルによる価値基準もありますので、現在六十歳以上の方ですと、男性二十七歳、女性二十四歳くらいで捉えられると思います。

結婚線は、四等分して、真ん中をおおよそ男性三十歳、女性二十八歳くらいでとり、感情線より四分の一を男性二十七歳位、女性二十五歳位でとり、感情線より四分の三を男性四十歳位、女性三十五歳位ととります。これも個人差はありますが、一般的に感情線に近いのは早婚タイプで、小指の付け根に近いのは晩婚タイプとみるのです。

「第七章　恋愛・結婚占い」でも説明しますが、結婚線が何本もあるような人は、何度でも結婚のチャンスがあるとは言えるのですが、逆に、いつでも結婚ができるからと思っている間に婚期を逃すこともあるので、相手を絞り込むことが大切になってきます。

手相鑑定秘話 ⑦

運命線が感情線でストップ!?

運命線が、感情線でストップしている人は結構います。かく言う著者も、実は、その中の一人なのです。

運命線が、感情線に当たる流年である晩年（五十五〜六十歳位）で止まっているので、サラリーマンなら、定年を迎える頃にリタイアなのかと思われますが、そんなことはありません。

実は、『愛情や恋愛・結婚などが原因で運勢が止まっている』というのが通説のようです。

確かに、人に情けをかけたことがもとで損をするとか、苦労をさせられるといったことはあるかもしれません。しかし、逆に、自分を犠牲にして人を助けたり、人の為になることをしたりする仕事には、適していると言えるのかも知れません。また、人の悩みを聞いてあげたり、お世話をするとか、癒しをするなども良いでしょう。

営業や販売などの利潤を追求するような世界では、時として、他人を利して自分は損失を被るようなこともあるでしょうが、逆に、自分が損な役回りをすることが、周囲からは喜ばれるようなことには、向いているということになります。お人好しと言われれば、そうかも知れませんが、短所は長所と考えれば、そんなに悪い手相ではありません。

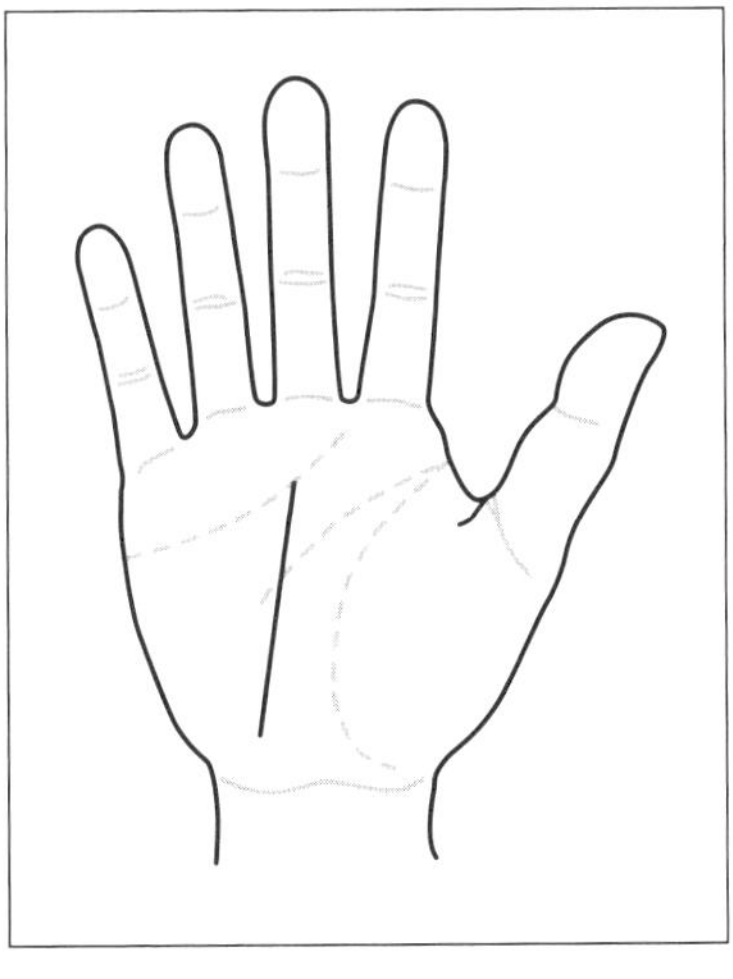

基礎から学ぶ実践手相学

第一回　手相の基礎
第二回　手のひらの丘・三大線の見方
第三回　五大線の見方
第四回　十大線の見方
第五回　その他の線の見方
第六回　特殊な線の見方
第七回　運気の見方・流年法
第八回　適性・適職占い
第九回　恋愛・結婚占い
第十回　健康・病気占い
第十一回　記号の見方
第十二回　手相でプチ占い

＊カリキュラムは、授業の進行状況によって変更することがあります。

第六章

適性・適職占い

頭脳線でみる適性・適職

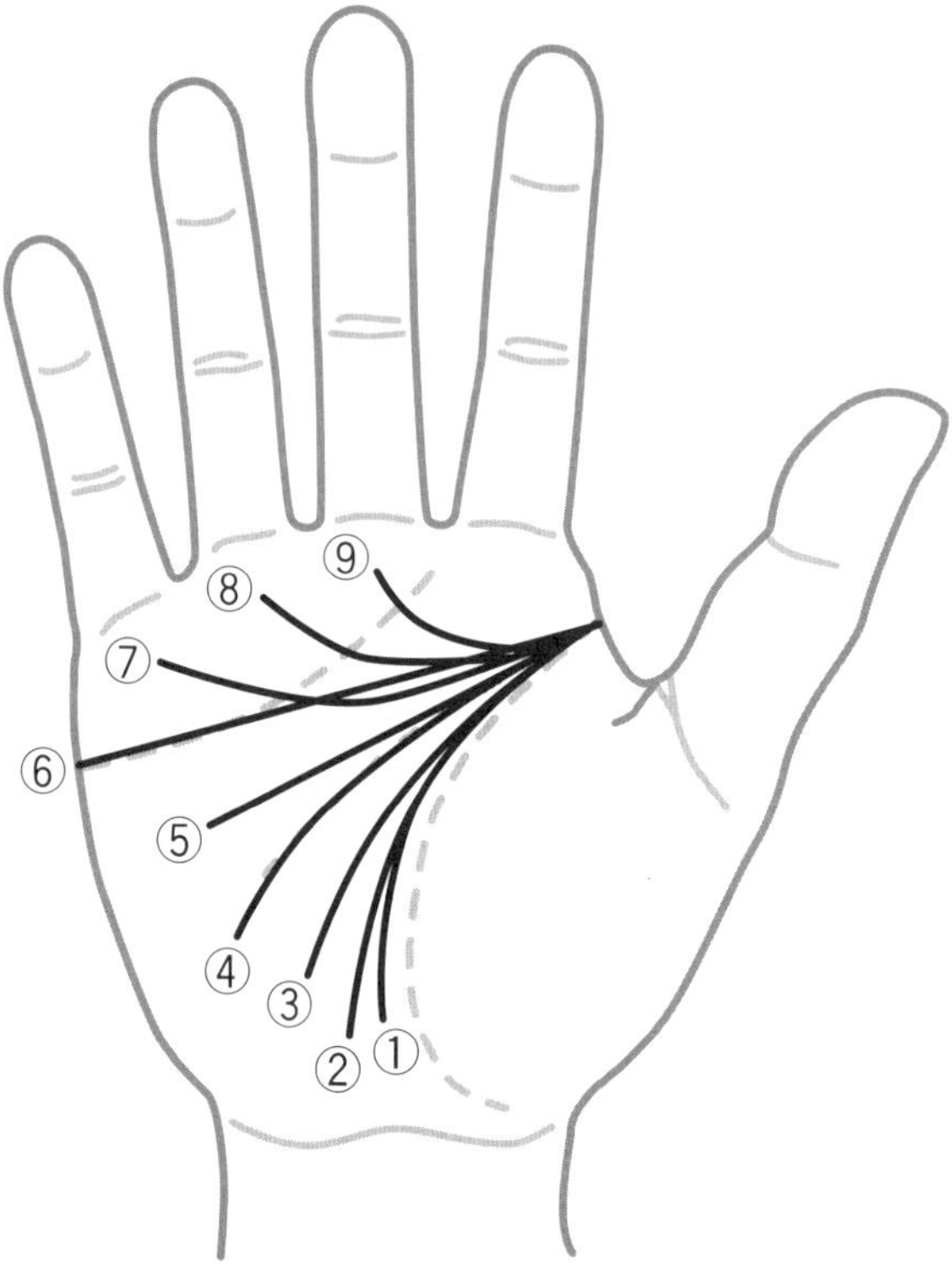

頭脳線でみる適性・適職

適性・適職は、頭脳線でみます。頭脳線でみるのは、その人が本来持っている先天能力的なものです。頭脳線がどの丘に向かって伸びているのかによって、現実主義者なのか理想主義者なのか、物質的なのか精神的なのかをみるのです。

また、理科系なのか文科系なのか、それとも、芸術・芸能系なのか霊感・スピリチュアル系なのかを判断するのです。

「手のひらの丘」については、第三章で説明してありますので、丘の意味を確認しながら理解に努めてください。

第三章の十大線の見方で説明しましたように、頭脳線でその人の性格や傾向が読み取れます。これを適性・適職に当てはめていくのです。

① 生命線と平行して、生命線側寄りに下降する

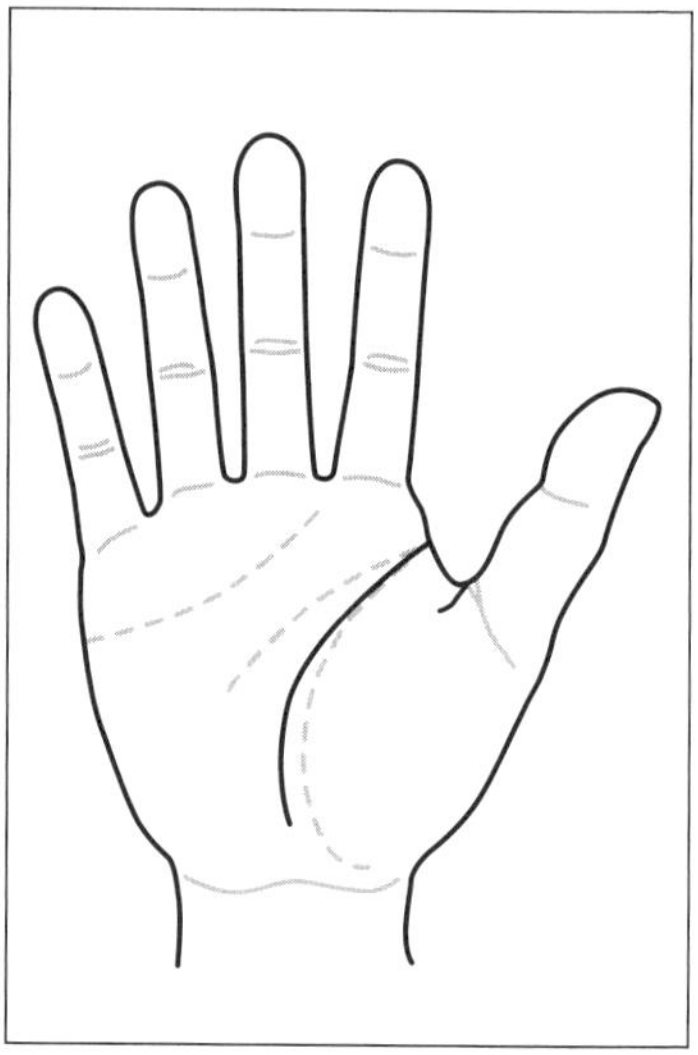

現実逃避で霊感型です。過去のことや、一つのことへのこだわりが強い人です。音楽家、作家、学者、宗教家、占い師、霊感師などに向いています。

② 手首線の中心近くへ下降する

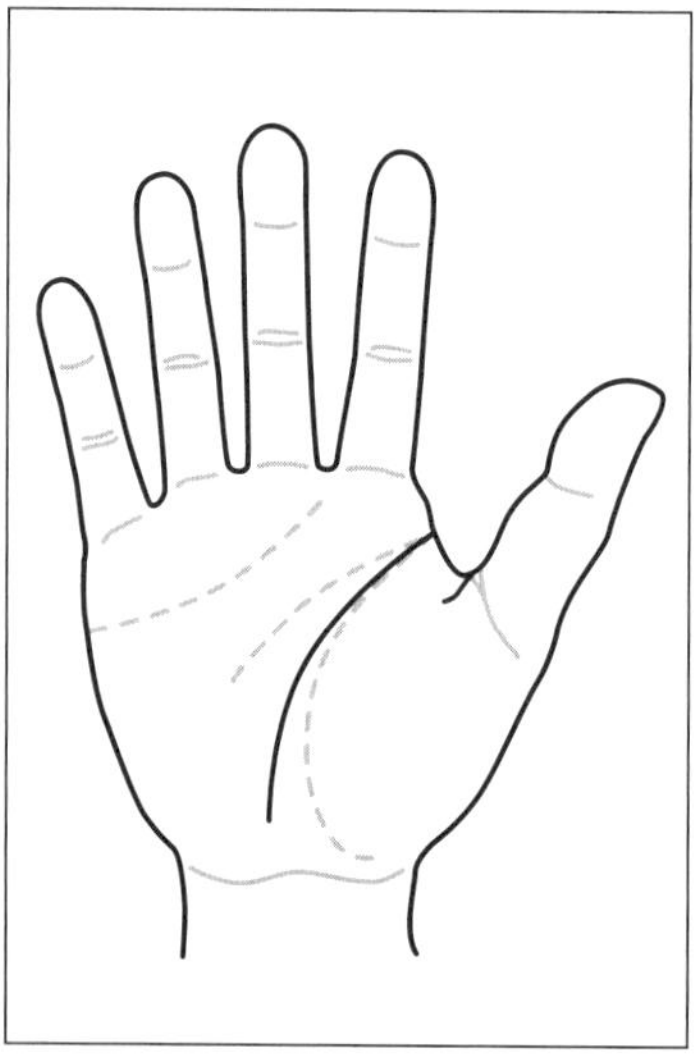

ロマンチストで美的感覚に優れています。ユニークで、独創的な発想をする人です。デザイナー、アーティスト、スタイリスト、美容師、モデル、ファッション関係などに向いています。

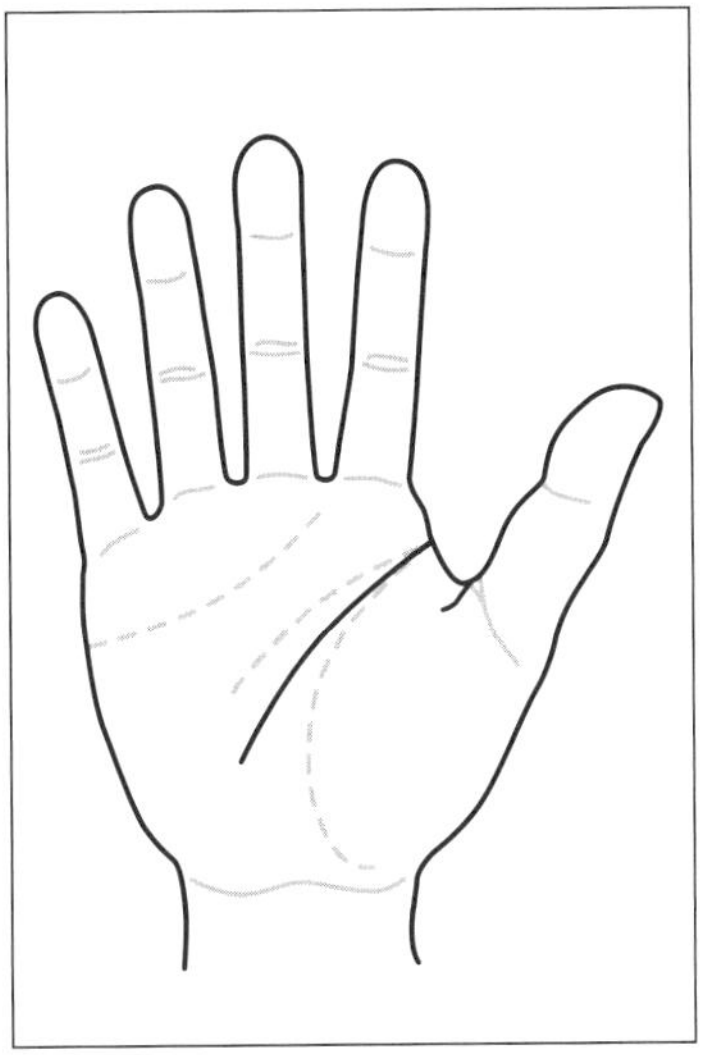

③緩やかな曲線を描いて、
月丘の中央部へ下降する

イメージを表現する能力に秀でていま
す。美的感覚が鋭い人です。芸術、芸能、
企画、映像、広告、料理人などに向いてい
ます。

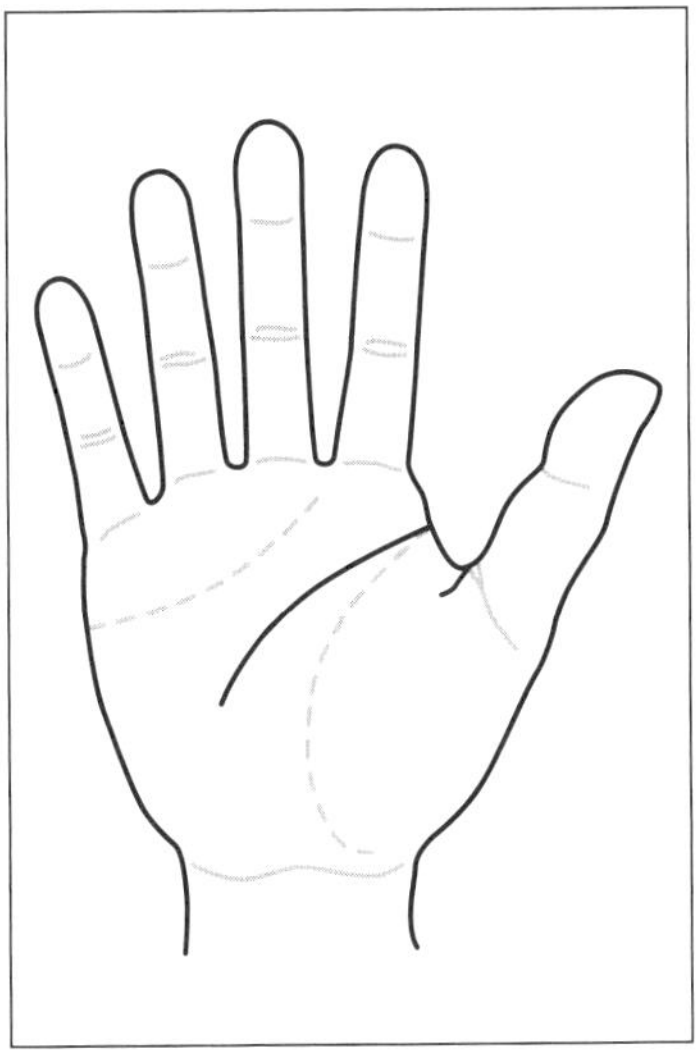

④月丘の上に向かって下降する

理想と現実の両面を持ち、バランス感覚
があります。理想は理想、現実は現実と割
り切れる、常識人です。管理職、経営者、
教育者、先生業、政治家、指導者などに向
いています。

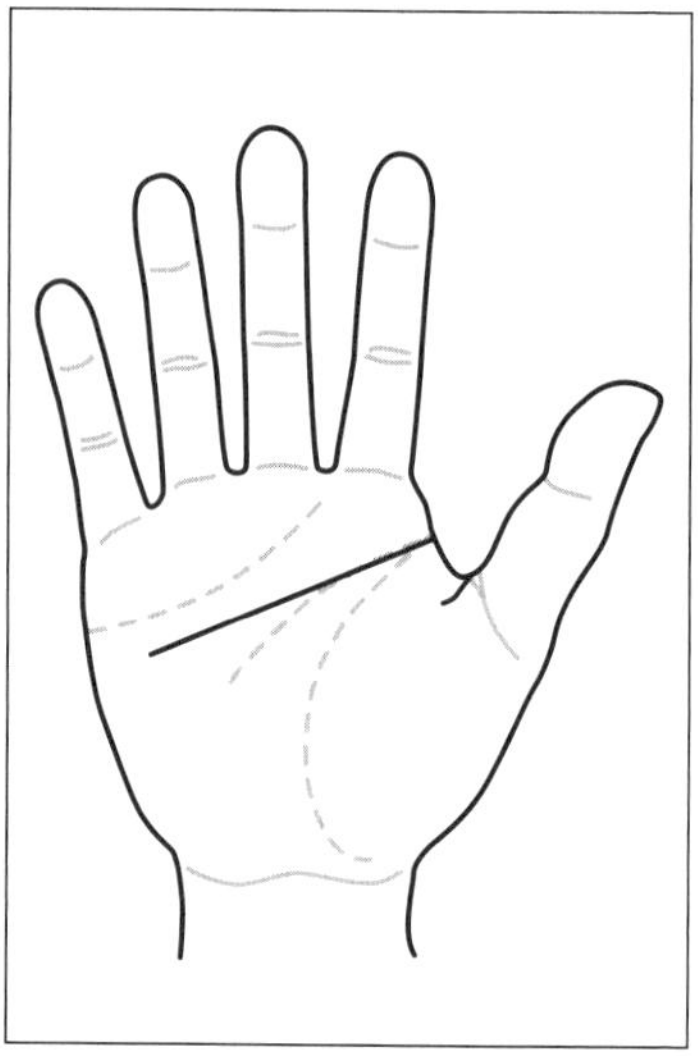

⑤真っ直ぐに第二火星丘に向かう

数字に強く現実主義者です。実務能力に長けていて、論理的に物事を考える人です。金融関係、商社、実業家、ビジネスマンなど、お金に関する仕事に向いています。

⑥真っ直ぐに一直線に伸びて感情線と交わる

マスカケ線と呼ばれ、人の上に立つと力を発揮できます。物事を徹底的にやる人です。政治家、経営者、指導者、医者、ボス、オーナーなどに向いています。

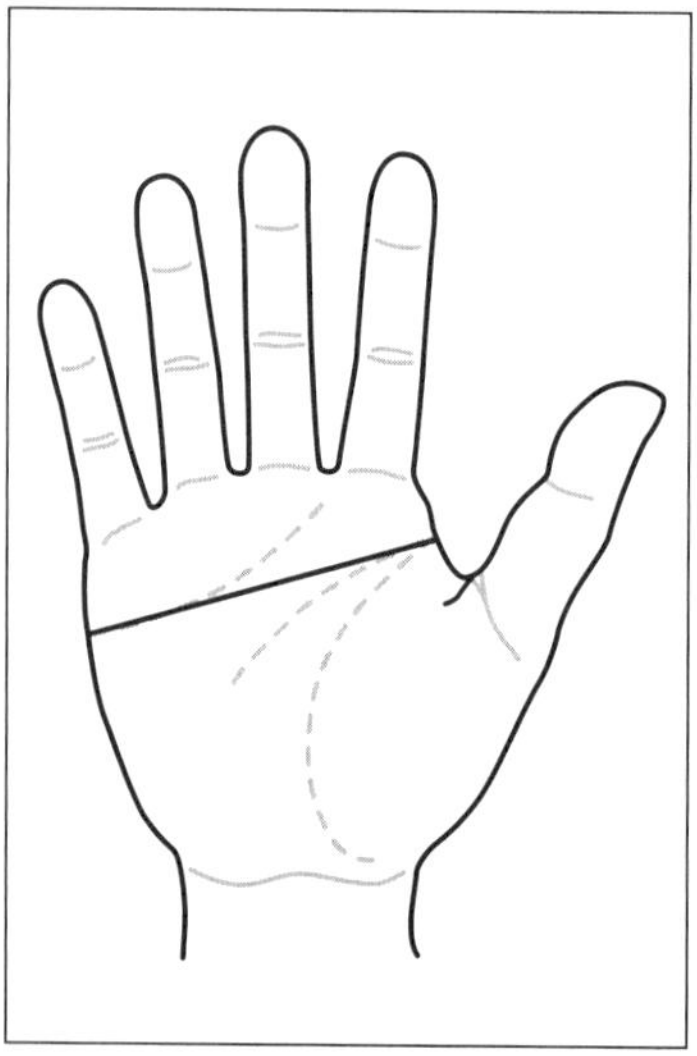

⑦感情線を横切って、水星丘に向かって伸びる

経済観念が発達して、お金儲けの才能があります。打算的で、何でも損得勘定で考える人です。経営者、事業家、商売人などに向いています。

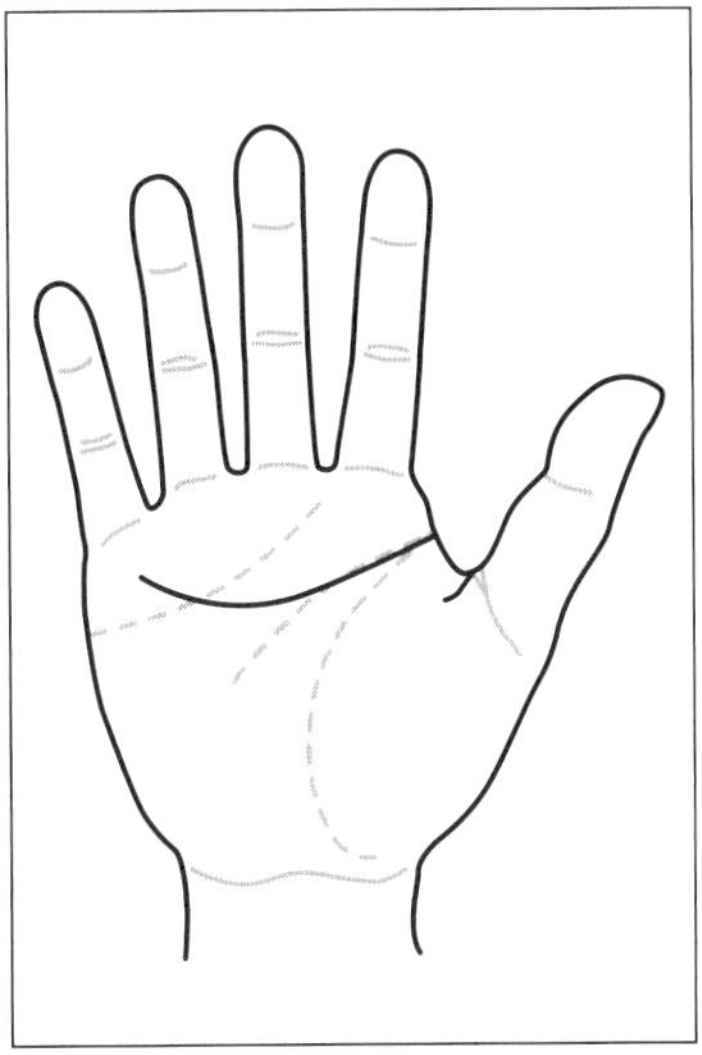

⑧感情線を横切って、太陽丘に向かって伸びる

感性が鋭く、時代の先端を行きます。社交的で人気がある人です。芸術、芸能、タレント、プロデューサー、クリエイターなどに向いています。

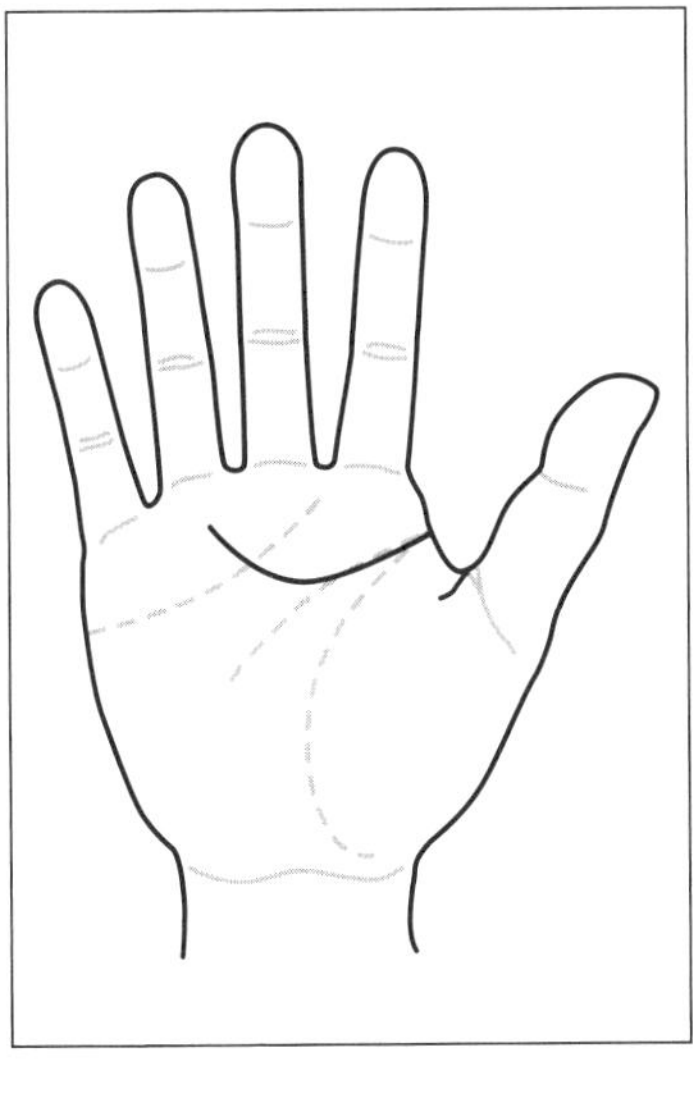

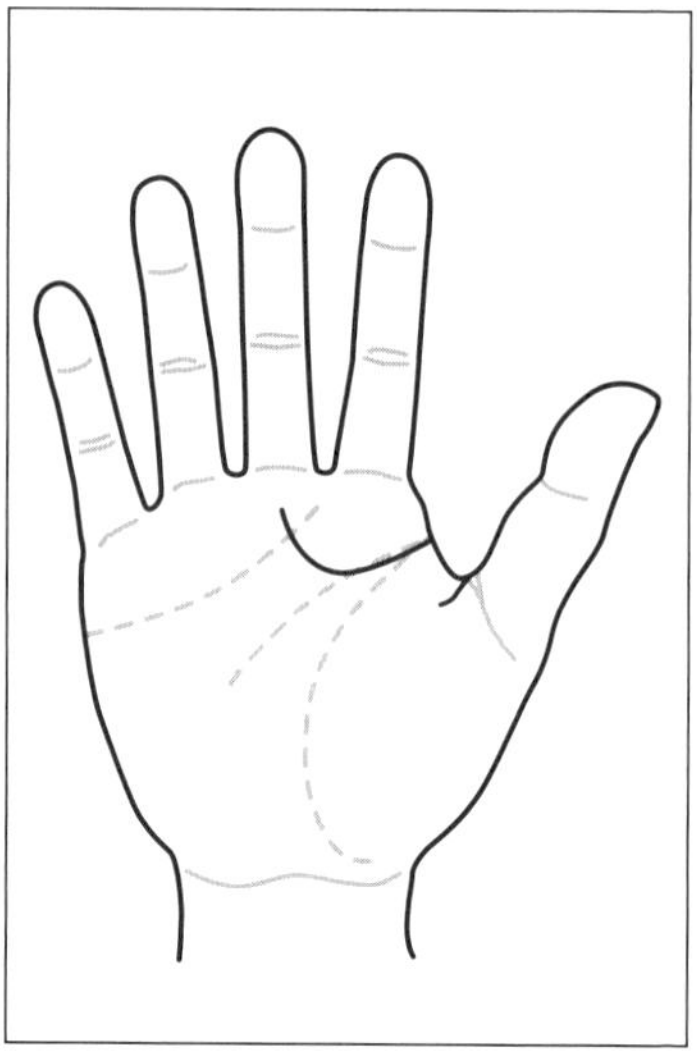

⑨感情線を横切って、
土星丘に向かって伸びる

精神的な世界に秀でた能力を持っています。人の心の中に入り込んでいく人です。宗教家、教師、学者、評論家、カウンセラー、占い師などに向いています。

第七章

恋愛・結婚占い

一、結婚線でみる恋愛・結婚

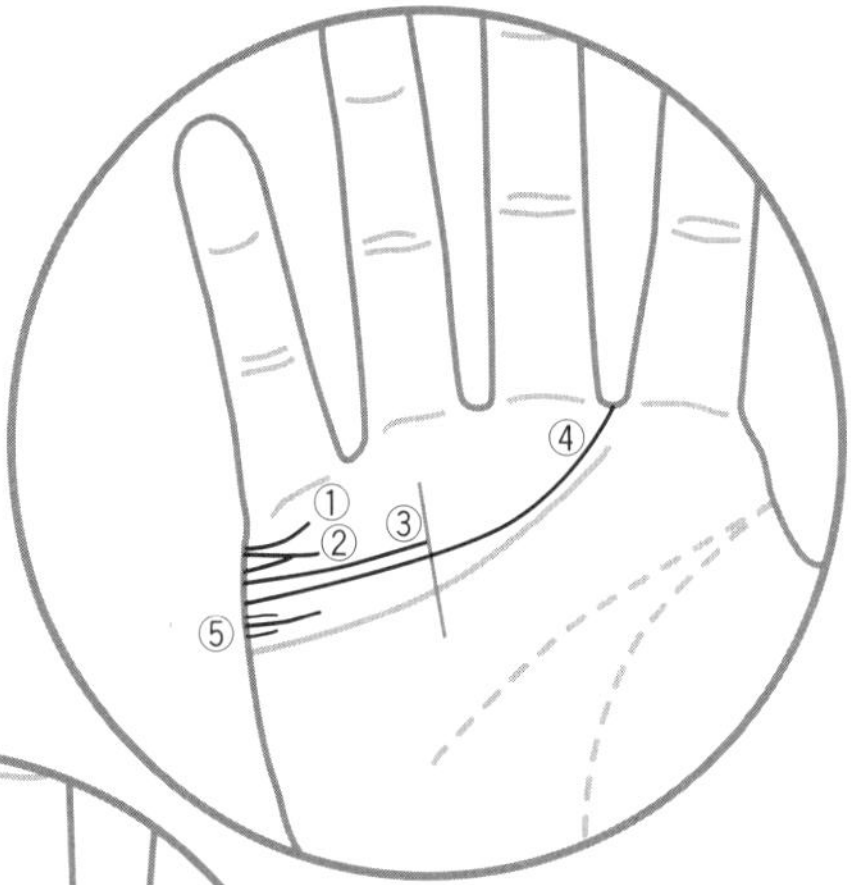

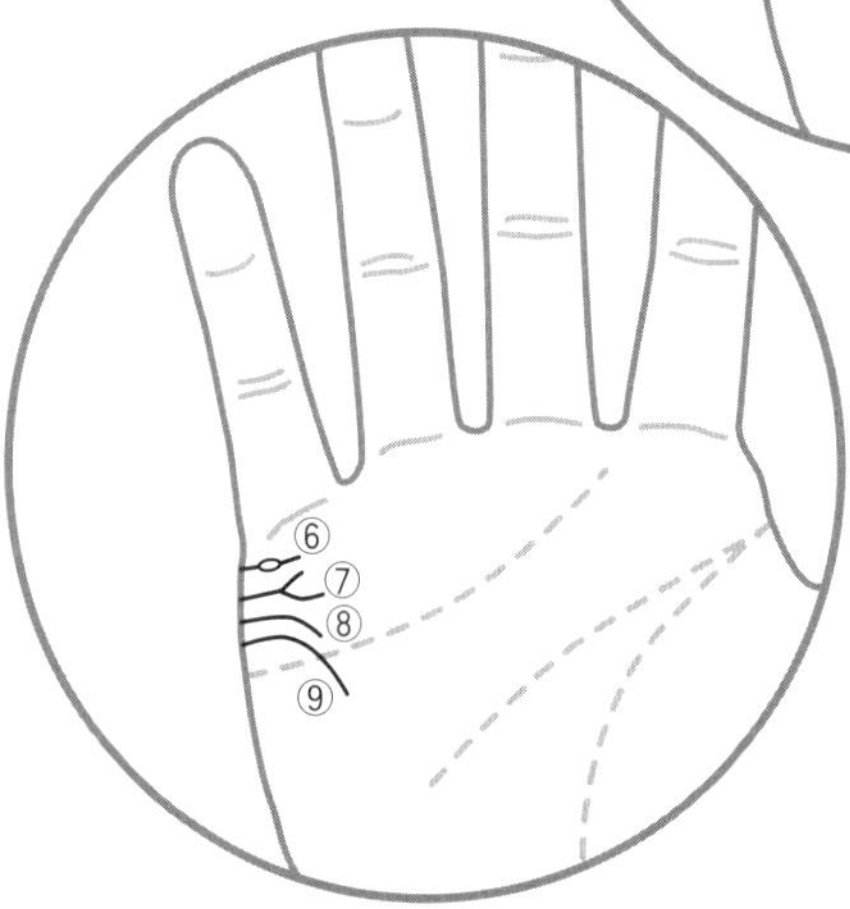

恋愛・結婚線

恋愛・結婚は、主に「結婚線」でみます。「結婚線」では、恋愛・結婚の状況や時期をみます。ただ、恋愛や結婚はあくまで相手のあるものなので、自分がいくら一生懸命結婚しようと思っていても、相手の気持ちや都合も考えないといけません。

そこで、相手の気持ちや反応をみるのが「影響線」なのです。「影響線」では、相手の影響度をみるのですが、この「影響線」は、恋愛や結婚をする時に必ず出るとは限りません。「結婚線」が今はっきりと出ているのに、「影響線」がまったく出てなかったりすると、自分は早く結婚したいと思っているのに、相手は、まだその気がなかったりするのです。

また、「恋愛線」では、結婚や失恋の時期や状況をみます。恋愛線は障害線と見間違いやすく、従来の手相の本にはあまり書かれていなかった線です。これも、西谷泰人先生が「西谷式流年法」で、恋愛や失恋の時期を「恋愛線」から割り出す方法を見出され、実際によく当っています。恋愛・結婚占いは、「結婚線」を主に、「影響線」と「恋愛線」も併せてみていくものなのです。

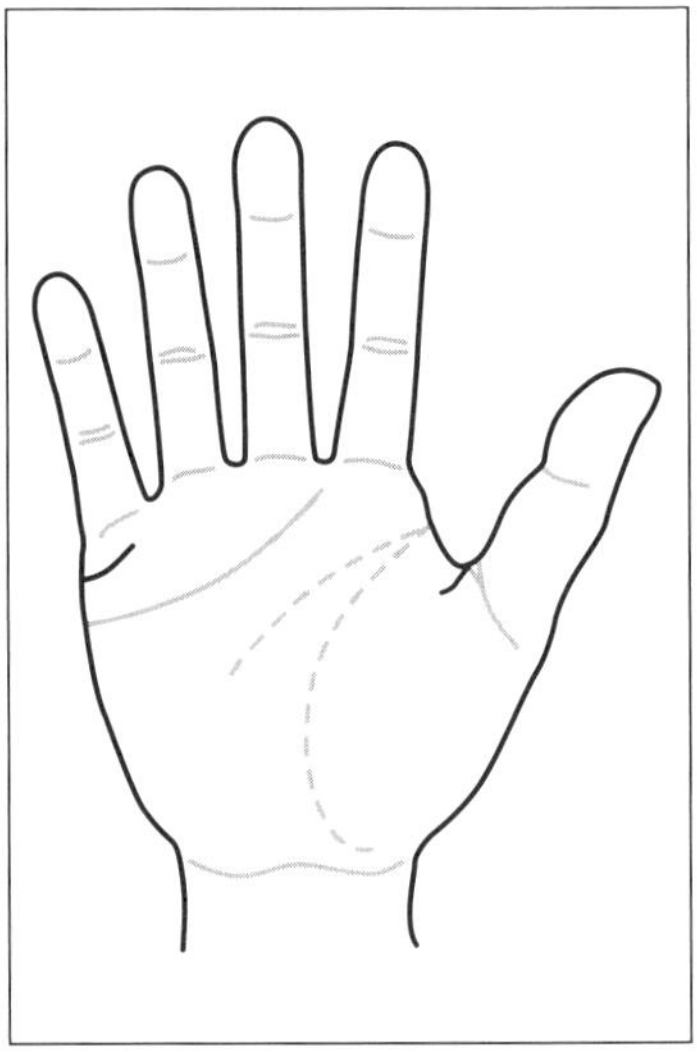

①先端が小指の付け根に上昇する

結婚運が上昇中です。結婚したい欲求が強い状態です。理想以上の相手に恵まれる相です。女性の方が積極的にアプローチするのも可です。急上昇するのは、仕事中心で、家庭を大事にしないことの暗示です。

②二本に分かれた線が
交わって一本になる

長過ぎた春の状態です。障害を乗り越えてようやくハッピーエンドになれる相です。周囲から反対や妨害があっても、最後には好きな人と結ばれる暗示です。

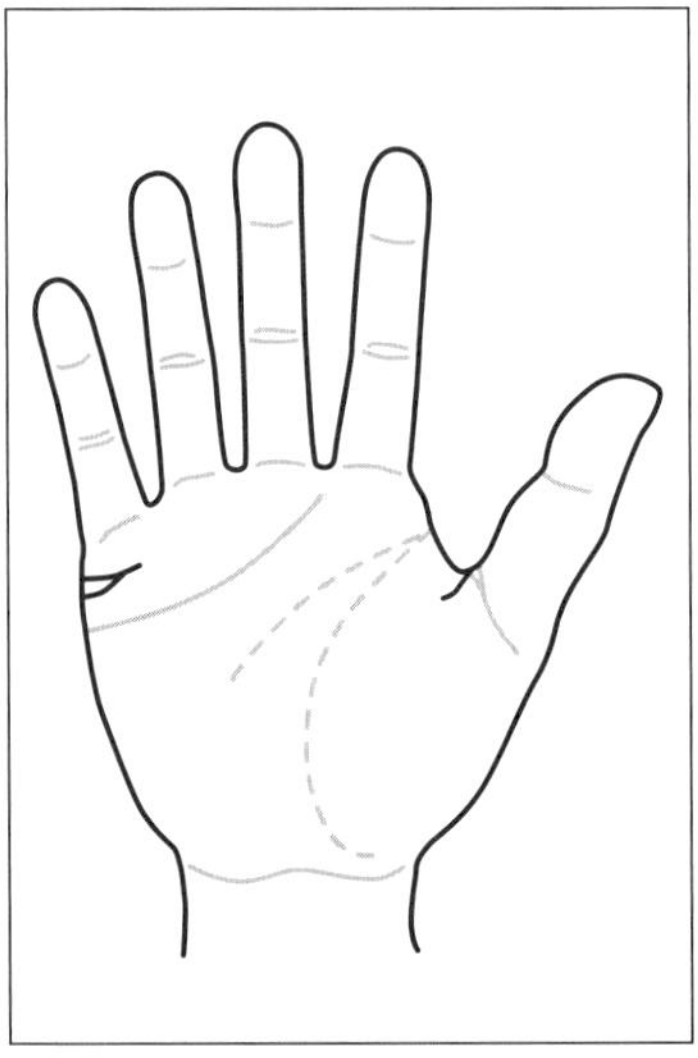

③長く伸びて太陽線に届く

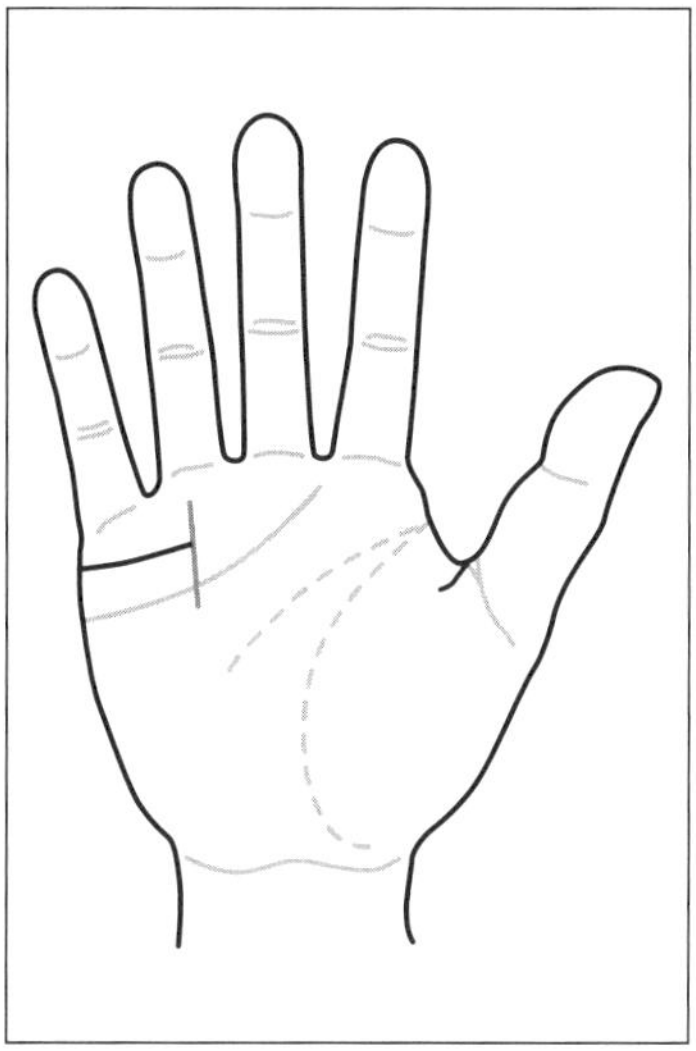

男女ともハッピーな結婚ができる状態です。社会的地位や肩書、財産のある人と結婚できる暗示です。玉の輿や逆玉の輿に乗れる相です。女性は大富豪と結婚するか、シンデレラ婚、男性は資産家の令嬢と結婚するか婿養子の暗示です。

④先端が長く伸びて金星帯と交わる

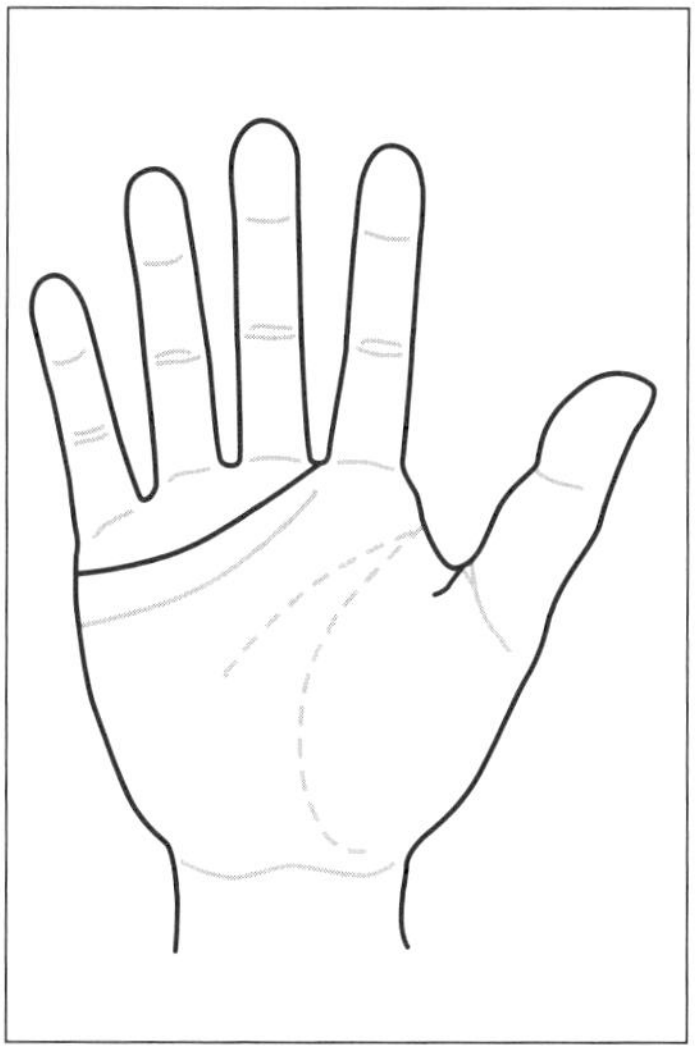

結婚に対して、空想を抱いている状態です。美意識が強く、美しいものに対する憧れが強い人です。相手を外見のみで判断しがちの傾向があります。男性は美人と、女性はイケメンと結婚できる相です。「いつまでもキレイ」がキーワードです。

⑤一本がはっきりと出ている

一本だけの場合も、数本ある場合も、一本だけがはっきりと出てくるもの。結婚線が何本もあるのは、迷いが多い状態です。ハッキリ出てくる線があれば、本命の人があらわれる相です。

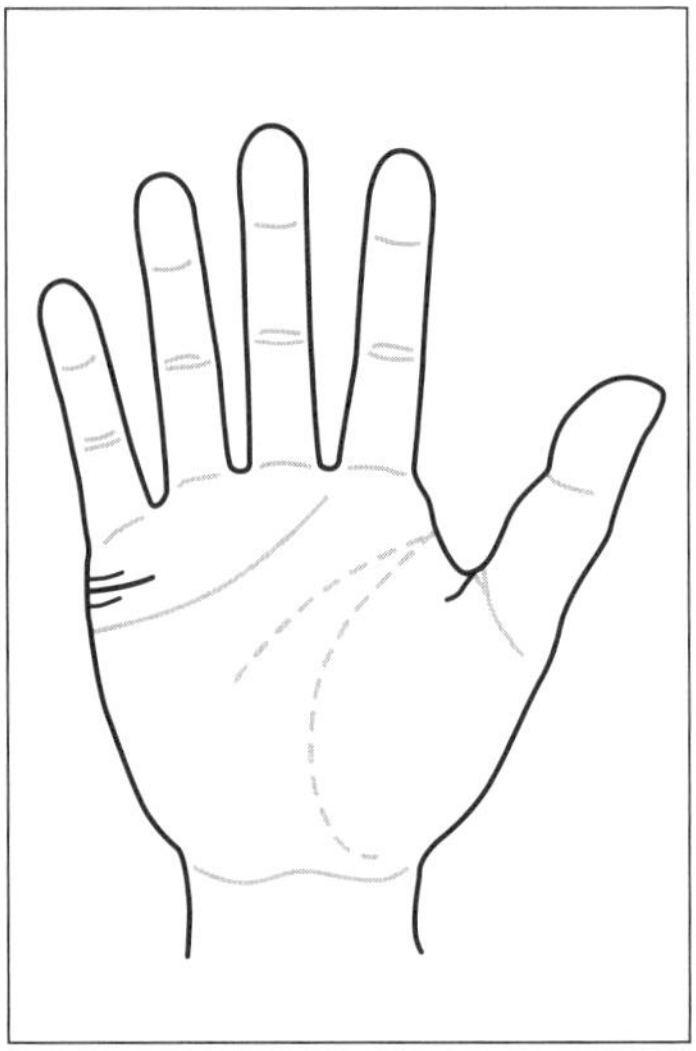

⑥島がある

何らかのトラブルや問題がある状態です。結婚や、相手に対して不安や不満がある相です。また、夫婦間が上手くいっていないことの暗示です。

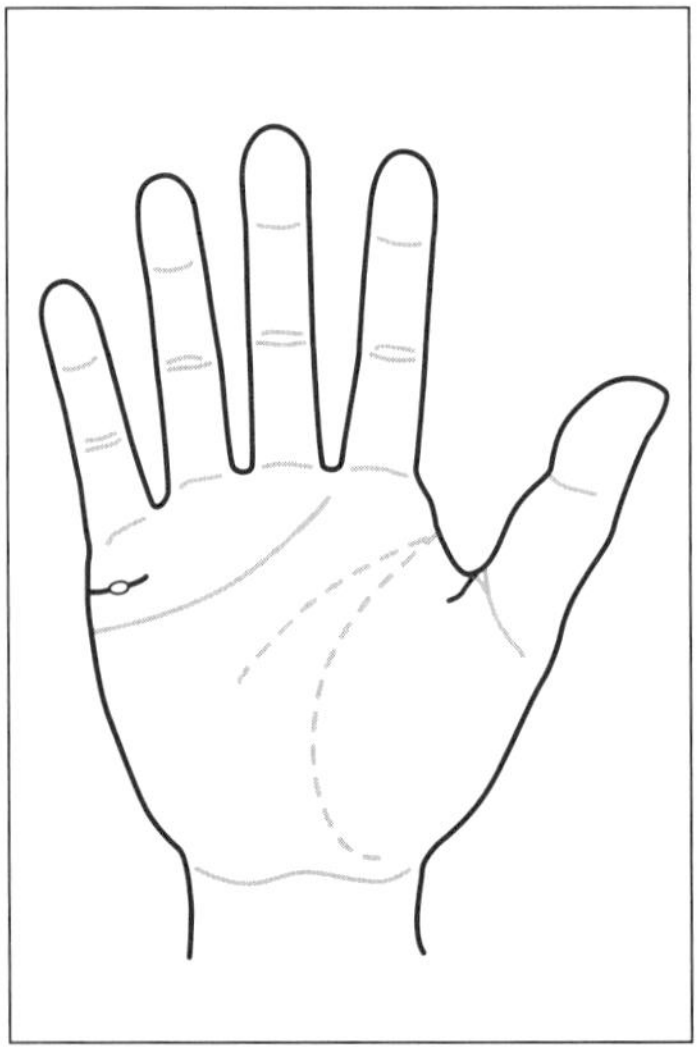

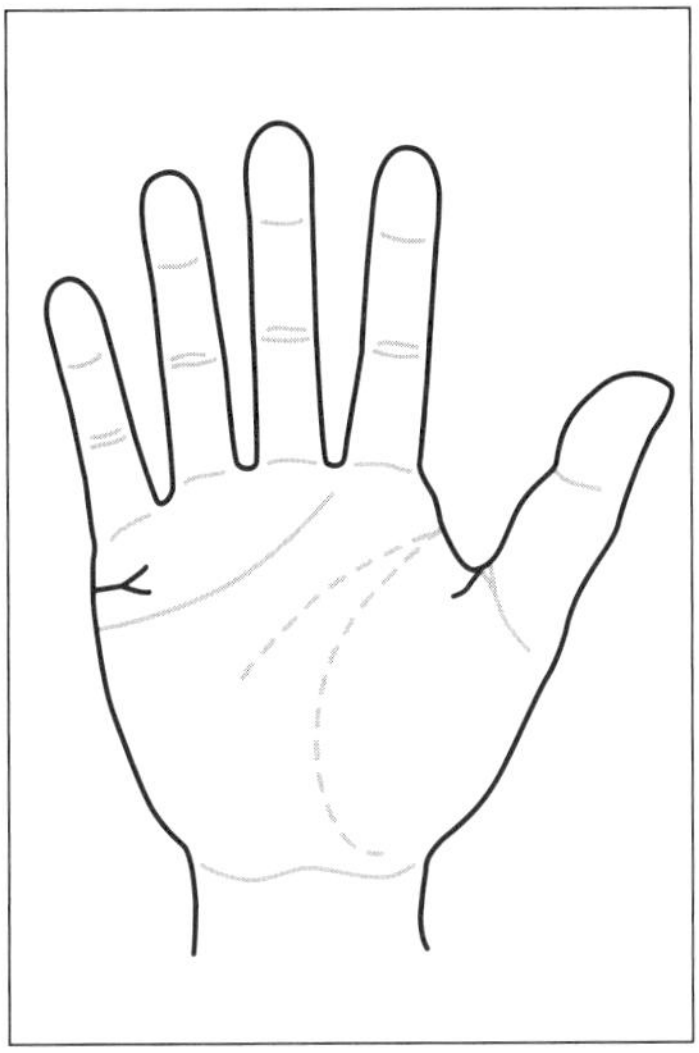

⑦先端が二股に分かれている

相手と気持ちが離れている状態です。夫婦が別々に暮らす相です。大きく分かれるほど、別居期間が長くなる傾向があります。

⑧先端が感情線に下降する

愛が冷めた状態です。倦怠期の相です。結婚して何年も経つと下がってくるのが普通です。相手のよいところを見つけて、悪いところは目をつぶりましょう。賞味期限が少し過ぎた食料品のようなもので、美味しくはないが、まだ食べられます。

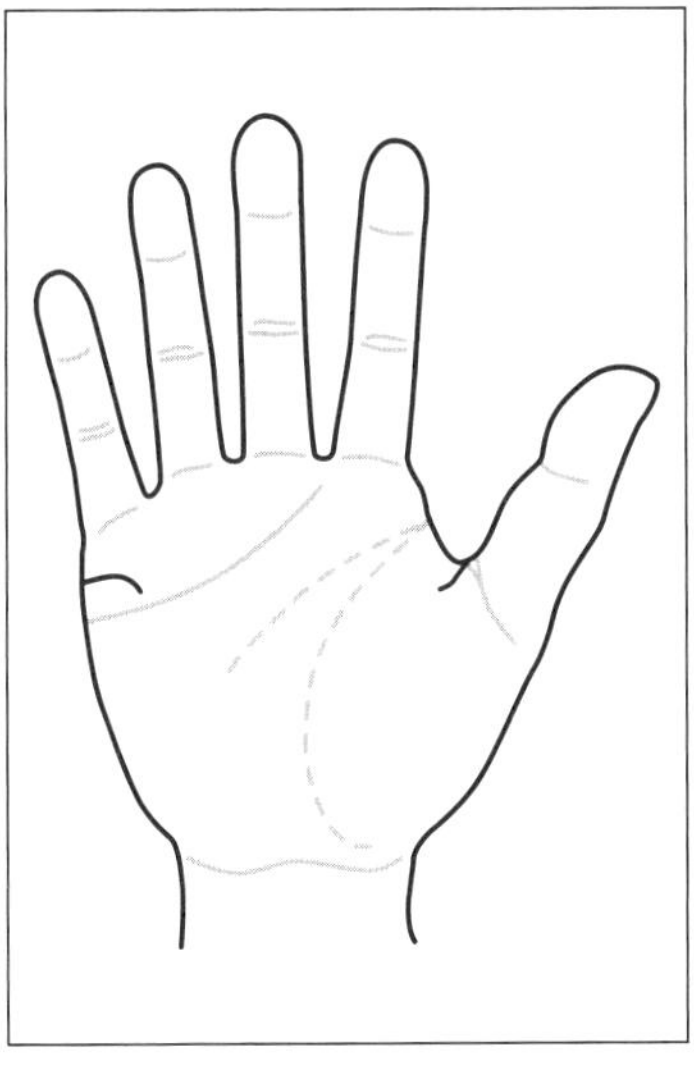

⑨先端が下降して感情線とクロスする

異性運が悪化している状態です。夫婦の危機の相です。感情線の下まで下がると、愛が完全に冷め切っている状態です。家庭内別居、別居、離婚、生死別の暗示です。また、配偶者の健康に注意です。

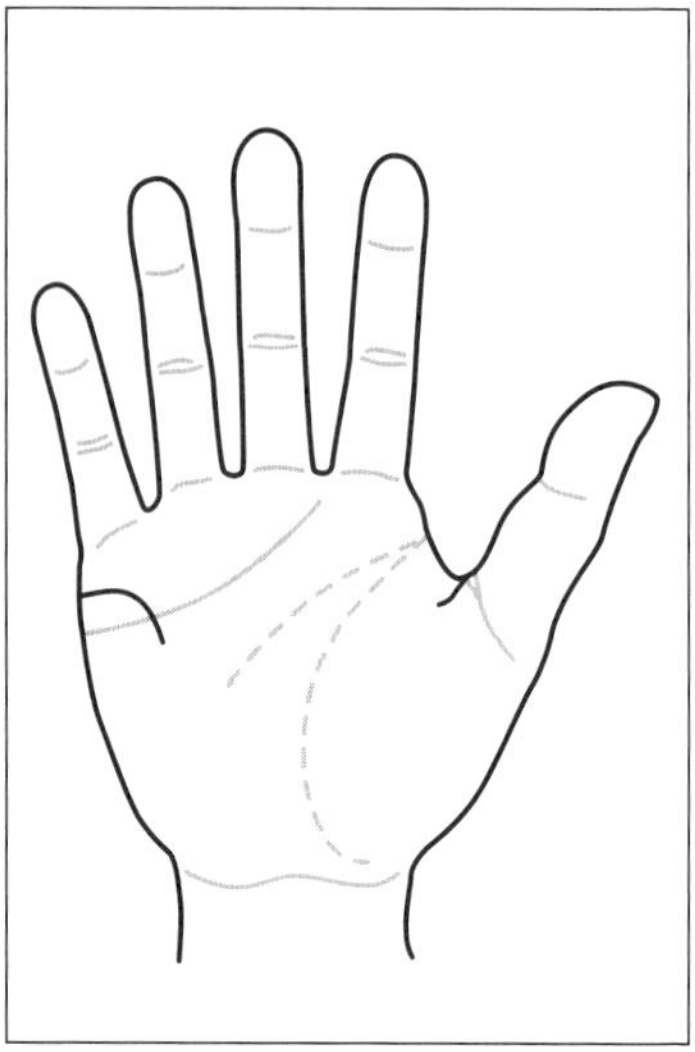

⑩薄くてはっきりしない

結婚線がまったくないか、あっても薄いのはまだ結婚の時期ではない状態です。結婚する意思が弱いことを示しています。まだ結婚しない相です。具体的な対象がいない場合が多く、好きな人があらわれると結婚線が出てきたりします。

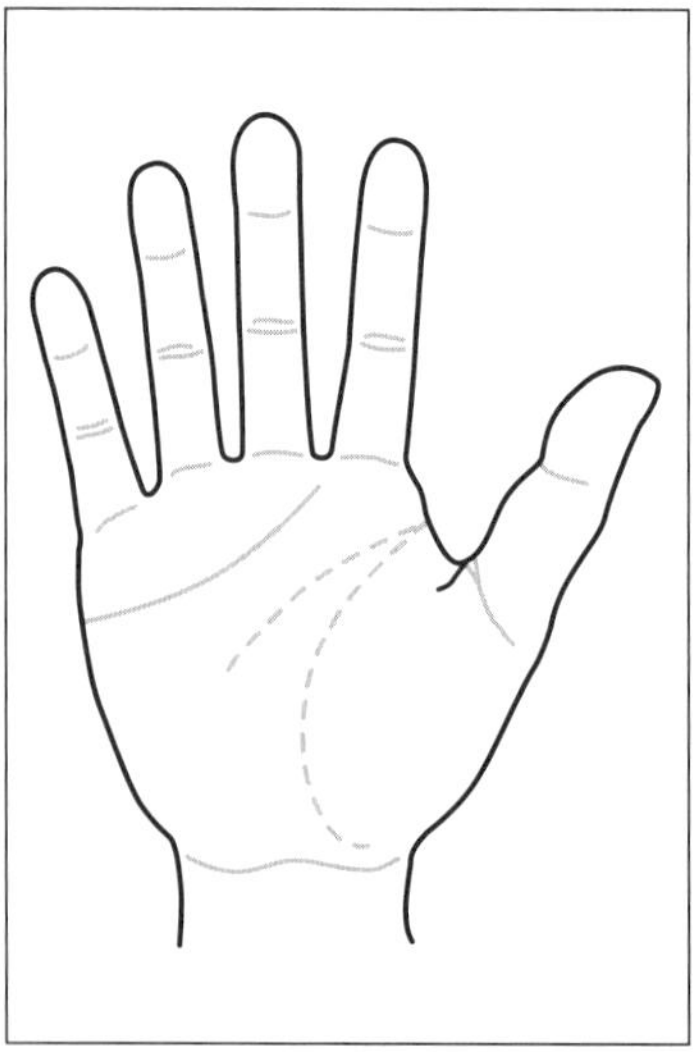

二、影響線でみる恋愛・結婚

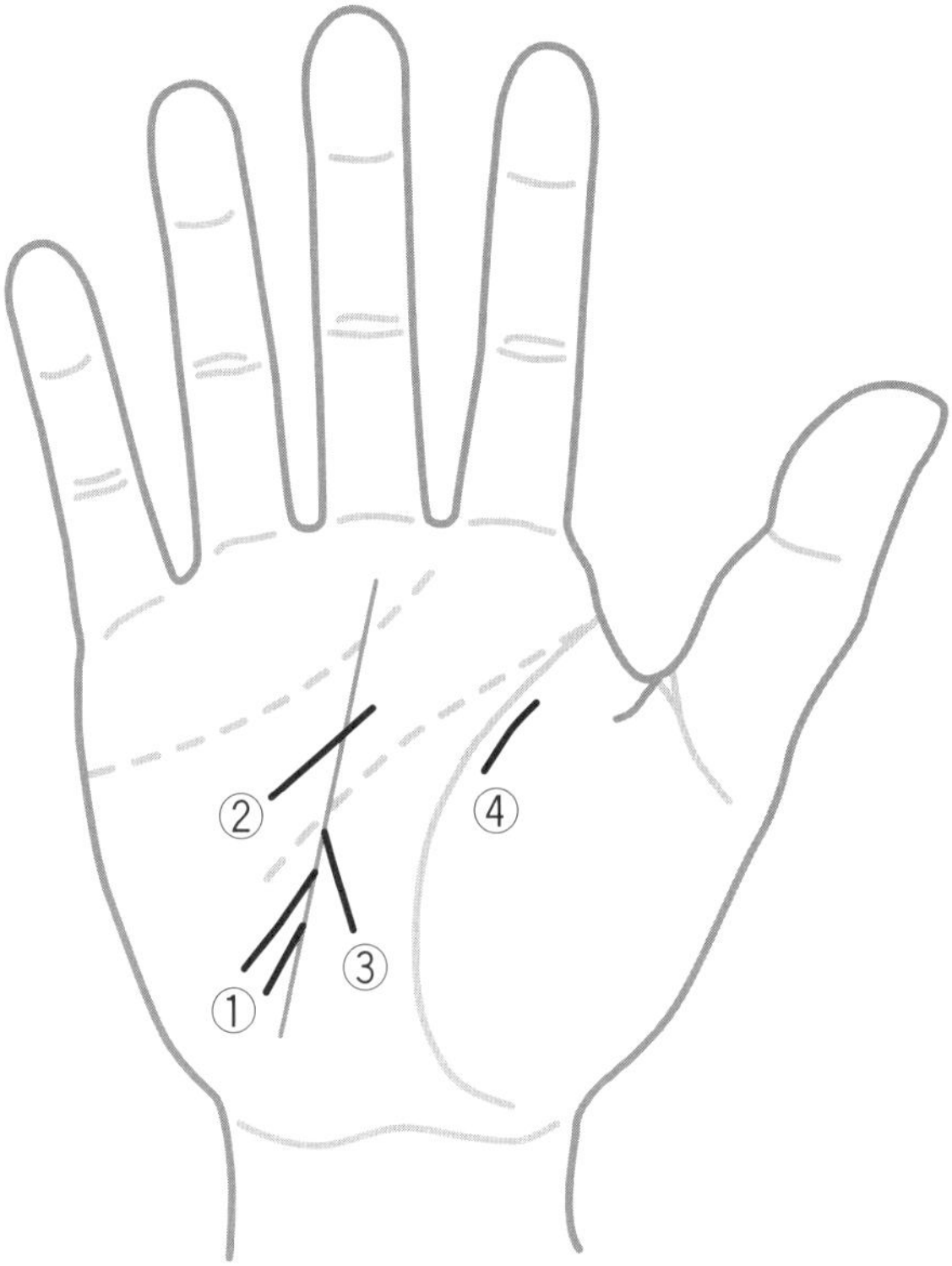

①月丘側から運命線に流れ込む

相手から思いを寄せられる状態です。二本あると強運です。数多くあると、人気があることを示しています。他人からの縁で結婚できる相です。恋愛結婚の暗示です。他人からの紹介や、婚活なども期待できそうです。

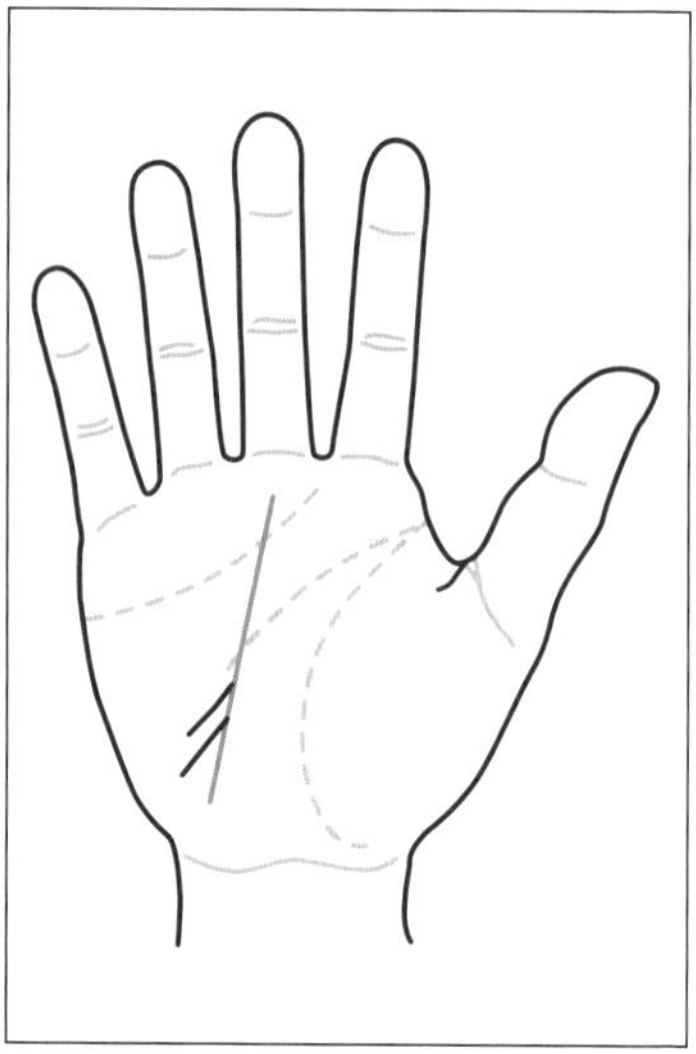

②運命線を横切る

障害線と見ます。信じていた相手から裏切られる相です。嫌な目にあわされたり、不運な状態です。相手の都合や心変わりなどによって、自分の気持ちが踏みにじられる暗示です。

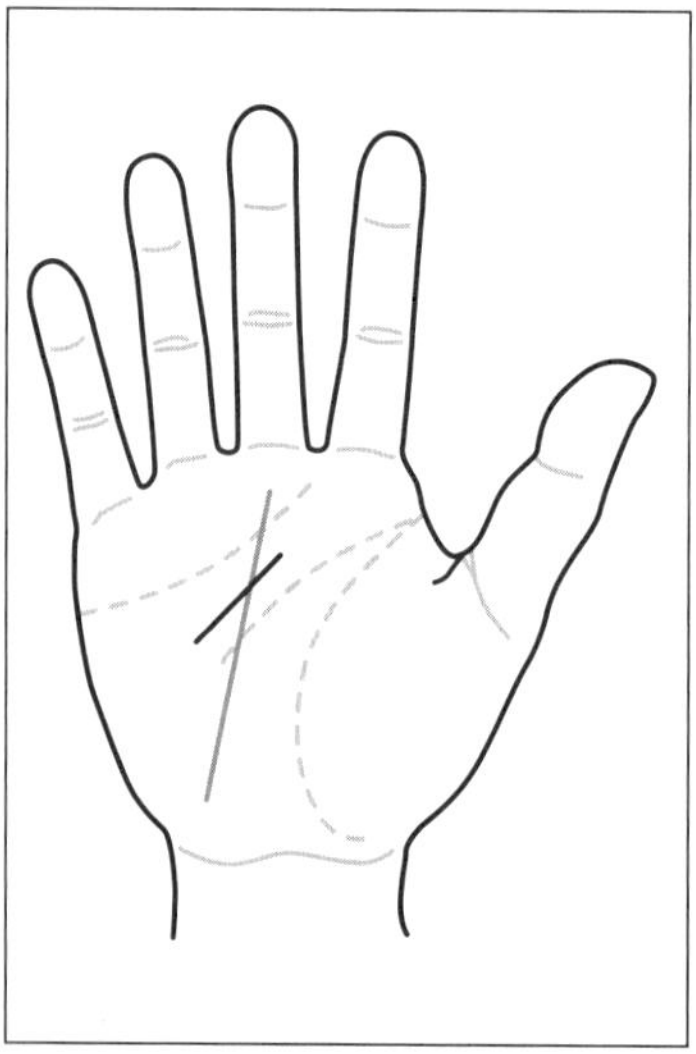

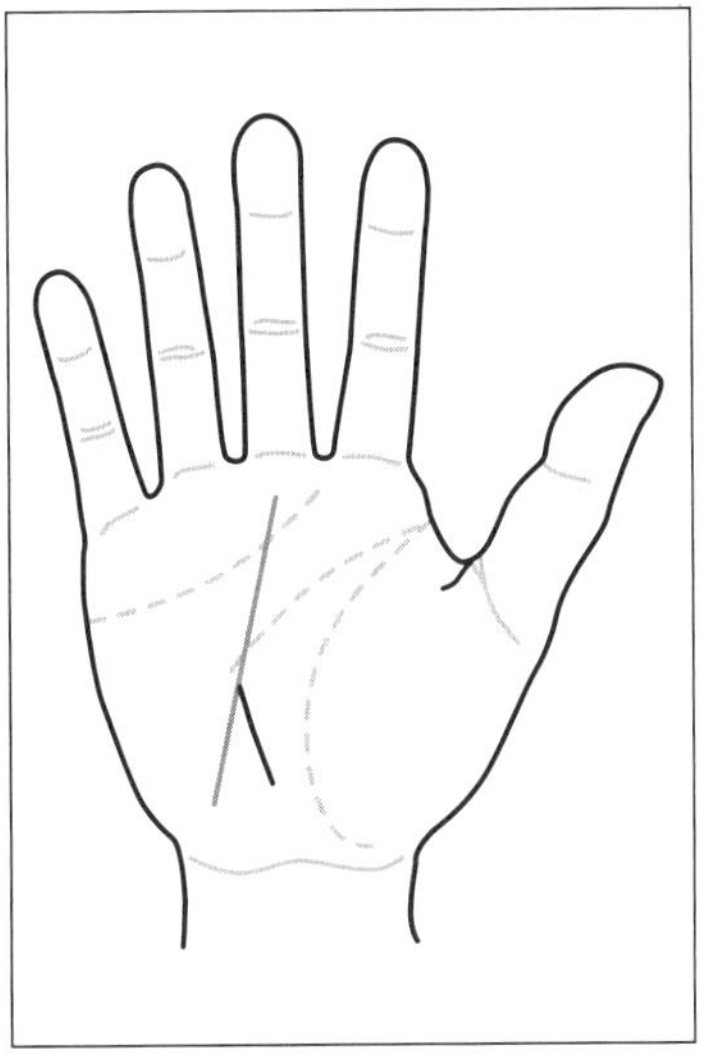

③金星丘側から運命線に流れ込む

肉親や親戚身内から援助が受けられる状態です。身内からの縁で結婚できる相です。許嫁であったり、同郷の人と縁があることもあります。身内からの紹介や見合い結婚の暗示です。

④生命線の内側から出る

生命線の内側から5ミリ以内に薄く出る線です。恋愛状態をあらわす線です。短いのが普通ですが、長い場合は愛情が長続きする状態です。相思相愛で結婚した人でも、この線がない人もいます。この線がないからといって熱愛的でないわけではありません。

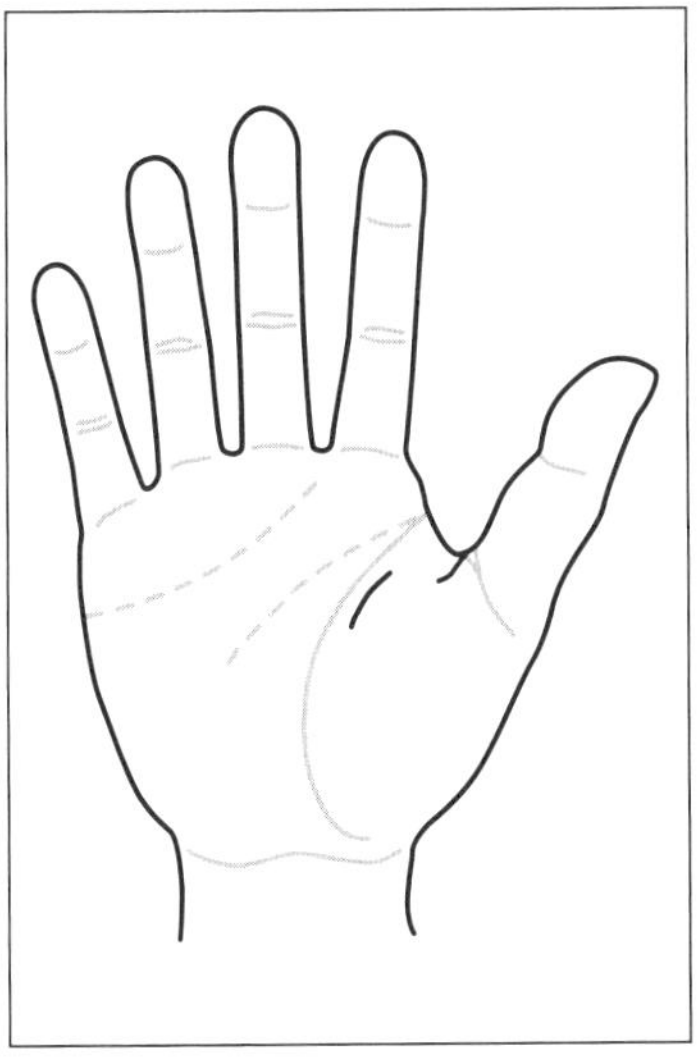

三、恋愛線でみる恋愛・結婚

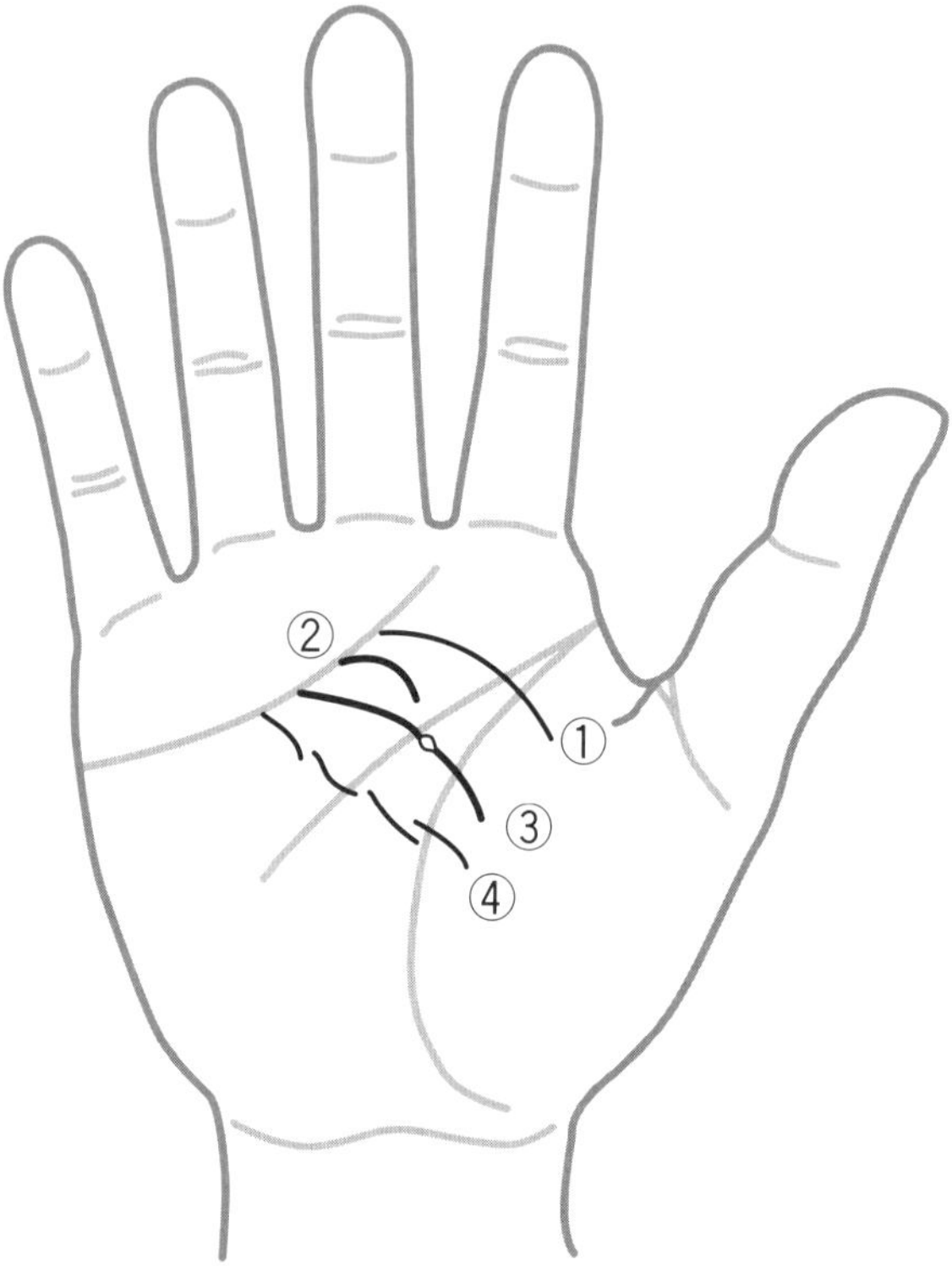

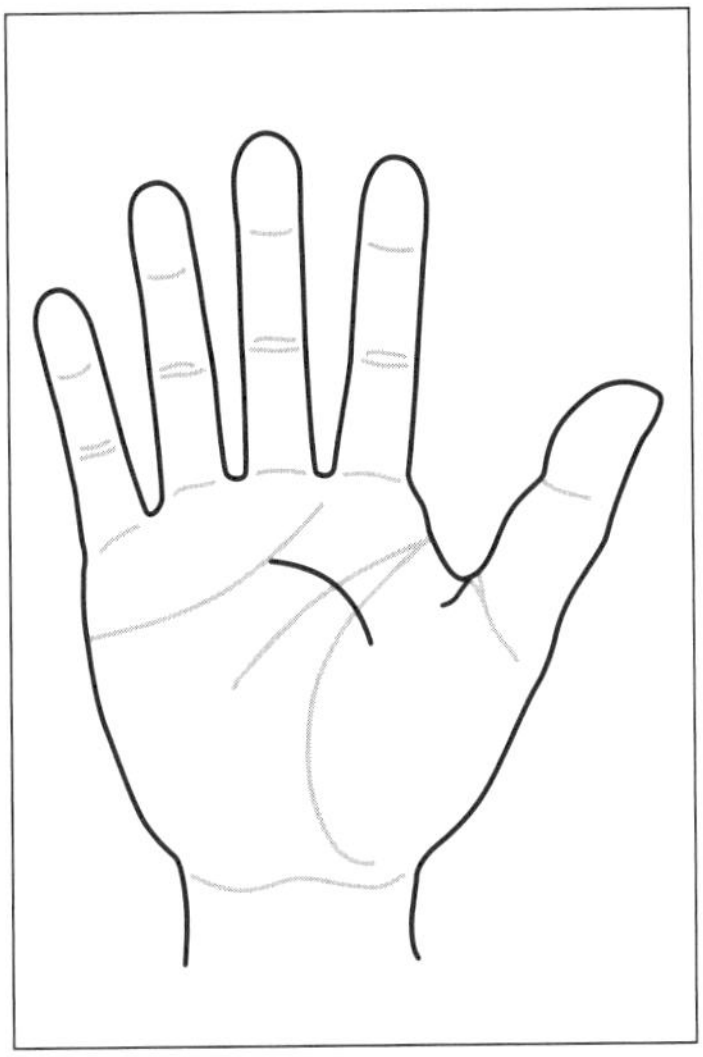

① 生命線を横切って金運丘に達する

愛情が深い状態です。恋愛の相です。生涯忘れられないような、熱烈な大恋愛を経験する暗示です。何本も出ているのは、何度も恋愛を繰り返す暗示です。

② 生命線に届かない短かい線

思い込んだら一途になる状態です。片思いや失恋の相です。短線が多いほど、何度も片思いや失恋を繰り返す暗示です。見込みのない相手とは、きっぱりと見切りをつけることも大事です。

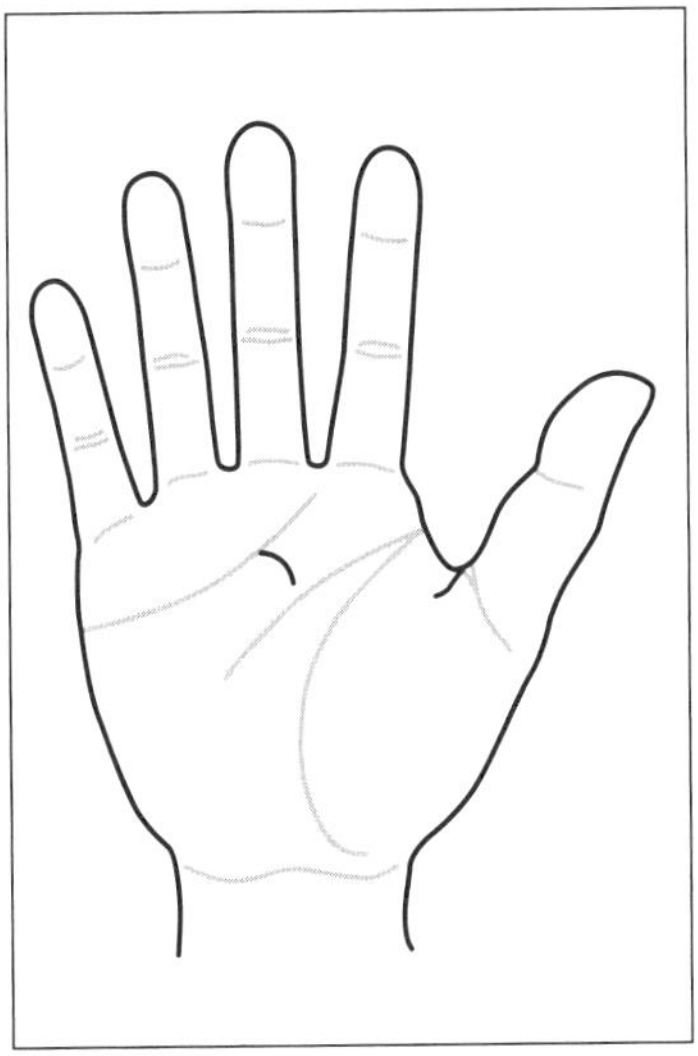

③島がある

トラブルや揉め事が起こりやすい状態です。恋愛で悩む相です。恋愛が一筋縄ではいかない状態です。不倫や三角関係で悩む暗示です。

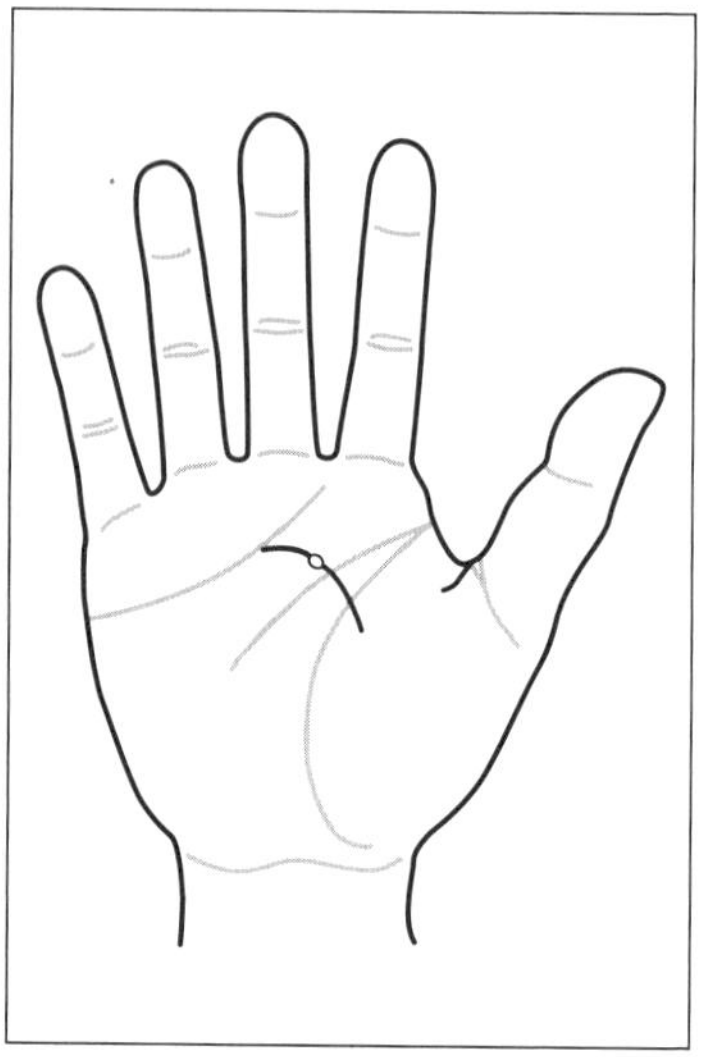

④切れ切れになっている

相手に自分の気持ちが伝わらない状態です。片思いの相です。スレ違いや考え方の相違などで上手くいかない暗示です。恋愛線は障害線と紛らわしいのですが、障害線が直線なのに対し、恋愛線は曲線でカーブを描いています。

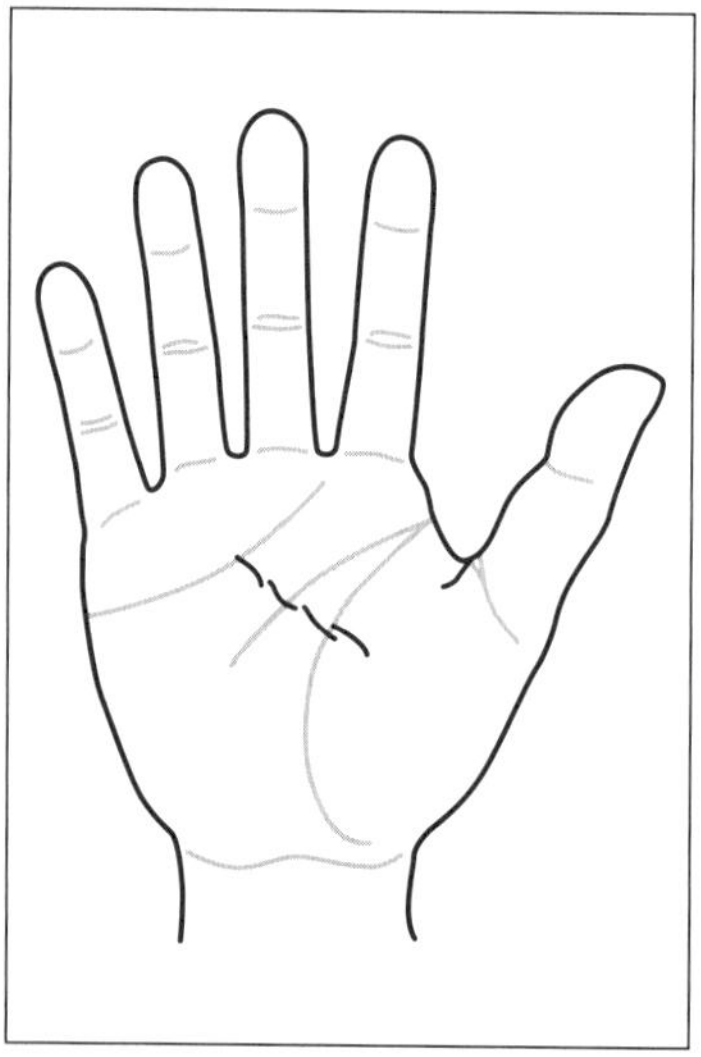

手相鑑定秘話 ⑧

結婚線が急降下!?

私が四十代で、まだサラリーマンだった時代の話。

仕事が終わって、皆でとある大きな居酒屋へ入りました。そこでたまたま、私の隣に座ったのは同じ会社の四十代の既婚女性。手相をみてほしいとのことなので、お酒の席でもあり、適当に手相をみていると、急に怒り出し、「本当のことを言ってよ！　何か、一つでもいいから真剣にみてほしいの！」と言いだしました。

私は、当時まだアマチュアで、もちろんお金も貰っていないし、ほんのお遊び感覚で占っていたのです。でもこう言われて、本気モードになったのです。

そこで、その女性の手を見ると、ふと結婚線が目に止まりました。もう一度、目を凝らしてよく見ると、結婚線が急降下して、感情線の下まで下がっているではありませんか。

「そうですね、近い将来、ご主人と別れることになるかも知れませんね」と私が言うと、「そう、わかったわ。ありがとう」と言ってくれたので、その場はそれで終わったのです。

それから一カ月位経って、その女性が珍しく、一週間程会社を休んでいるとのこと。聞けば、身内に不幸があったと言う。後で、実はご主人が亡くなられたことを聞かされました。

ご主人は、当時まだ四十代前半で、元気で、ピンピンしていたのですが、急に体調を崩されて亡くなられたそうです。

その後、会社内でこのことが評判になり、私に手相を占ってほしいという人は誰もいなくなったのです。

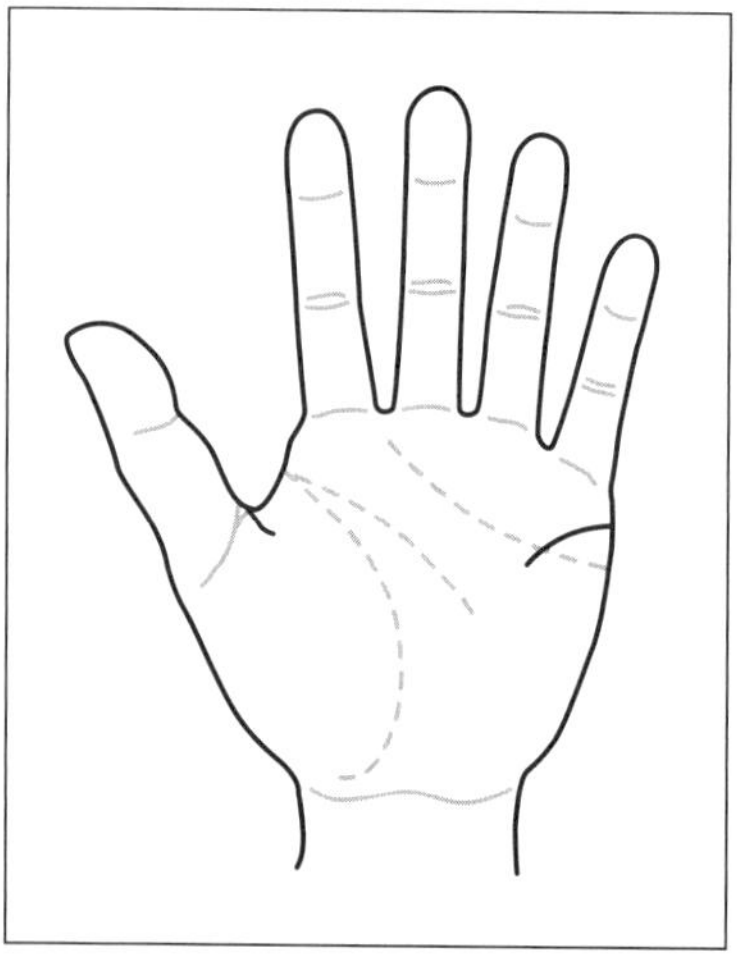

第八章

健康・病気占い

健康・病気占い

健康・病気は、主に「健康線」と「放縦線」でみます。「健康線」も「放縦線」も、どちらもないのが一番健康なのですが、あると、病気の有無や内臓の状態がある程度わかるのです。その上で、「生命線」や「頭脳線」をみて、何か障害はないかをみます。

そして、手のひらの「手の色」で、どんな症状があらわれやすいかなどをみるのです。

健康・病気は、「健康線」と「放縦線」を主に、「生命線」や「頭脳線」に、「手の色」を総合してみていくものなのです。

ただ、医師法に抵触するような、具体的な病名を断定するような言い方や、治療法を示すようなことを依頼者に言うことは厳禁です。あくまで、こういう暗示があるということなので、念の為に病院等で検査をするように、アドバイスする程度にとどめておかなければなりません。

健康・病気占いは、実際にはとても難しく、相当多くの実例に当たらないと、具体的な病名を百パーセント言い当てることは、正直なところ私でも不可能です。ただ、ある程度までは推測できるということなので、あとは医療機関等にお任せすることです。

一、健康線でみる健康・病気

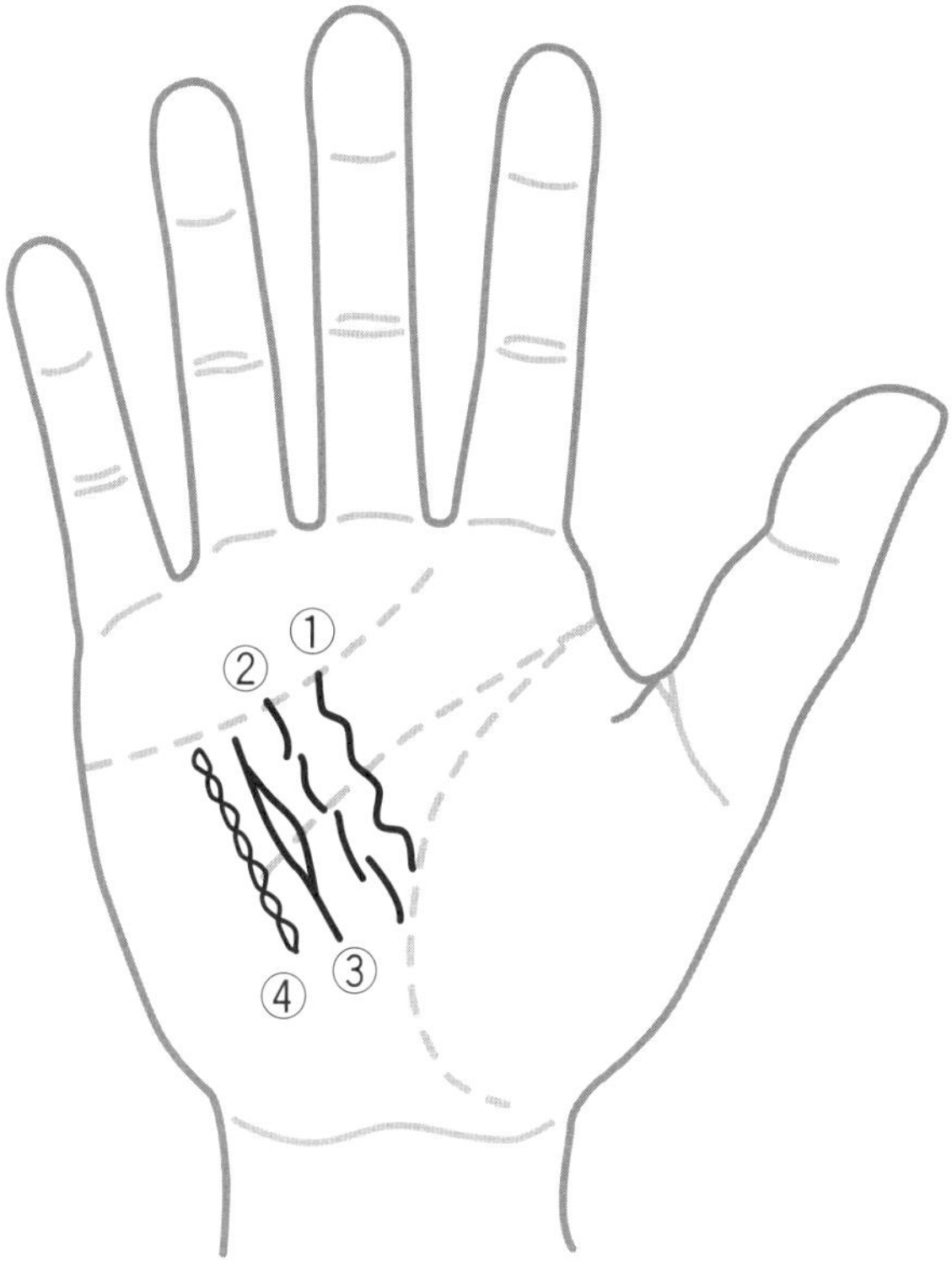

①くねくねに蛇行している

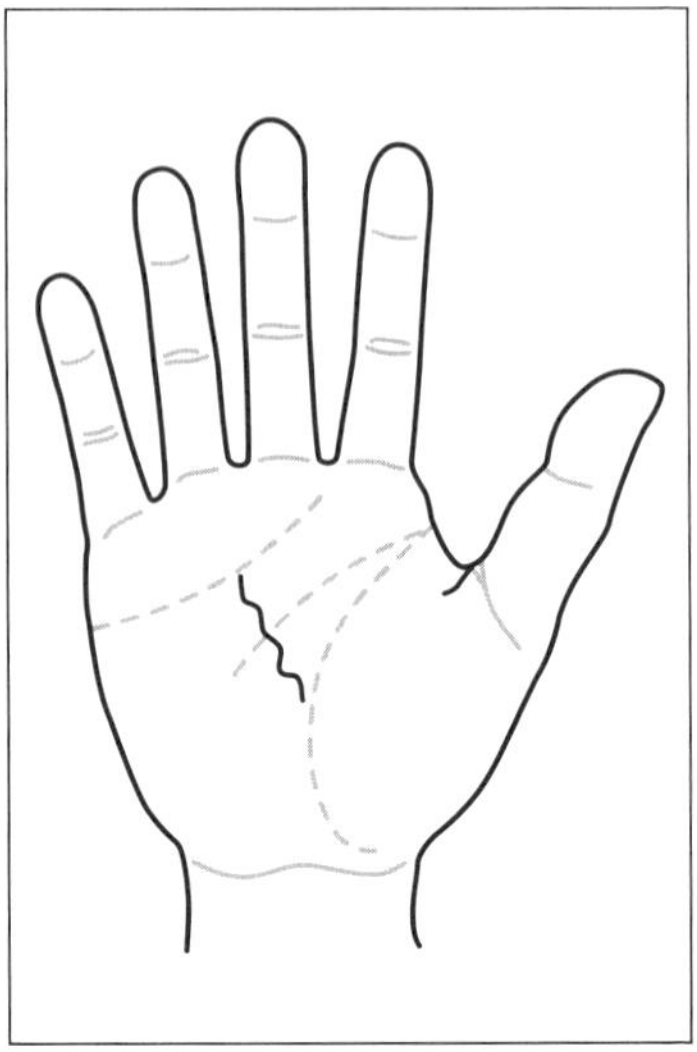

肝臓や腎臓が弱っている暗示です。お酒の飲み過ぎや、仕事のし過ぎに注意しましょう。食生活の改善と、無理のない生活を心がけましょう。

②切れ切れになっている

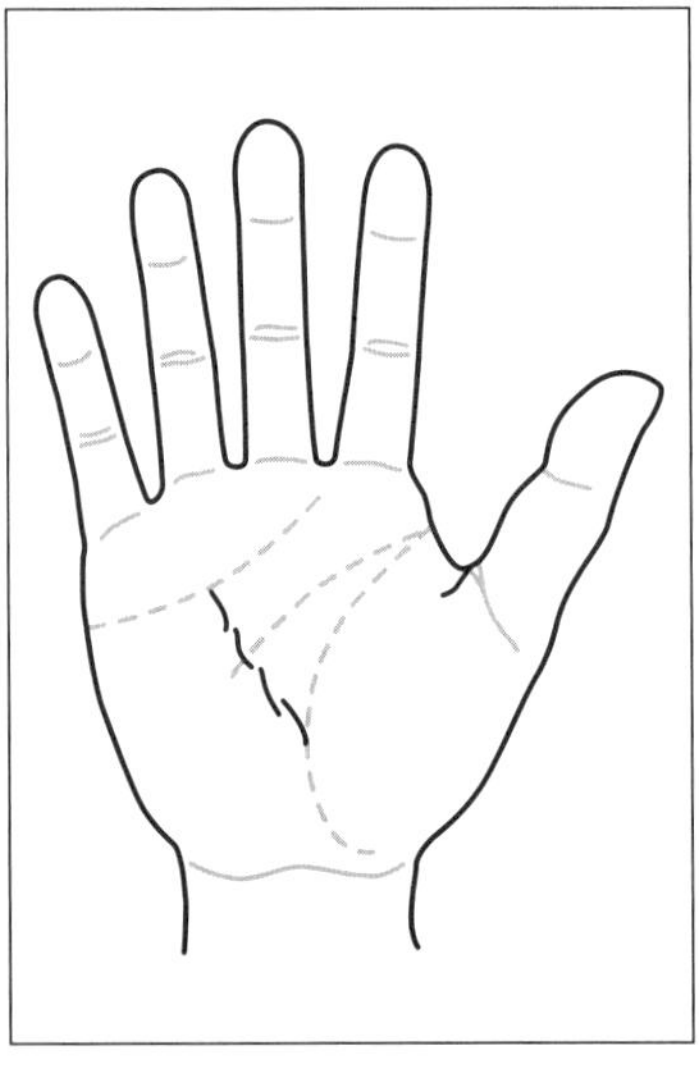

消化器系が弱っている暗示です。胃が悪い場合が多いので、暴飲暴食や、ストレスをためないように注意しましょう。イライラしないで、常日頃からリラックスを心がけましょう。

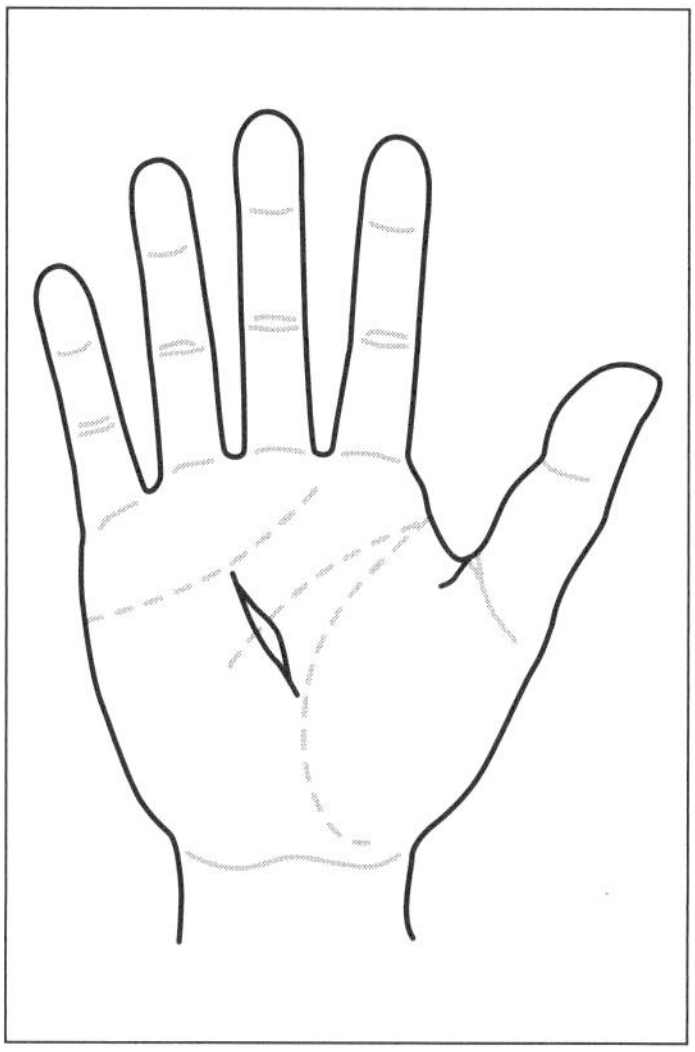

③大きな目の形（島）になっている

小さな島の場合も同じです。呼吸器系が弱っている暗示です。肺や気管支が悪い場合が多いので、煙草は控えめにしましょう。また、風邪やインフルエンザにも注意です。

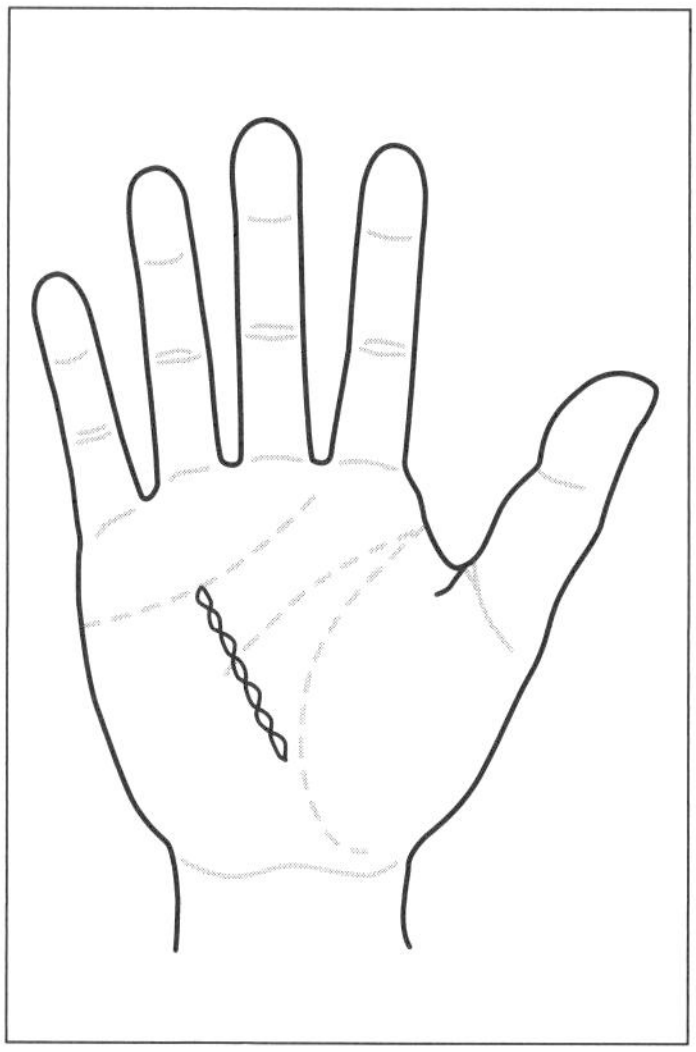

④鎖状になっている

呼吸器系が弱っている暗示です。胸部疾患に注意しましょう。小さな島が幾つもつながってくると、肺結核になりやすい傾向があります。空気が悪い場所に長居しないよう心がけましょう。

二、放縦線でみる健康・病気

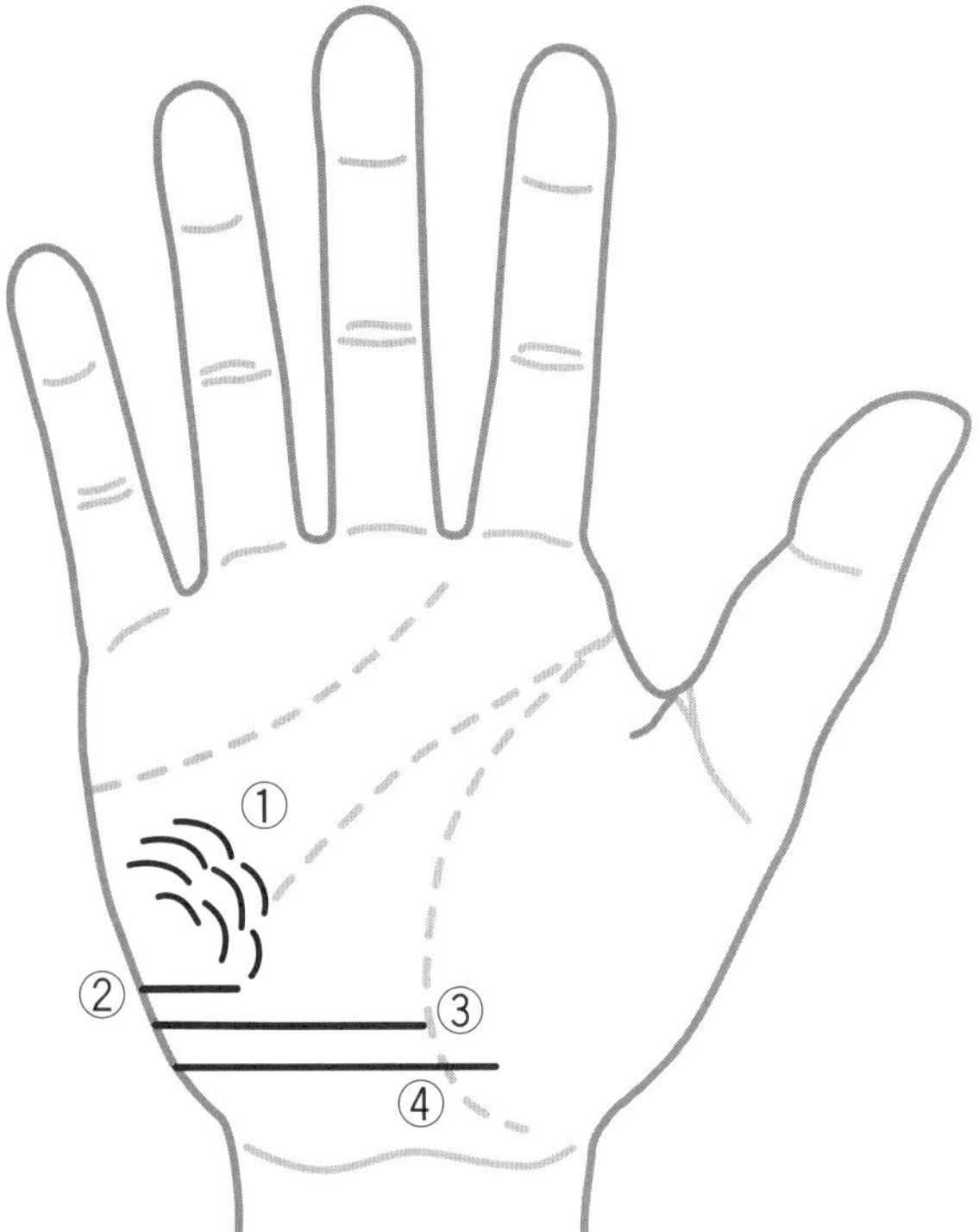

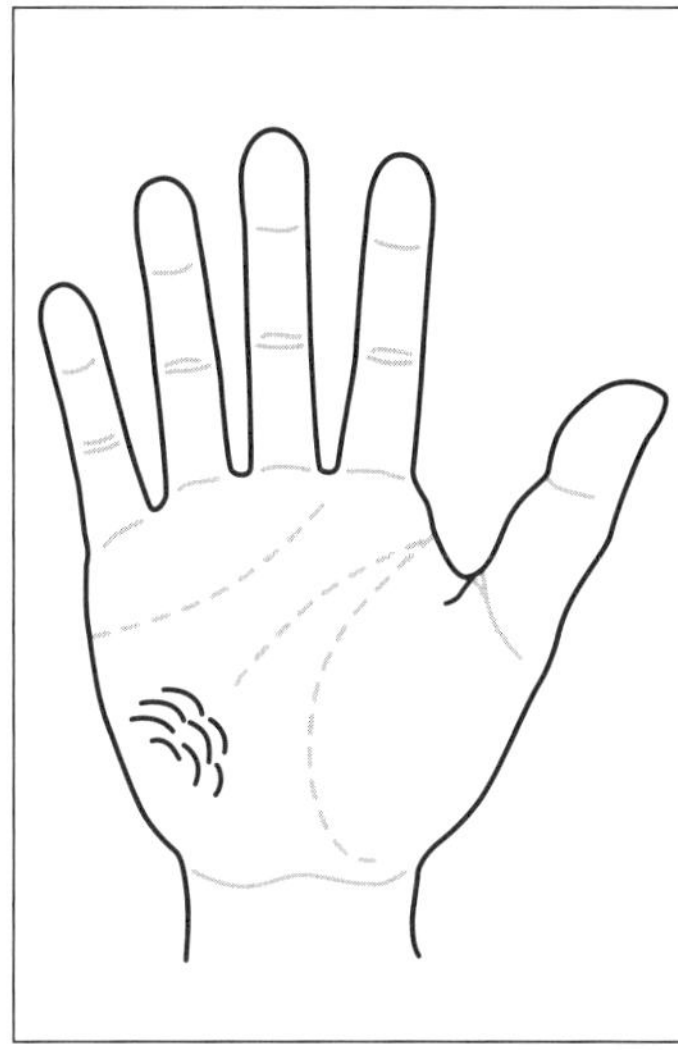

①月丘に何本もの線がカーブを描く

放縦線は、一本や二本の場合もあります。心身ともに疲れている暗示です。十分な睡眠と、規則正しい生活と食生活に心がけましょう。

②月丘から横に一直線に伸びる

切れ切れの場合も同じ状態です。腸が弱っている暗示です。暴飲暴食を避けて適度な運動を心がけましょう。

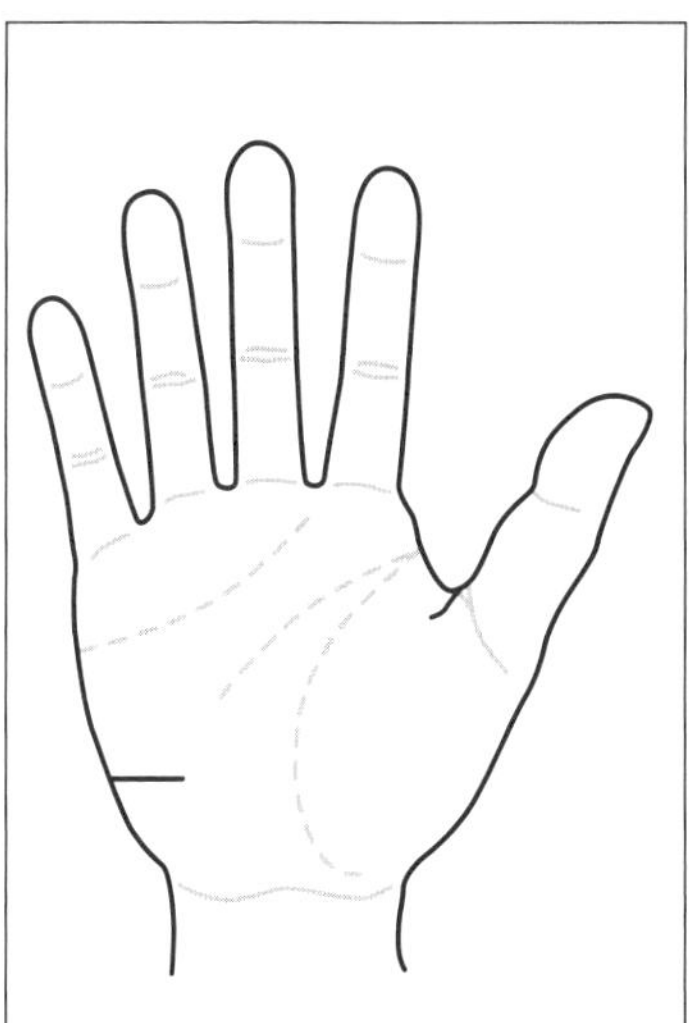

③月丘から生命線まで伸びる

腸が悪化している暗示です。長年の不摂生や不養生によるものです。生活習慣を改めて、規則正しい生活と健全な食生活を心がけましょう。

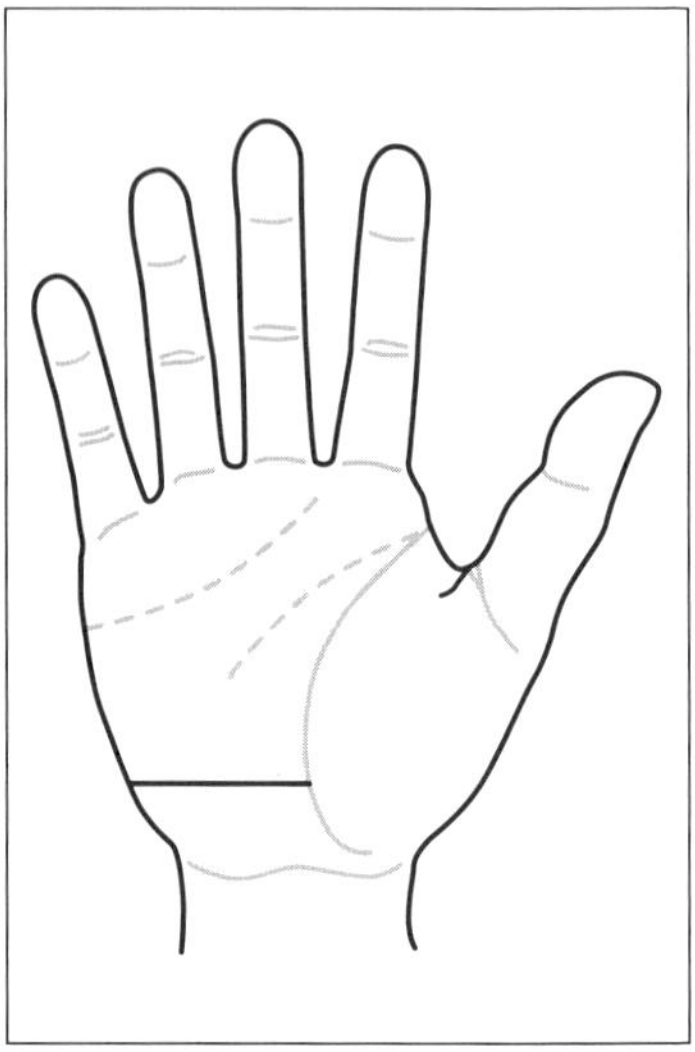

④月丘から伸びて生命線を横切る

腸がさらに悪化している暗示です。他の原因による場合もありますので、念のために医療機関等で検査をされた方がよいと思われます。健康線や放縦線が、生命線を横切ると要注意です。

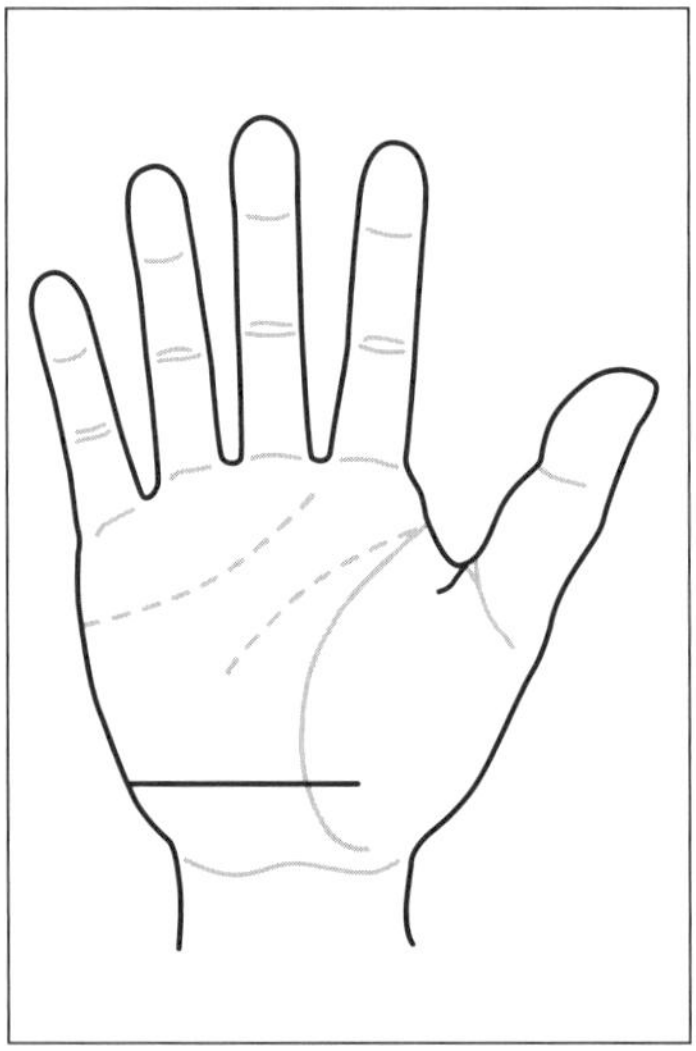

三、生命線でみる健康・病気

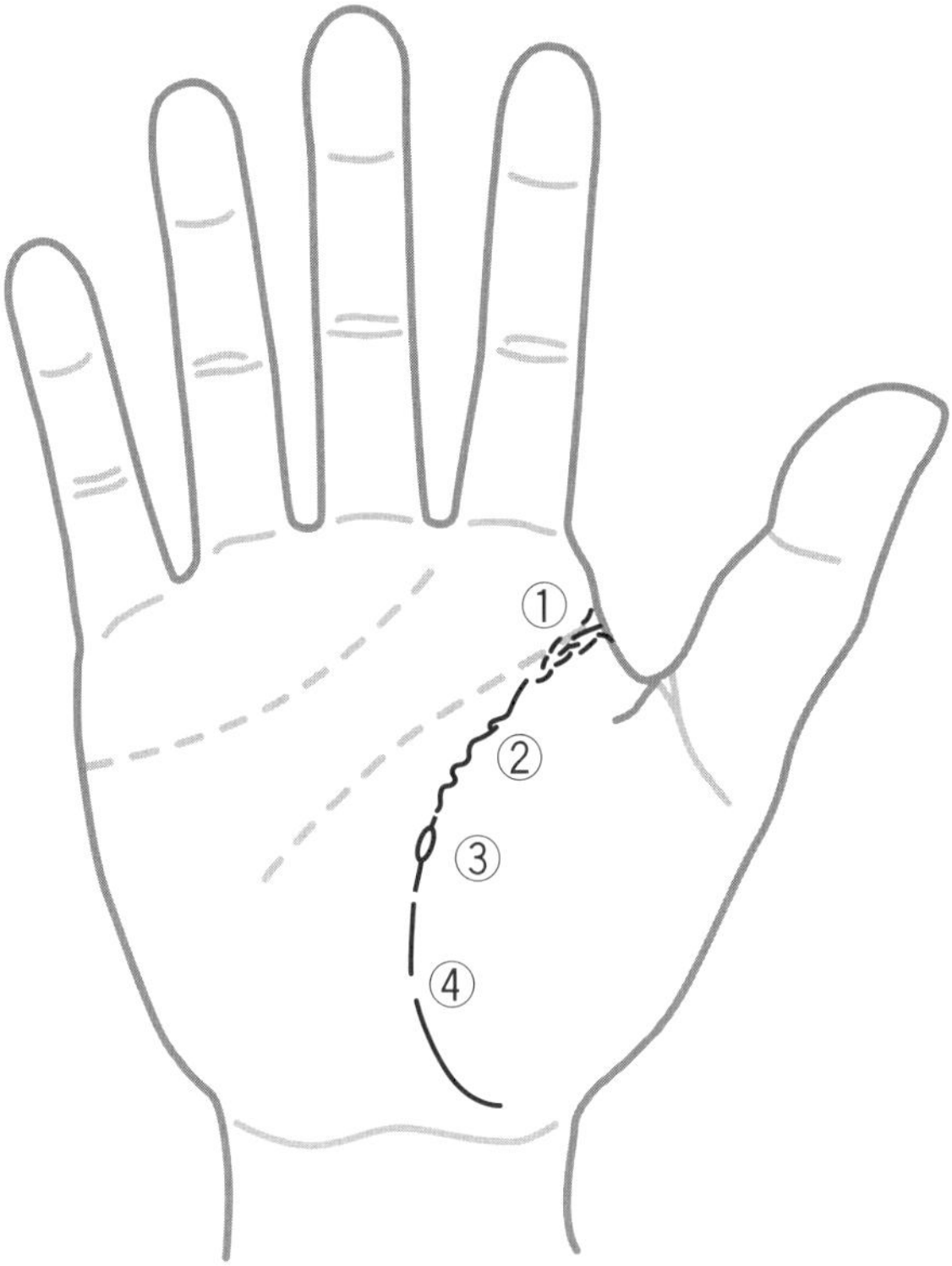

① 起点が乱れている

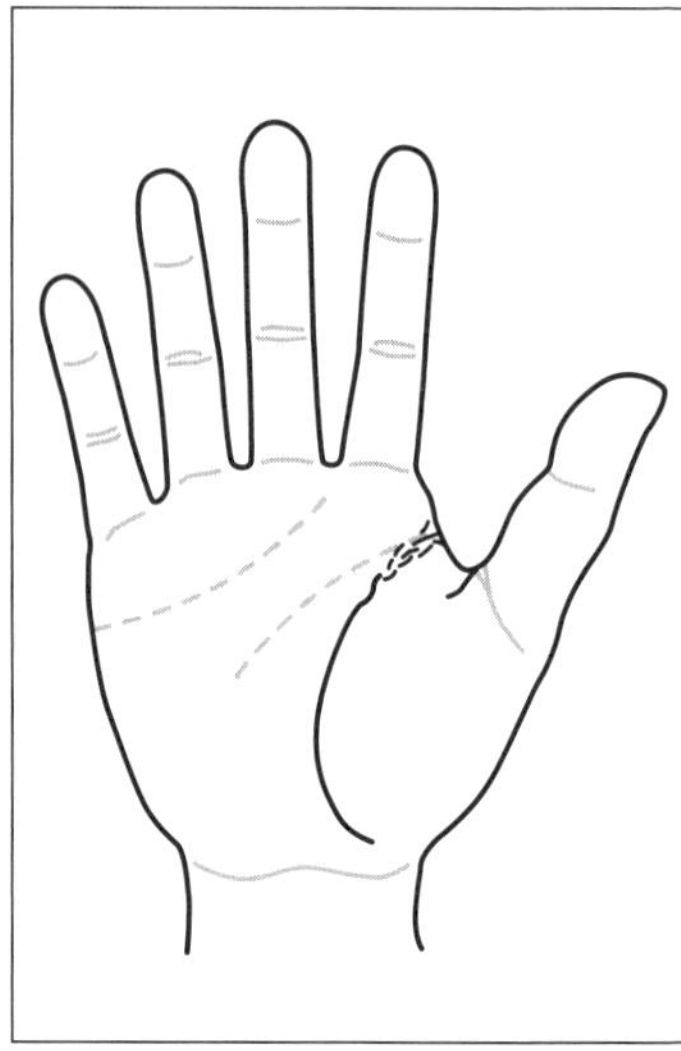

幼い頃に虚弱体質であったか、病弱だったことを示しています。鎖状になっていると、呼吸器系が弱かった暗示です。病弱で病気にかかりやすい体質なので、体力的に無理をしないように心がけましょう

② くねくね蛇行している

循環器系が弱っている状態です。生命線が波状になっていると、心臓や血液、リンパ管などの循環器系が弱い暗示です。塩分や糖分の取り過ぎに注意し、適度な運動を心がけましょう。

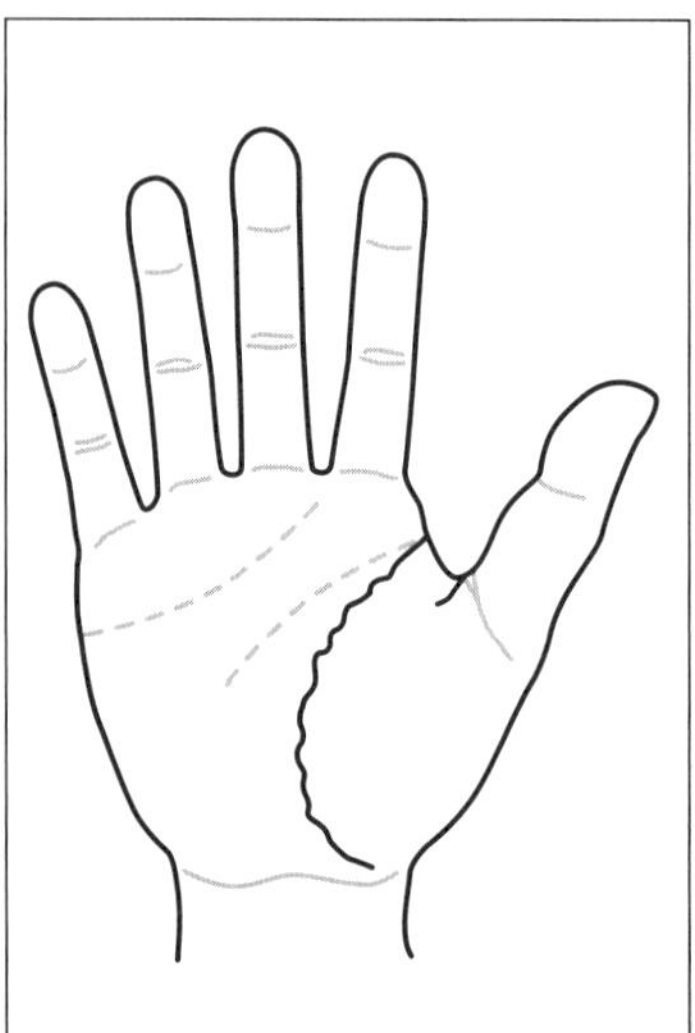

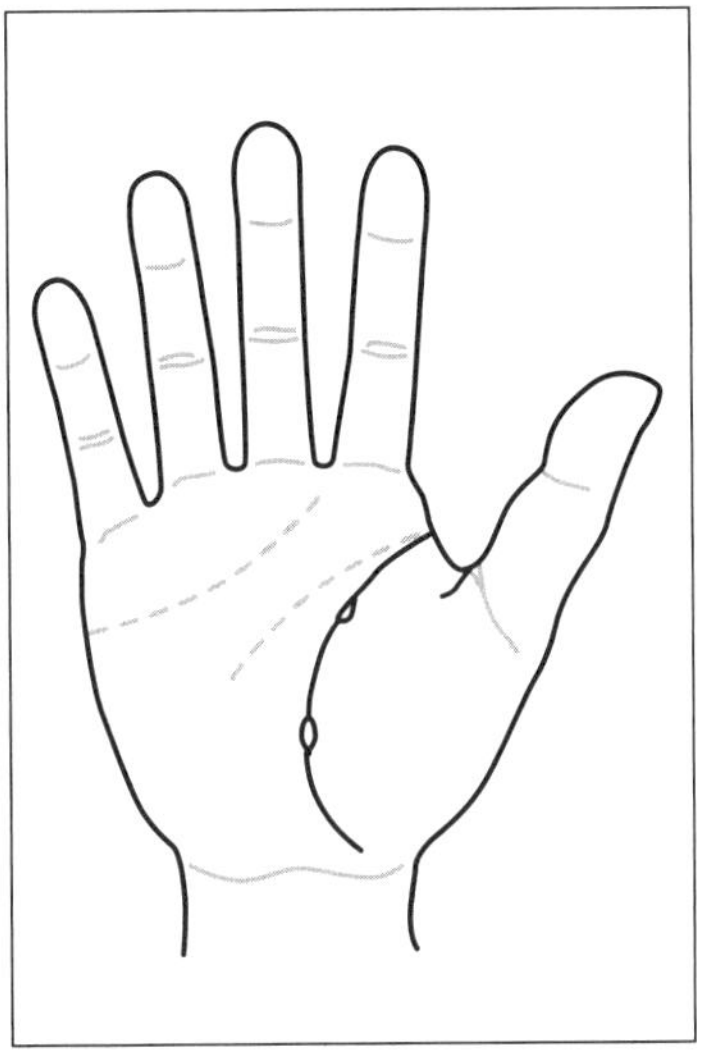

③島がある

体力、気力が衰えている状態です。何らかの健康障害か、無気力やスランプの時期の暗示です。慢性的な病気、精神的に疲れている状態です。休養をとるか、充電期間と考えて頑張り過ぎないようにしましょう。

④切れ目がある

病気、ケガ、災難などの暗示です。将来の暗示の場合は、摂生等によって避けることができます。片手だけに切れ目がある場合は、それほど心配はいりません。両手とも同じ場所に切れ目がある場合は、流年の年に注意です。

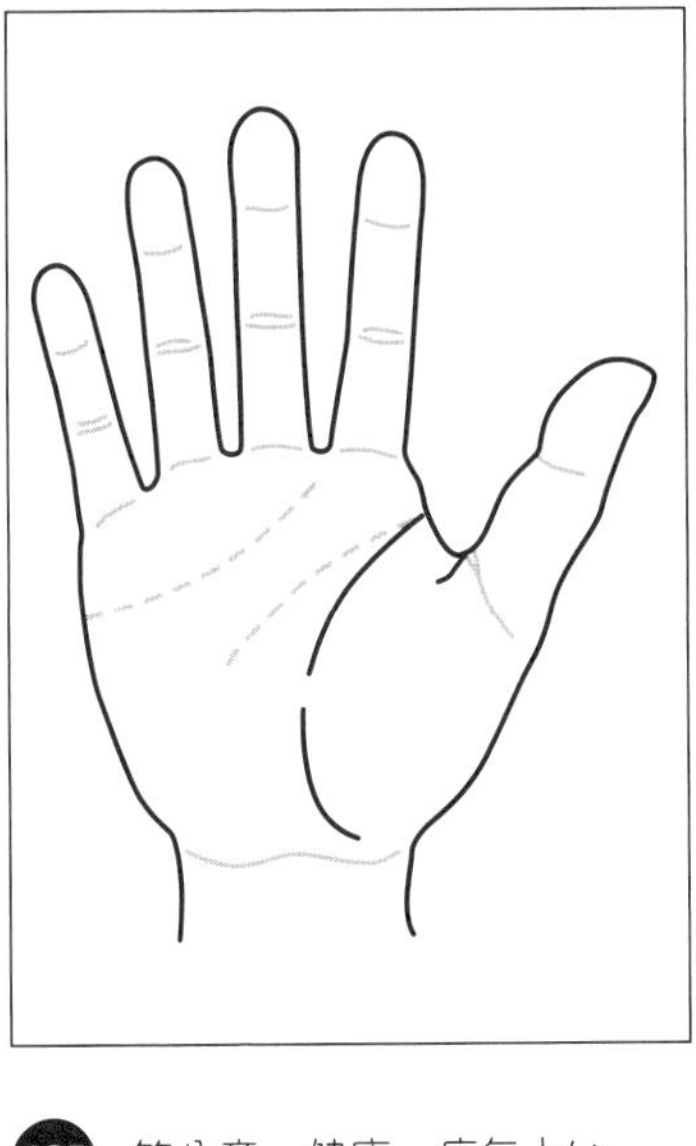

四、頭脳線でみる健康・病気

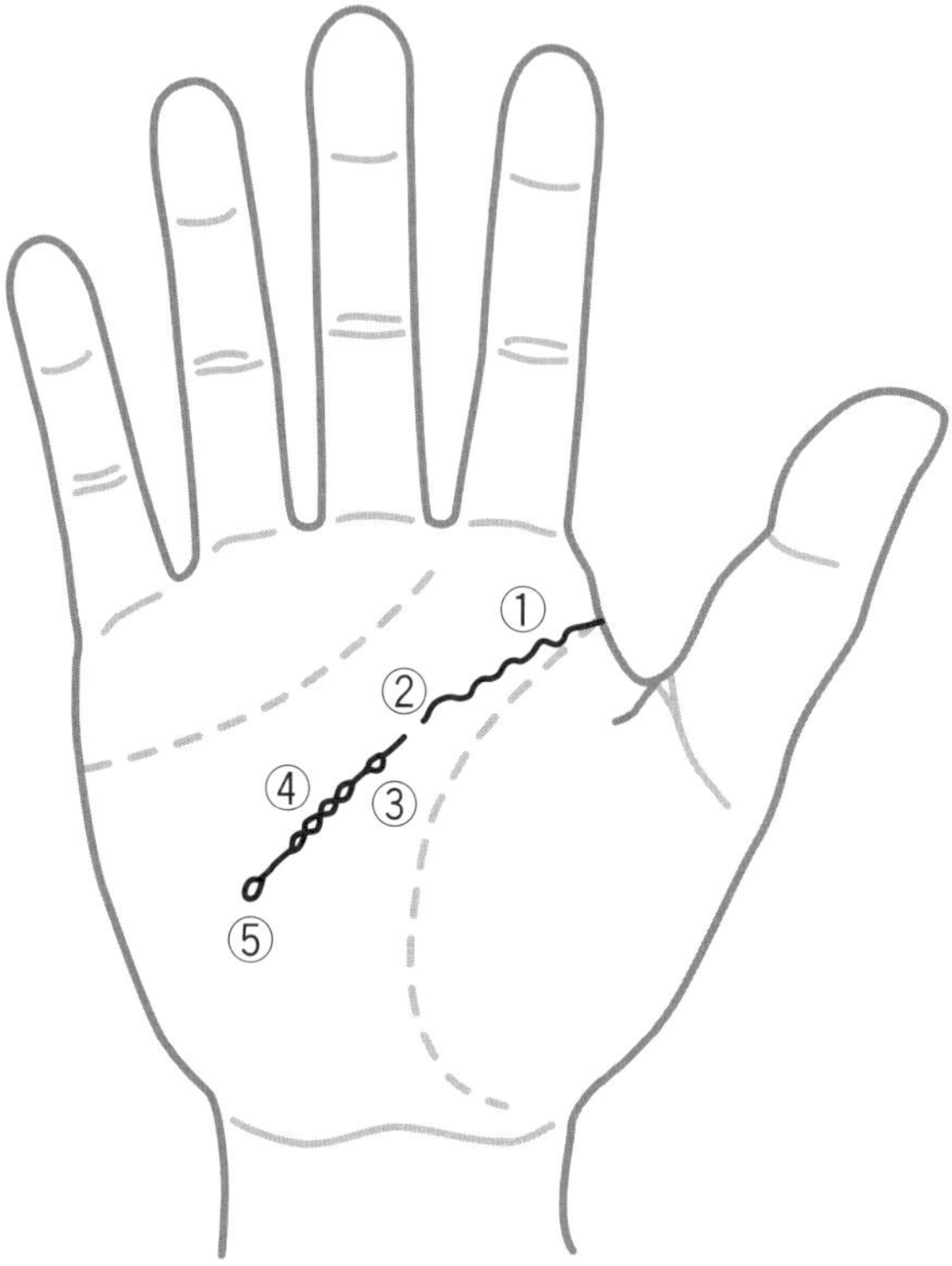

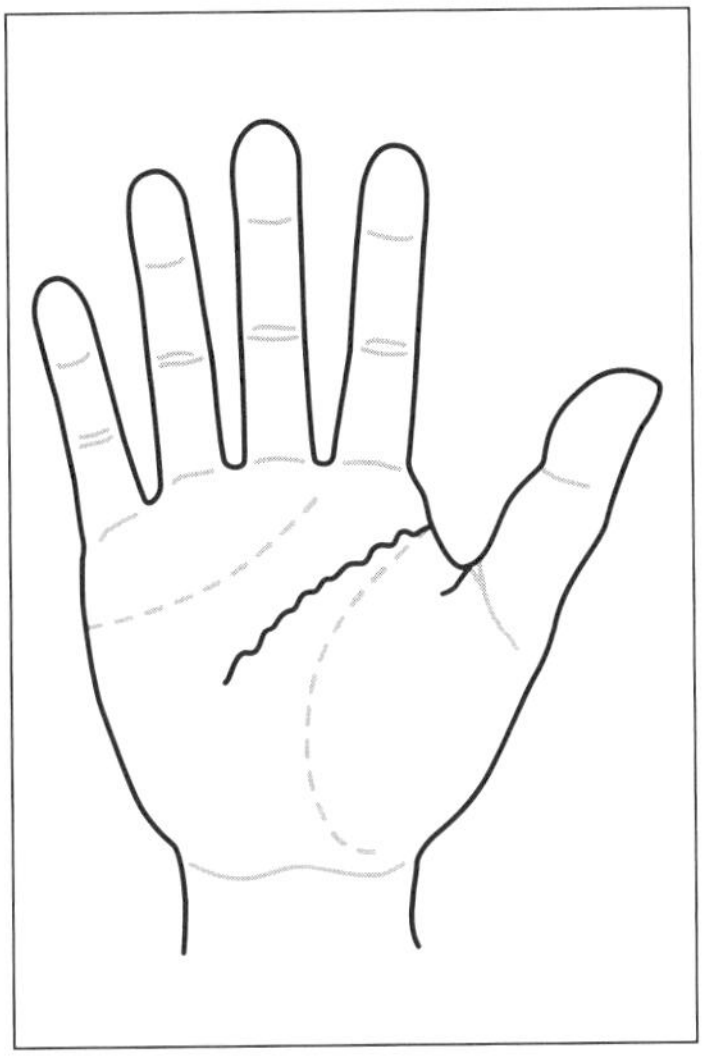

①くねくねと蛇行している

頭の働きが鈍い暗示です。頭脳線が波状になっていると、物覚えが悪く要領を得ない状態です。ギザギザになっているのは、神経がイライラしている状態です。

②切れ目がある

病気やケガの暗示です。判断ミスを犯しやすい時期の場合もあるので、慎重な対応を心がけることが大切です。切れ目が大きいと、頭の病気や、思い違いによる事故や、不慮の災害などの暗示です。

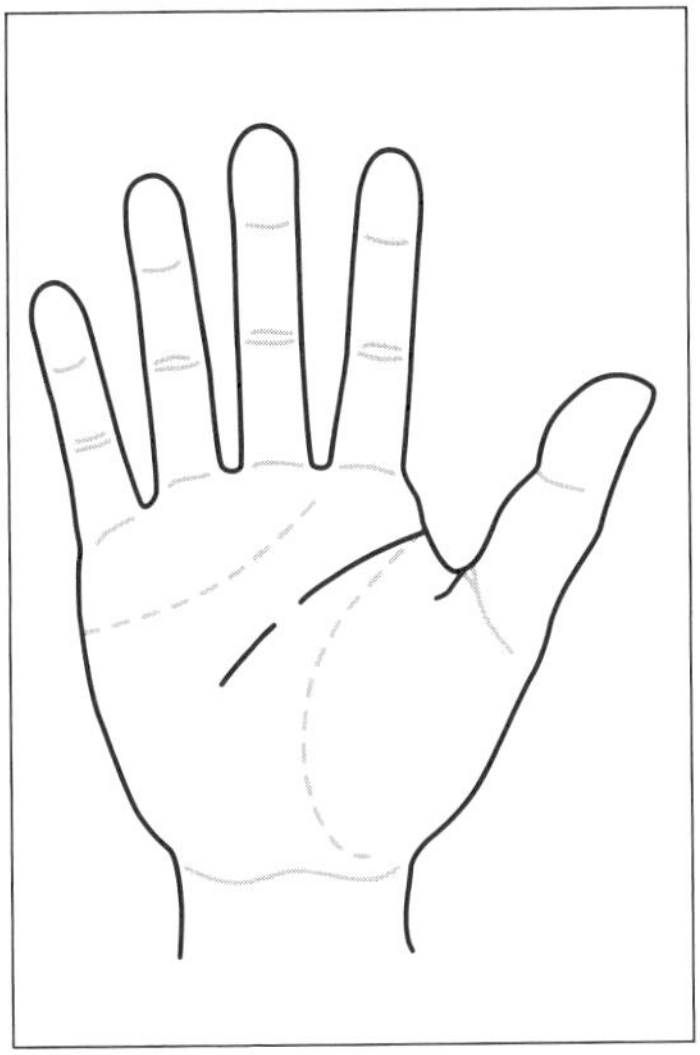

③島がある

頭のケガや病気の暗示です。考え過ぎによる精神障害の状態です。中指の下に島があると、片頭痛が出るなど、頭痛持ちの傾向があります。薬指の下に島があると、眼病や視力低下の傾向があります。

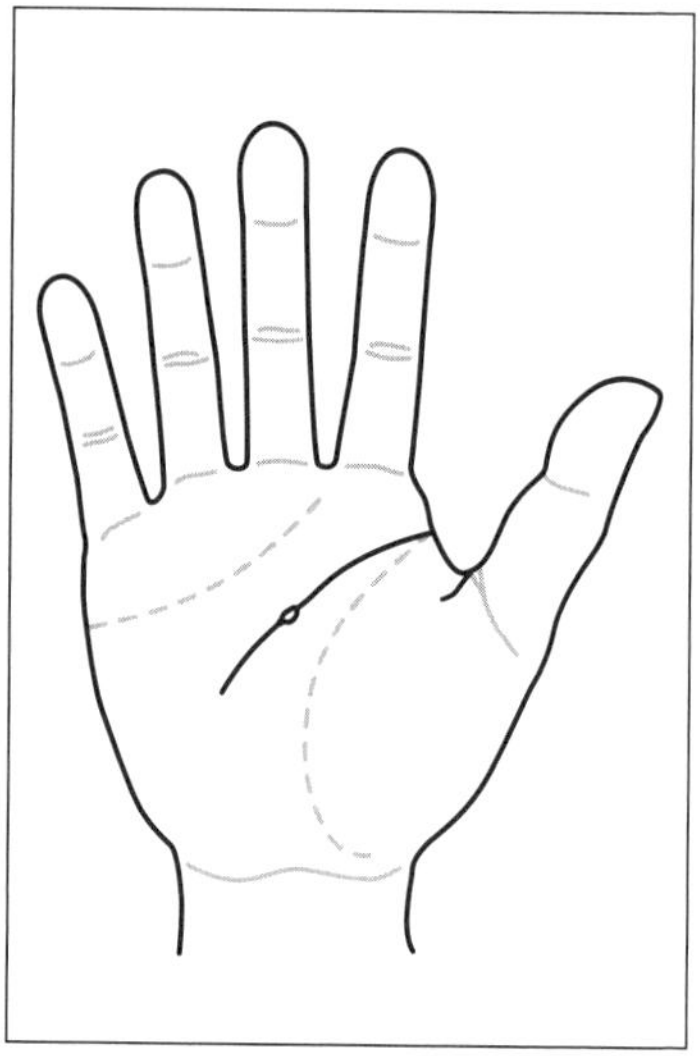

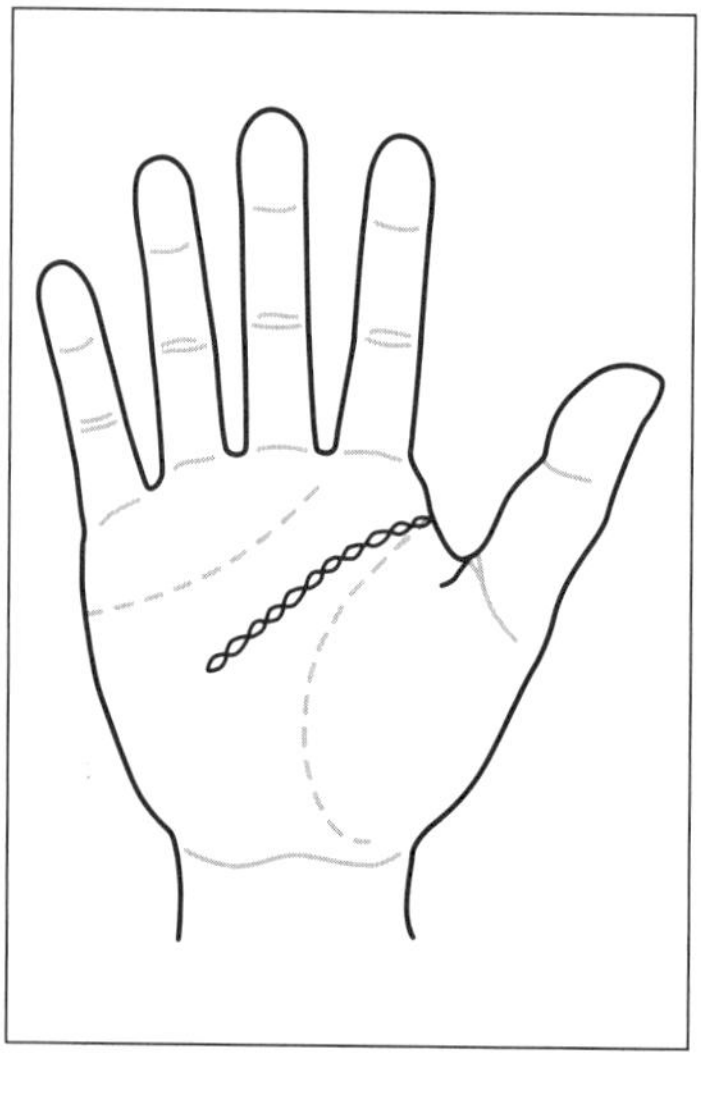

④鎖状になっている

根気に欠ける暗示です。注意力散漫で集中力がなく、飽きぽい状態です。気が散りやすく、何事も長続きしづらい傾向があります。頭脳線が切れ切れになっているのも、飽きっぽく、物事が継続しない状態です。

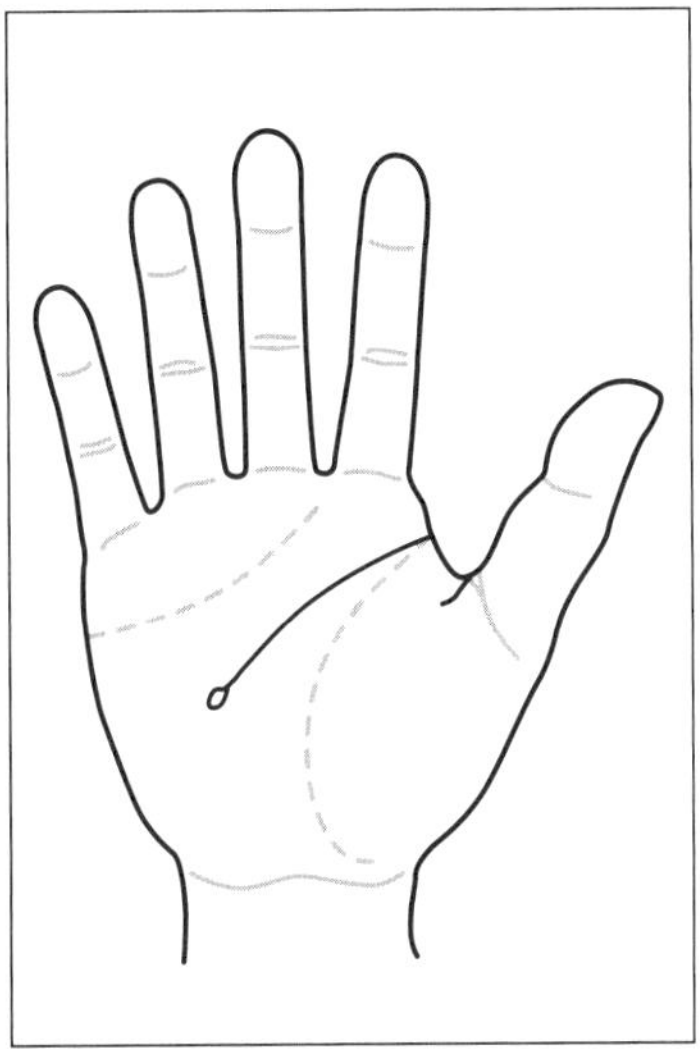

⑤末端に島がある

神経疲労や脳神経疾患の暗示です。精神障害やノイローゼ、躁鬱などになりやすい状態です。精神異常をきたしたり、判断力がなくなることもあります。

五、手の色でみる健康・病気

①ピンク色　理想的な色です。健康で活力があります。

②赤　色　短気で高血圧の傾向があります。心臓に注意。

③白　色　貧血気味で低血圧。冷え性の傾向があります。肺に注意。

④青　色　神経質で心配症の傾向があります。胃腸に注意。

⑤黄　色　疲れやすい傾向があります。肝臓や胆嚢に注意。

⑥黒　色　不健康な状態。癌の傾向があります。腎臓や肝臓に注意。

⑦紫　色　血液の循環が悪い傾向があります。循環器系に注意。

⑧混合色　赤色と白色と紫色など、三色以上が混じり合っていると、薬の飲み過ぎによる副作用の傾向があります。肝臓や心臓に注意。

手相鑑定秘話 ⑨

放縦線が生命線を横切った⁉

数年前まで、私の「手相教室」に習いに来られていた六十代の女性。この方は、若々しくて、お美しく、とても六十代過ぎには、見えない方でした。

当時、ちょうど授業で、「放縦線が生命線を横切っていると、生命の危険もある」という話をしていた時でした。

「あっ！　私…。生命線を切っているわ⁉」と、隣の生徒さんに話しかけていました。

たまたま、授業内容を録音しており、このことは、それから一年後に聞き直して確認したのでした。でも、その時はすでに、その女性はお亡くなりになっておられたのです。その授業の後、しばらくして、肺ガンになられたのですが、発見が遅れ、病院に運ばれた時はすでに手遅れだったそうです。

放縦線は、場所にもよりますが、本来は腸疾患の場合が多いようですが、実際には、まったく別の病気を患っているようなこともあります。だから、本来の病気の徴候がないからといって安心してはいけません。異常な線が見つかったら、念の為に、病院等で総合的に検査をしてみることです。

このことがあって後、生徒さんやお客さんの手相をみて、健康面で少しでも問題がありそうな人には、「念の為に、一度、病院等で検査をされた方がよいと思いますよ」と言うようにしているのです。

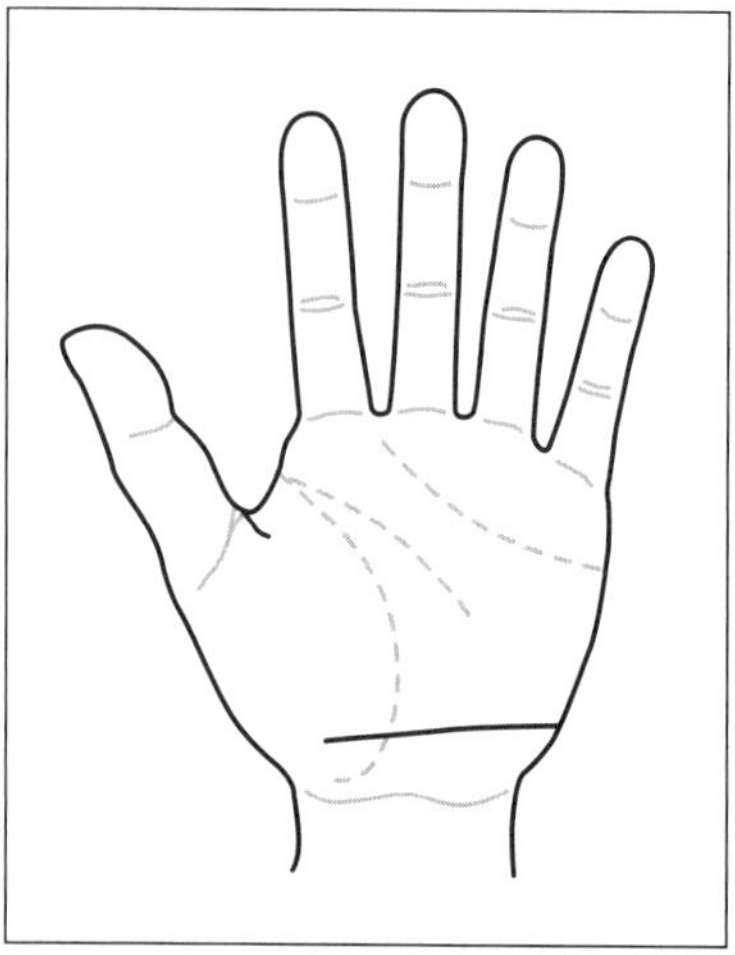

第九章

記号の見方

記号の見方

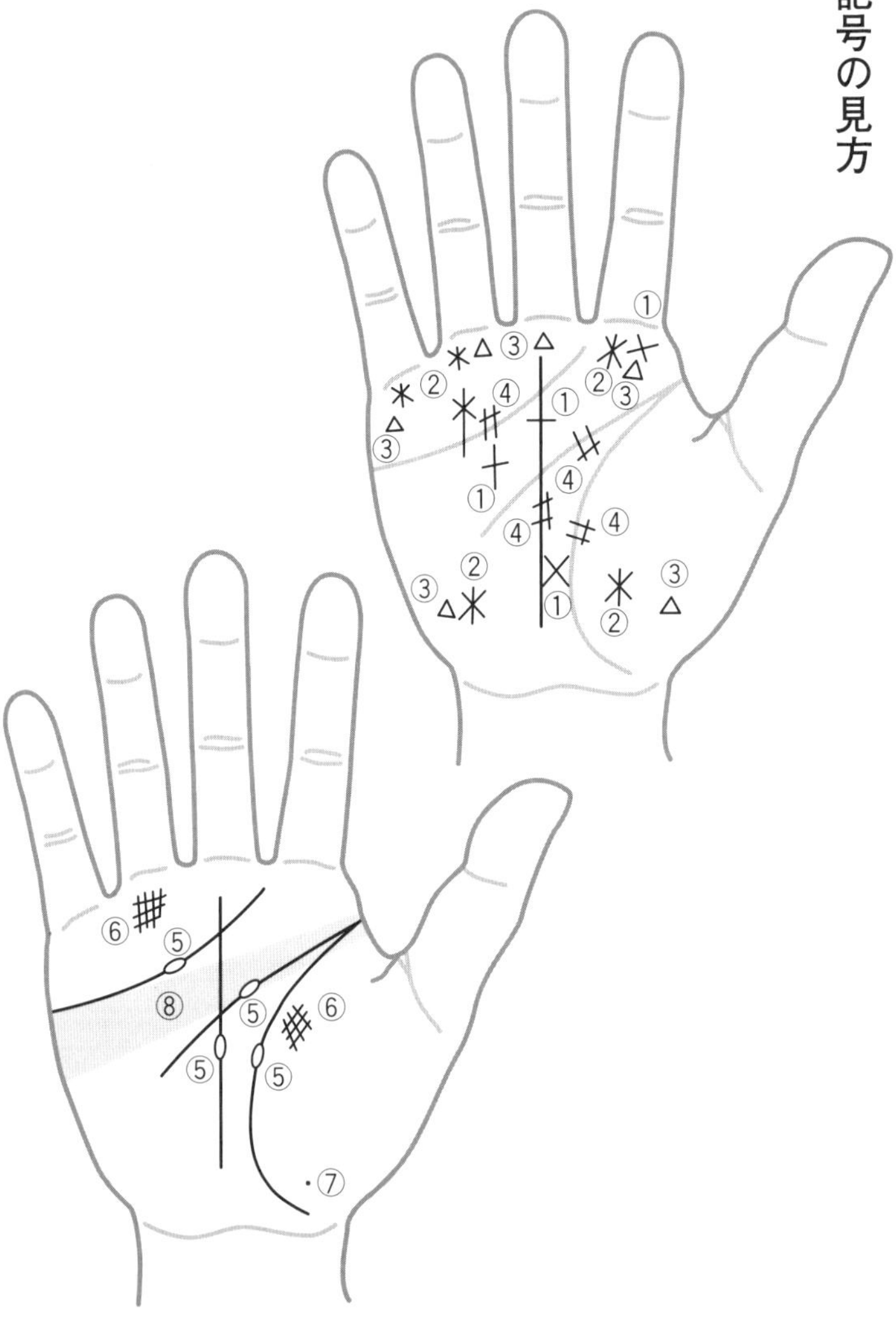

記号の見方

手のひらには、線の他に、色々な形（紋）や記号、マークのようなものがあります。これらを総称して記号と呼ぶことにします。記号は、十字になっていたり（十字紋）、星のような形をしていたり（星紋）、三角形（三角紋）や四角形（四角紋）をしていたり、島や格子状（格子紋）になっていたりします。

記号は、細かいものまで含めると、それこそキリがないのですが、あまり細部にこだわる必要はないのです。とくに必要と思われるものを、列挙して説明をすることにします。

なお、ほくろは、記号には当てはまらないかも知れませんが、実際にほくろのある人にはよく聞かれることなので、併せて列挙することにしました。

ただ、この記号のみで判断をするものではなく、あくまで、紋やその他のものも併せて、総合的に見ていくものなのです。

①十字紋（クロス）

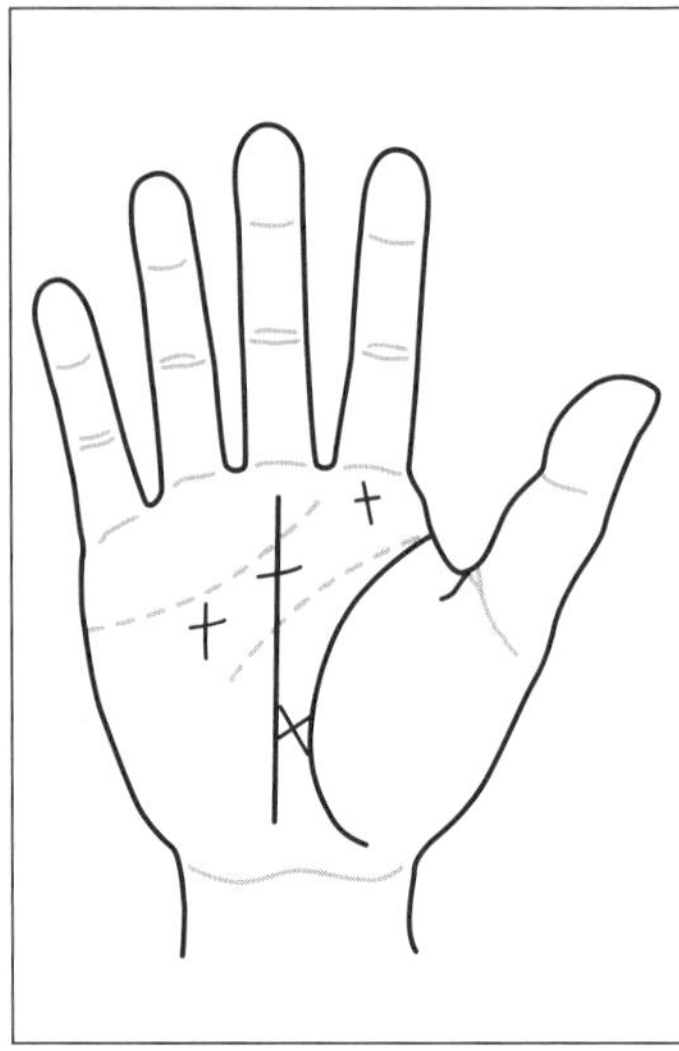

縦と横で十字の形にクロスする紋。木星丘と火星平原に出ているのは、願望成就の吉の暗示です。運命線とクロスする場合と、運命線と生命線の間に出る場合は吉の暗示です。あとの丘や線に出ているのは、おおむね凶の暗示です。

②星紋（スター）

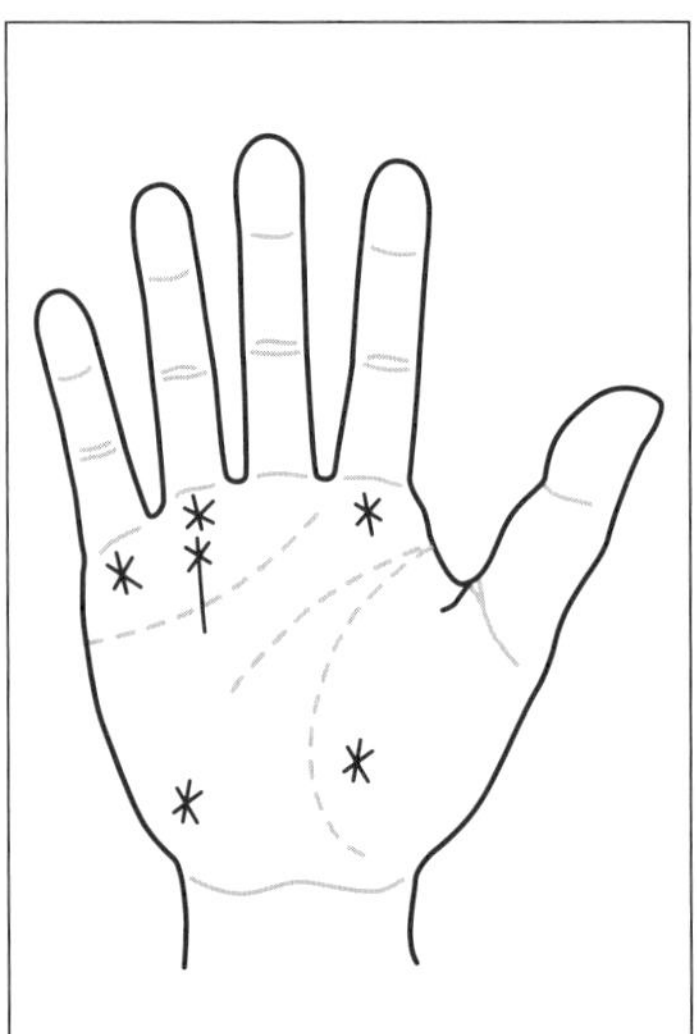

三本以上の線が交差して星のような形になる紋。木星丘と太陽丘に出ると大吉の暗示です。水星丘と金星丘と月丘は吉の暗示です。土星丘に出ると凶の暗示です。線上に出ている場合は、太陽線上は大吉相ですが、あとはおおむね凶の暗示です。

③三角紋（トライアングル）

三本の線が交わって三角形になる紋。手のひらの丘に出ている場合は、その丘の良い意味があらわれるので吉の暗示です。線上に出る場合は、逆にその線の悪い意味が出るので凶の暗示です。

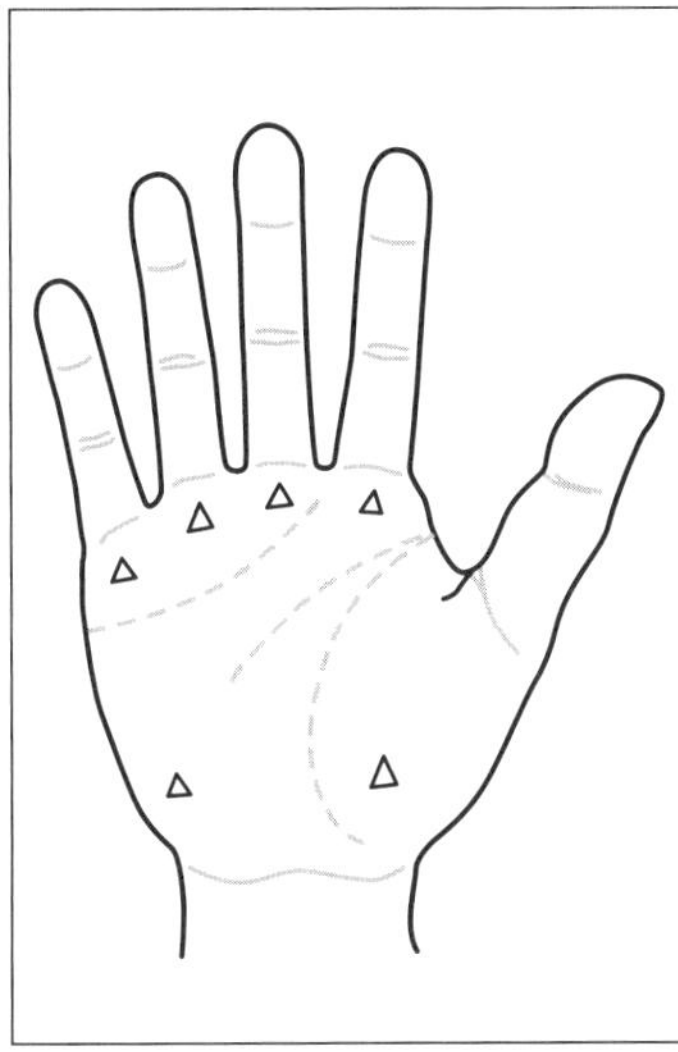

④四角紋（スクエア）

四つの線が集まって四角形になって井形をしている紋。線上に出る場合は、災難から逃れられる吉の暗示です。

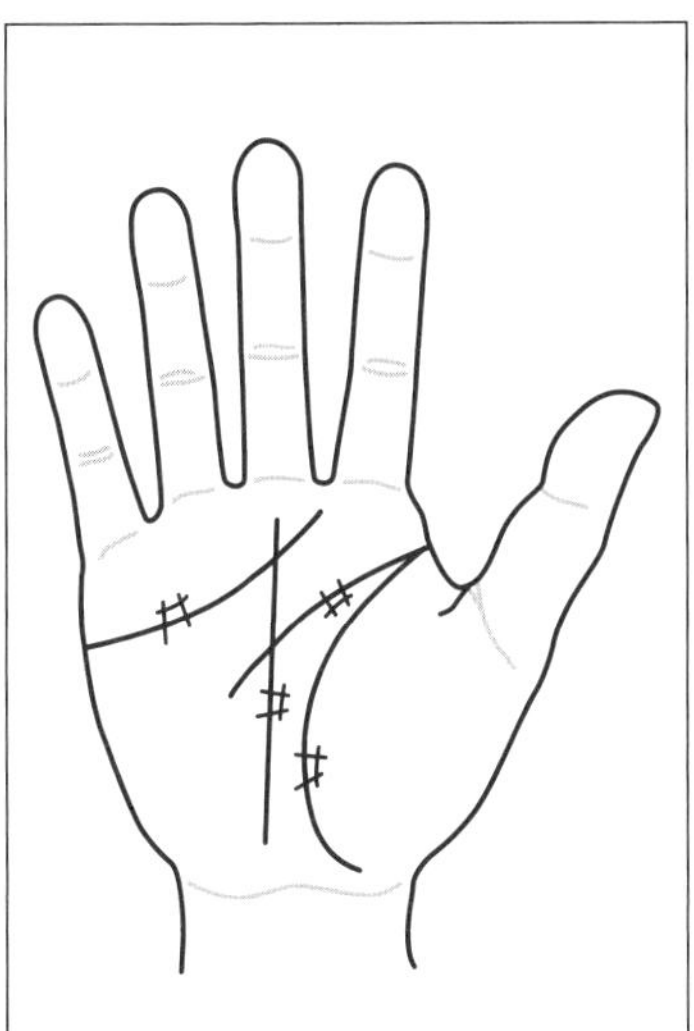

⑤島（アイランド）

線上にあらわれる島の形をしたもの。どの線上にあっても、何か悪い事が起こる凶の暗示です。ごく小さなものまで気にすることはありませんが、とくに大きな島や完全な形になっているものは注意です。

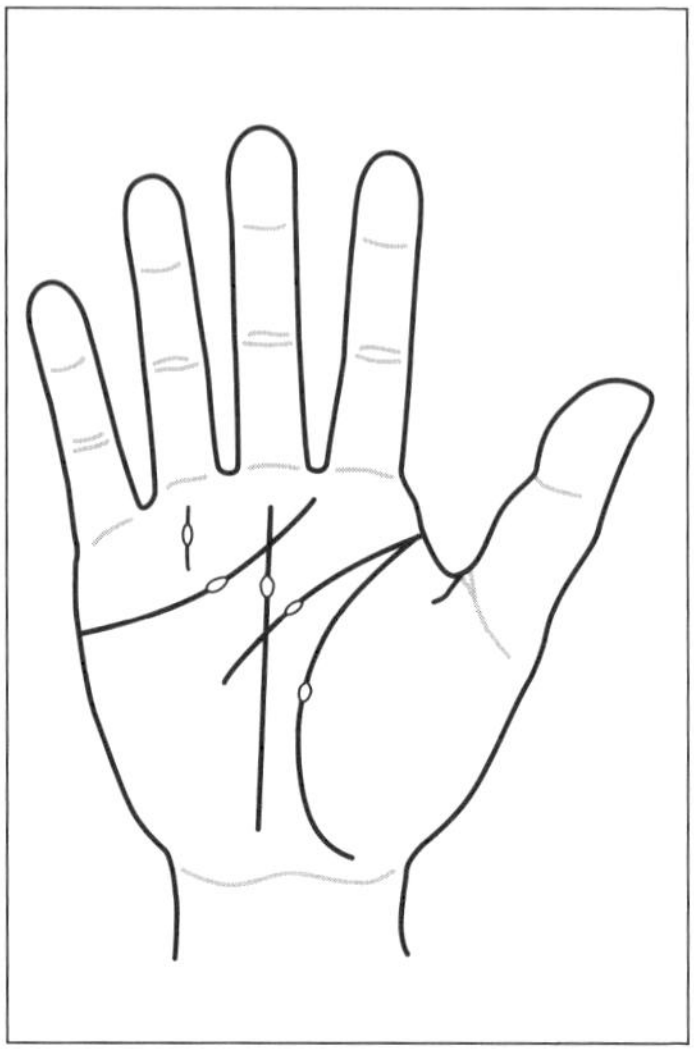

⑥格子紋（グリル）

縦横の線が何本も出て格子状にあらわれるもの。太陽丘と金星丘に出ると吉の暗示ですが、その他の丘に出るのは、おおむね凶の暗示です。

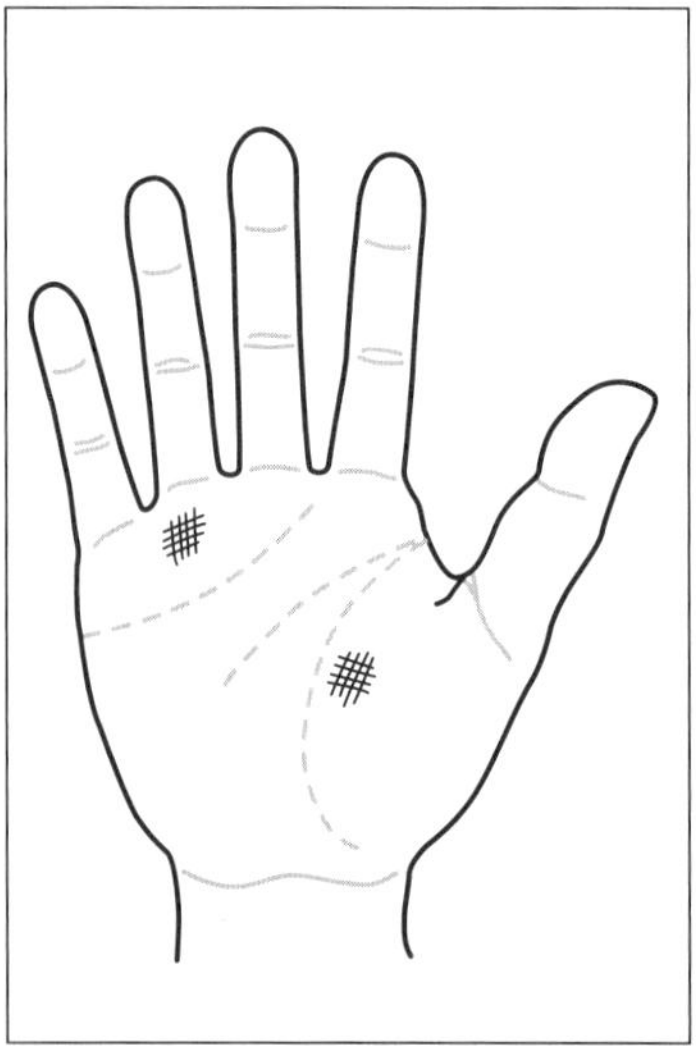

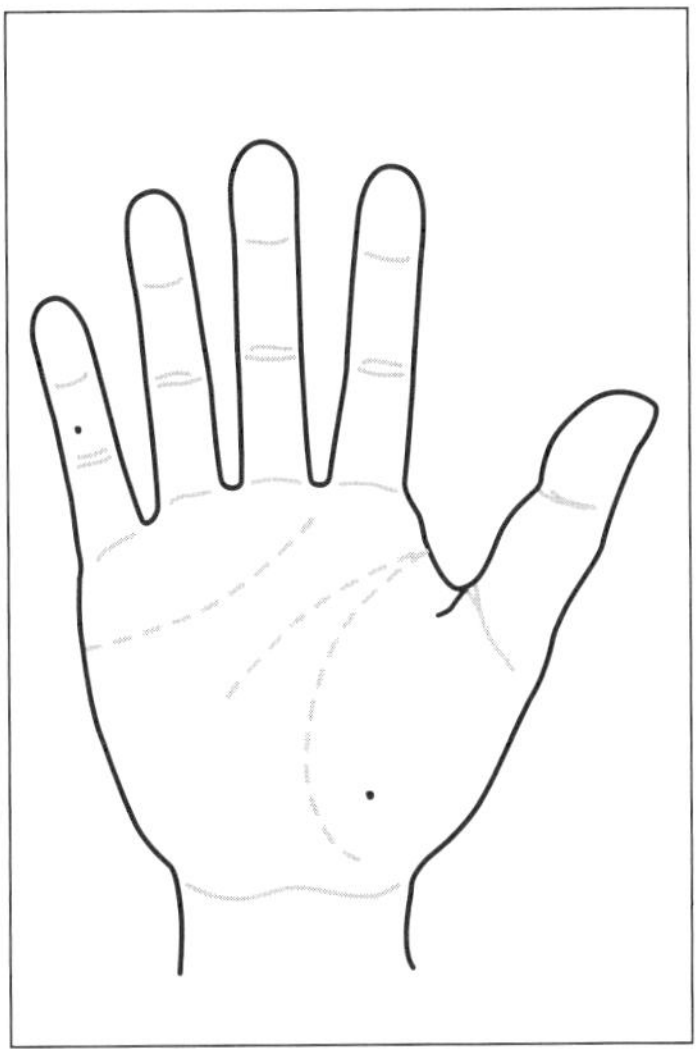

⑦ほくろ（黒点）

ほくろや黒点、赤点などを総称して、ほくろと呼んでいます。キズやイボなども、ほくろの中に含まれます。ごく一部の例外（福つかみ）を除いて、手のひらのほくろは、おおむね凶の暗示です。

福つかみ

感情線と頭脳線の間の火星平原にあるほくろで、どの線にも触れてない所に出るほくろを、福つかみと呼んでいます。チャンスを握ったら離さない強運の持ち主です。手のひらのど真中にあると、最強運とされています。

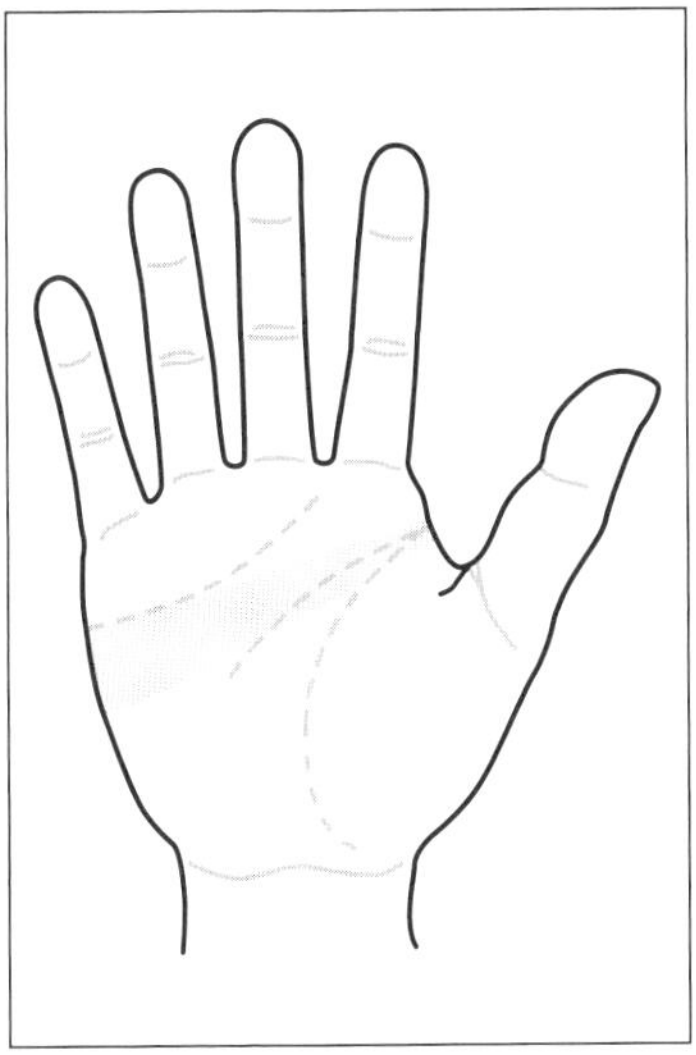

福つかみ

ほくろはどこにあっても、おおむね凶の暗示なのですが、場所によっては大変な吉相になる場合があります。それが、「福つかみ」と言われるほくろです。

これは、拳《こぶし》を握った時に、拳のなかにすっぽり入って見えなくなる部分に出るほくろなのです。ただし、木星丘、土星丘、金星丘、水星丘の各丘と、各線上に出るほくろは除外されます。つまり、感情線と頭脳線の間の火星平原にあって、どの線にも触れないというほくろでなければならないのです。この部分にほくろがあると、「チャンスを必ず物にする強運の持ち主」であると言われています。

有名なのが、「歌謡界の女王」と言われた故美空ひばりの話です。美空ひばりが、まだデビューする前。母親の加藤喜美枝さんが、まだ幼いひばりを連れて、某大物興業主を訪ねて行った時のこと。

「この娘は絶対にスターになれるのです。この手を見て下さい。手のひらのど真ん中に、こんなにはっきりしたほくろがあるのですよ。これは、チャンスをことごとく物にするというほくろなのです」と言って、娘の手を開げさせ、手のひらのど真中にあるほくろを見せて大物興業主を感服させ、見事に美空ひばりのデビューを成し遂げたのです。

手のひらの部位と手の指の部位

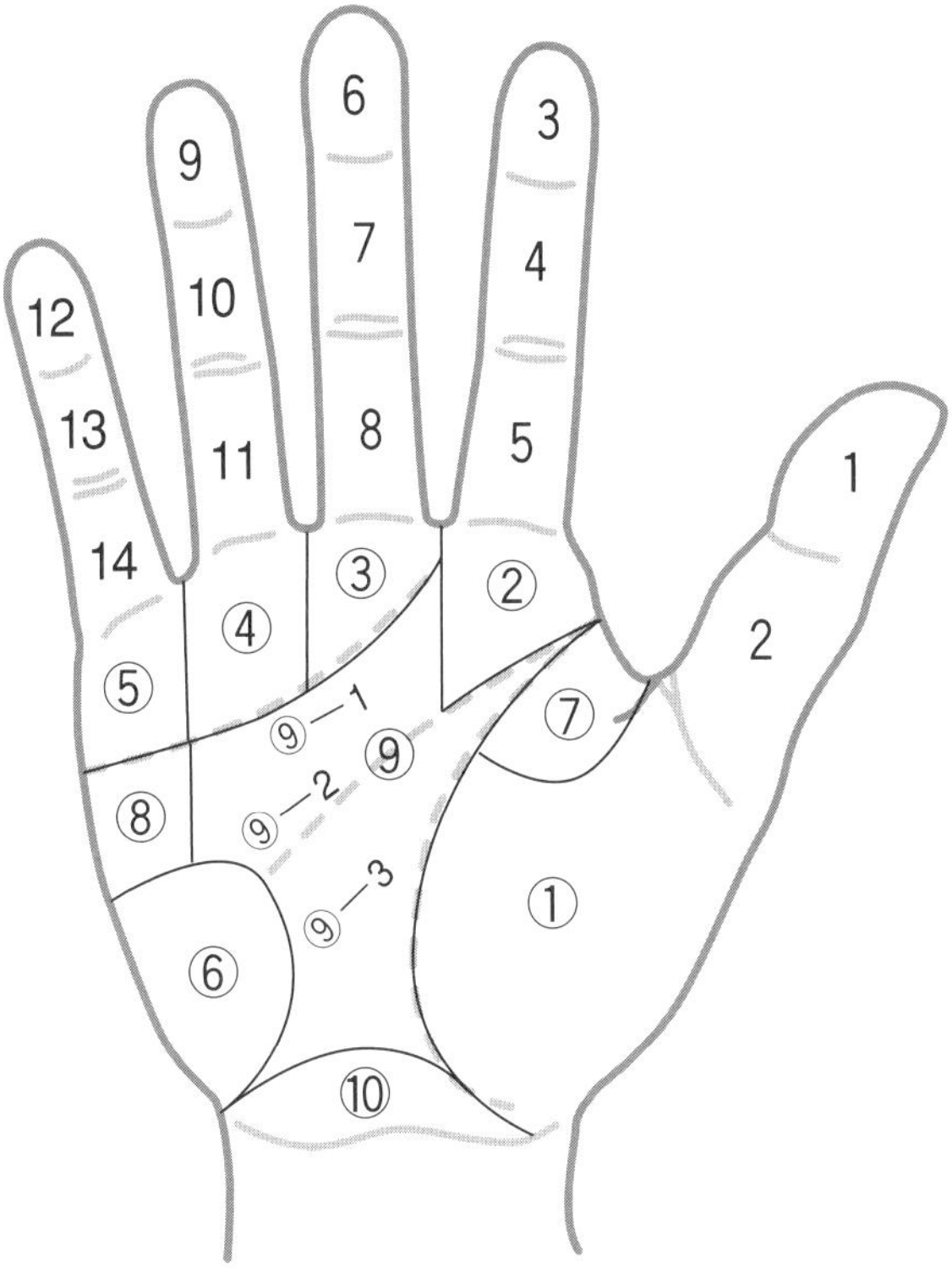

手のひらの部位

①金星丘　愛情
②木星丘　支配
③土星丘　思考
④太陽丘　明朗
⑤水星丘　金運
⑥月　丘　ロマン
⑦第一火星丘　闘争
⑧第二火星丘　正義
⑨火星平原　生活力
⑨—1　感情
⑨—2　思考
⑨—3　体力
⑩地　丘　出生

手の指の部位

1 親　指の第一関節　愛情
2 親　指の第二関節　知性
3 人差指の第一関節　感受性
4 人指指の第二関節　野心
5 人指指の第三関節　支配
6 中　指の第一関節　思慮
7 中　指の第二関節　警戒心
8 中　指の第三関節　物質欲
9 薬　指の第一関節　芸術性
10 薬　指の第二関節　勝負運
11 薬　指の第三関節　虚栄心
12 小　指の第一関節　話術
13 小　指の第二関節　知力
14 小　指の第三関節　子供

手相鑑定秘話 ⑩

小指にホクロが…!?

「こんな所に、ホクロが出ているのですが…」と三十代の女性。見ると、小指の第二関節の側面にほくろが出ています。

「このホクロは、いつ頃からありました?」と私が尋ねると、「以前からあったようですが、最近になって、とくにはっきりと出てきたように思うのです」

「あまり薄いシミのようなものや、あるかないかわからない程度の小さなホクロは、無視してもよいのです。でも、このホクロは、濃くて結構はっきりしていますので、少し注意をした方がよいですね」

「何か悪いことでもあるのですか?」

「いいや…。ただ、投資や投機をしたり、賭け事なんかで一攫千金を目指さなければいいんですよ」

「私、賭け事なんかもしませんし…」

「それなら心配はいりませんね。それと、上手い儲け話や、お金に関する事には、携わらない方が無難でしょう。自分で商売するのもダメですよ」

「そうですか。気を付けます」

「ただ、ホクロは変化しますので、出ている時はそうですが、いつの間にか薄くなって、見えなくなっていたら、もう気にしなくてもいいですよ」

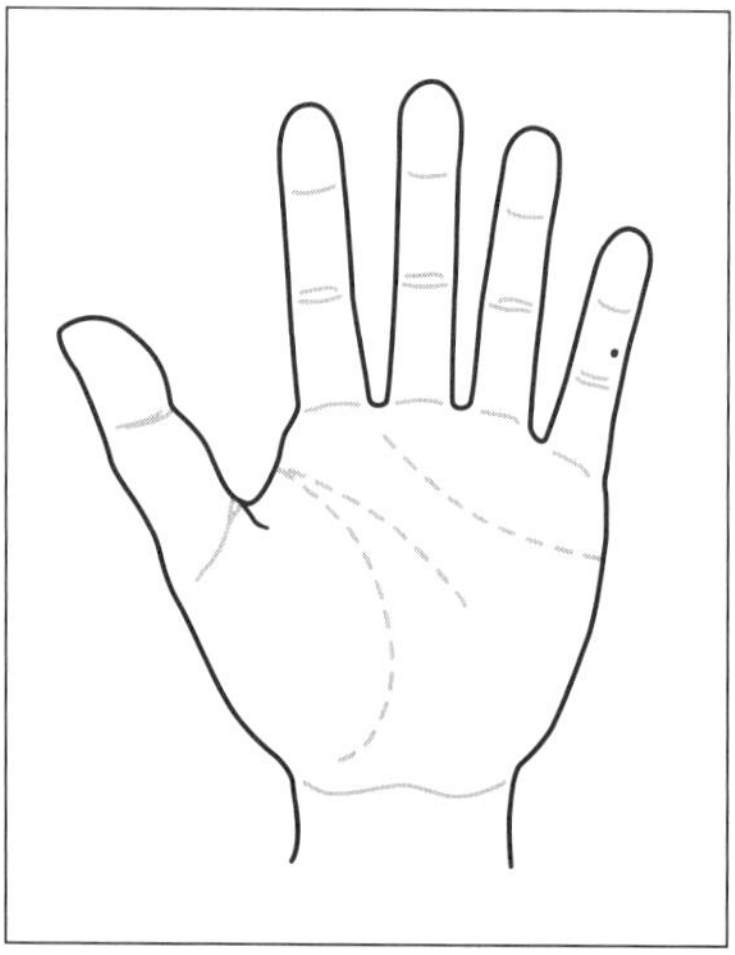

第十章
手相でプチ占い

実践鑑定・生徒さんの手相 ①

Sさん　三十八歳　男性

頭脳線と生命線の間が、起点から大きく開いているのは、大胆で行動力があることを示しています。また、比較的早い時期に、親元や郷里を離れやすい傾向があります。

頭脳線が真っ直ぐに伸びていて、中指の下あたりで急に折れて、月丘の方へ下降しています。これは、頭脳明晰で（とくに語学能力に秀でており）、実務能力も優れていることをあらわしています。また、夢を捨てないで、現実の世界にも生きられるという、大変良い線です。頭脳線が二股に分かれているのは、二重頭脳線と言って、二つ以上の専門領域を持っていることをあらわしています。理詰めでシビアな金銭感覚と、空想や神秘的な分野にも造詣が深いといったところでしょうか。

ただ、惜しむらくは、太陽線が弱いことです。実際には、薄く出ているのですが、図にはほとんど現われていません。これは、まだ自分の才能に気づいてくれる上司や、周囲の人達の存在がないことを意味しています。今後は、自分の能力を、いかに外部に分からせていくかという、努力が必要かと思われます。また、何かのきっかけで大化けする可能性も秘めていて、将来大変楽しみな手相です。

（09.6.30　よみうり梅田文化センターにて）

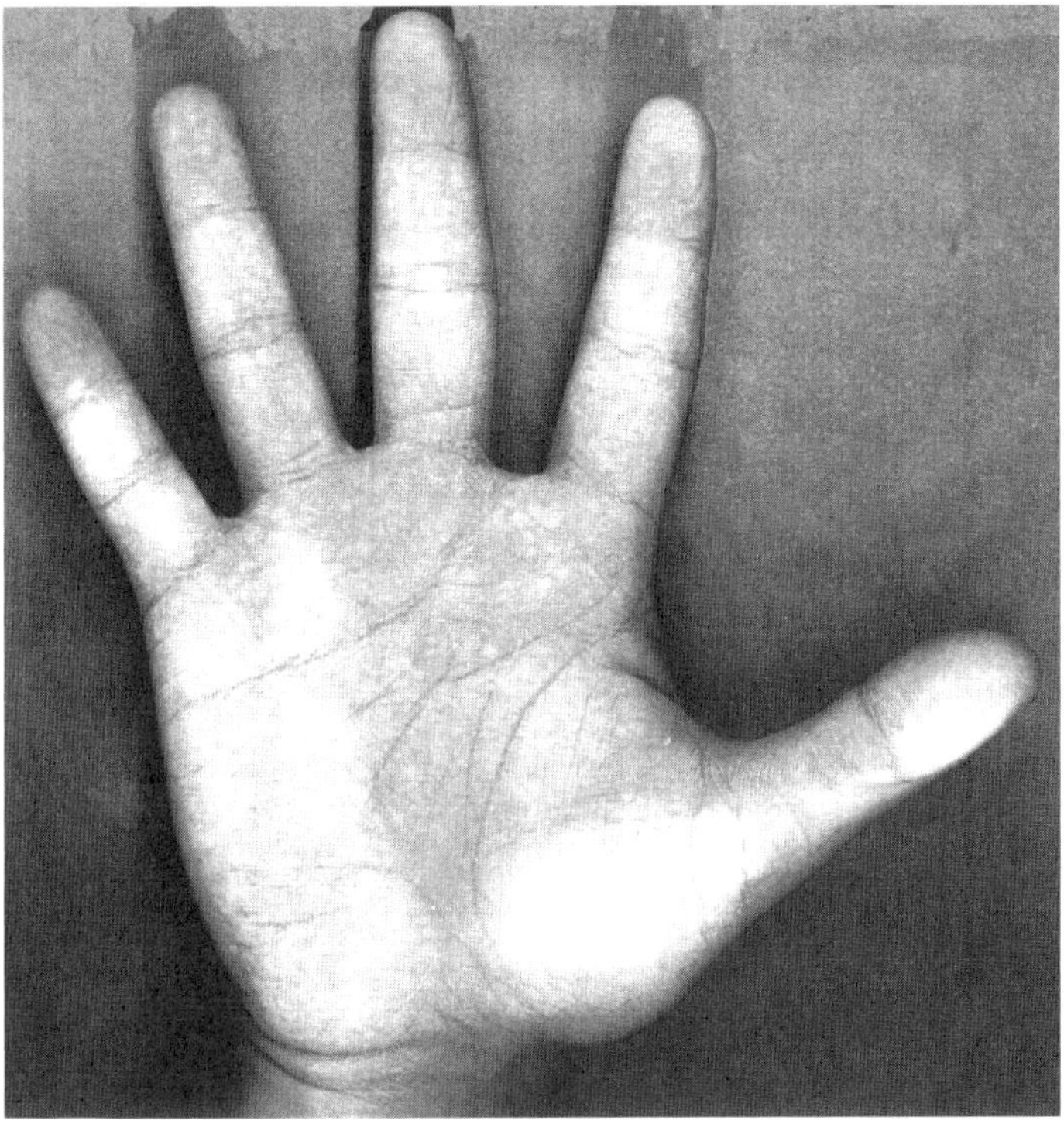

実践鑑定・生徒さんの手相 ②

Oさん　五十代　女性

生命線から薬指に向かって伸びる努力線が、月丘から中指に向かって伸びる運命線に、ぶつかってストップしている。これは、二十七〜二十八歳位の時に結婚され、それまでは自分の努力で人生を歩んで来られたのが、結婚後は夫の努力のおかげでその後の人生を順調に歩んで行けることを示しています。

また、生命線の下部に旅行線が二本出ています。一本は、生命線を囲むように手首線近くへ、金星丘に向って弧を招いています。もう一本は、月丘の方に向かって地丘へと流れています。地元志向で旅行や外出はあまり好きではないのだが、たまにそう遠くない所や、短期間の旅行に出かけたりするということをあらわしています。でもたまに旅行しても、自宅に帰ると、「やっぱり我が家が一番」と言っている人なのです。

結婚線は、やや上の方にくっきりと力強く太く出ています。これは、結婚生活が今も円満に続いていることを示しており、愛がいまだに冷めていない事がうかがえます。

最後に、健康線ですが、真っすぐではなく、切れ切れになっています。現在、少々胃が悪いか、慢性的になっているかと思われますのでご自愛下さい。

（09.7.1　よみうり堺文化センターにて）

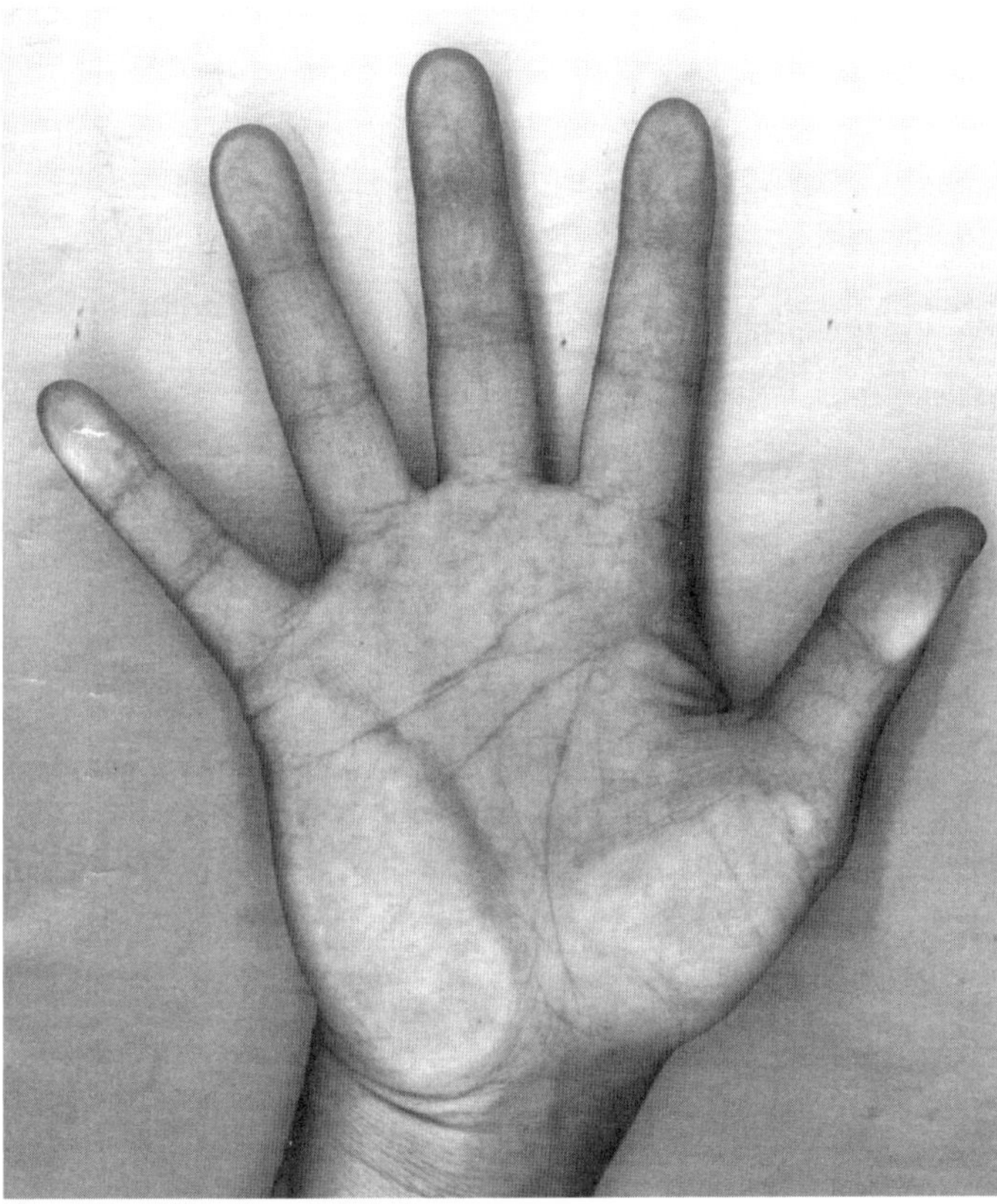

実践鑑定・生徒さんの手相 ③

Gさん　四十歳　男性

生命線側の下より伸びた運命線が頭脳線の下あたりで切れて、頭脳線からまた別の運命線が中指の付け根に向かって、立ち上がっています。これは、三十歳前後で仕事が変わったり、大きな転機が訪れることを示しています。そして、三十代中頃から新たな仕事に就いて、第二の人生を歩んで行くことを暗示しています。

頭脳線が大きくカーブして、月丘の下の方に向かって下降しています。これは、芸術や芸能方面など、虚構の世界に向かう傾向をあらわしています。この方は、二十六歳〜三十二歳まで役者をされていたのですが、三十二歳の時に断念して、三十三歳〜三十七歳の間は、新たな仕事をするために勉強をし直し資格を取得して、三十八歳から別の仕事をするようになられたとのことです。手のひらの中央に、はっきりした運命線が出ているのに対して、薬指の下には太陽線が出ていません。これは、自分の仕事や才能が他人に実力通りに評価されていないことを意味しています。上司や世間に対して、もっと自己アピールする必要がありそうです。

（09.6.19　近鉄文化サロン上本町にて）

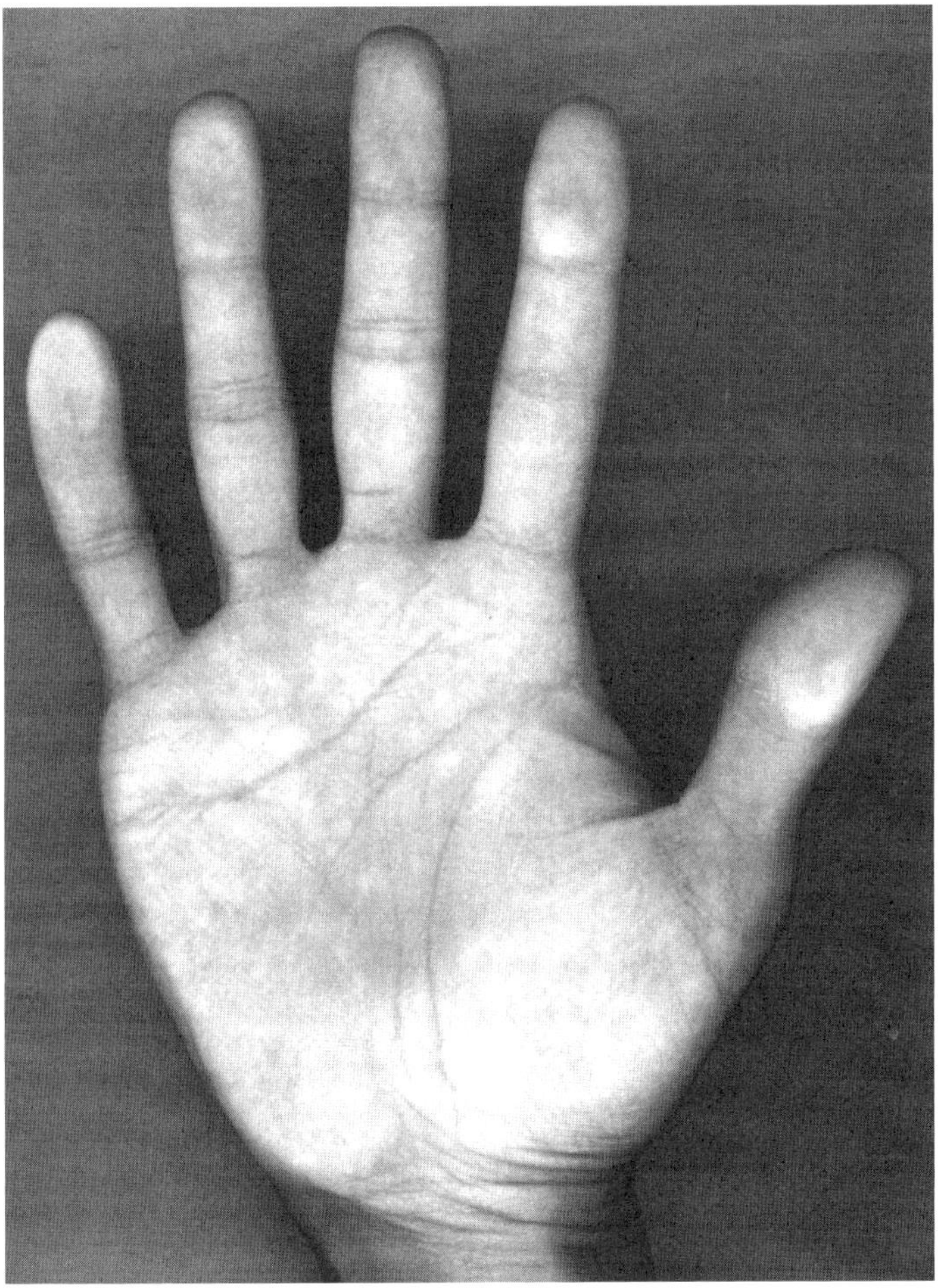

実践鑑定・生徒さんの手相 ④

Mさん　五十代　女性

生命線と頭脳線との重なりが長く、人差指と中指の間の下から分かれています。これは、年長者や周囲から可愛がられ、実家や家族との縁が深いことを示しています。また、用心深く慎重なので、何事も時間をかけて丁寧にこなします。女性は、家事や家計を上手にこなし、周りへの気配りを忘れない良妻賢母となります。

中指の付け根に向かう運命線が、頭脳線から立ち上がっています。これは、知識や技術、資格などで、自分の才能を生かして、開花していくことを暗示しています。

小指の下の、水星丘に財運線も出ており、一生、あまりお金に困らないことをあらわしています。また、感情線の上あたりから、太陽線も出ており、実力相応の成果や評価が得られることを示しています。運命線が頭脳線から、太陽線と財運線が感情線の上から、それぞれ立ち上がっているのは、中年期から晩年にかけて運勢が強くなっていくことをあらわしています。それまで自分がやっていたことが、晩年に成果となってくるので、末広がりのとてもよい手相です。是非、今後とも努力を続けていって下さい。

（09.6.30　よみうり梅田文化センターにて）

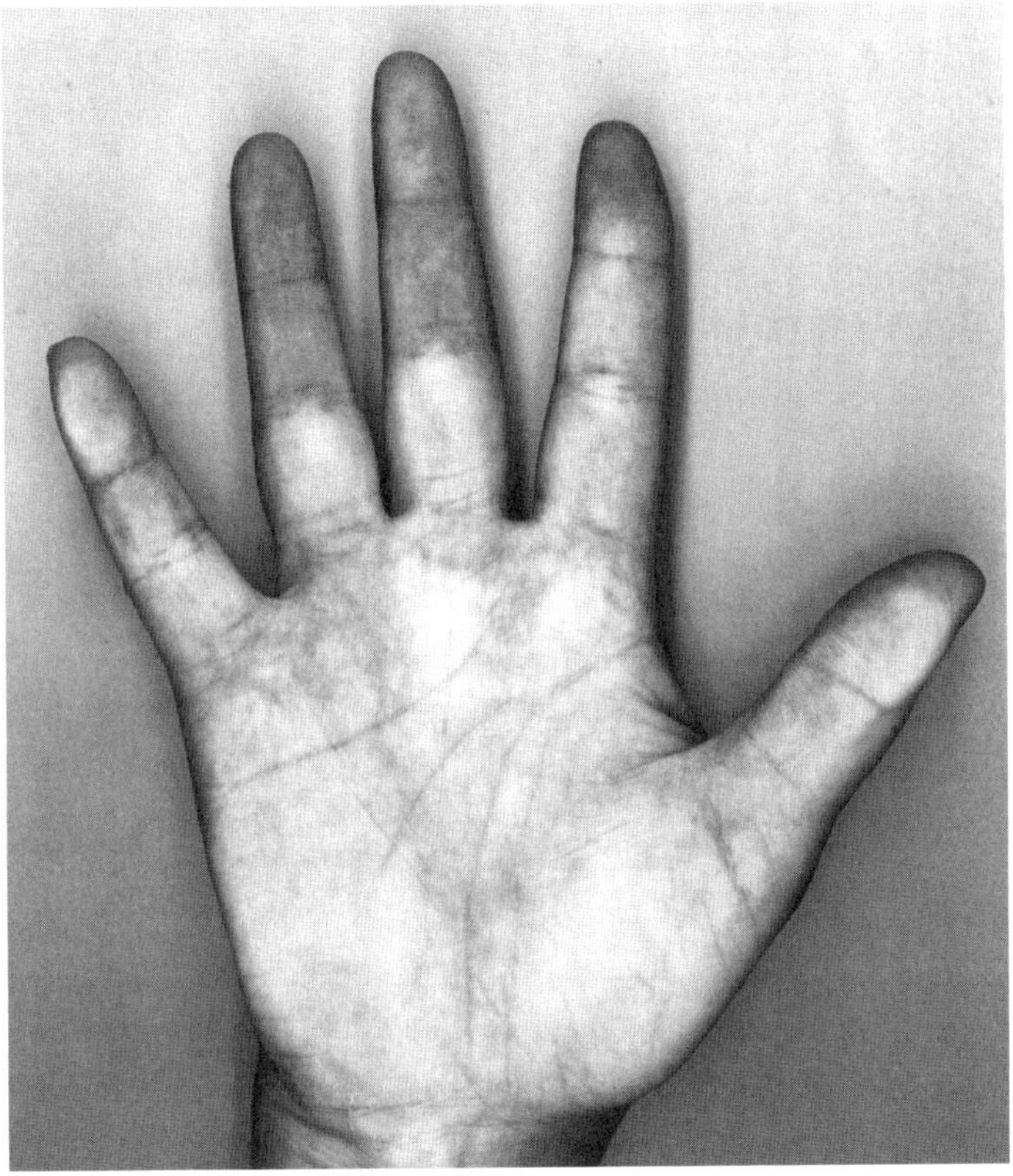

実践鑑定・生徒さんの手相 ⑤

Tさん　三十六歳　女性

手のひらの中央に、中指の付け根に向かって真っすぐに伸びている運命線と、その横に運命線と平行して同じ方向に姉妹線が上がっています。これは、自分と同じ歩調を取りながら、一緒に人生を歩んで行く人の存在（配偶者、パートナー、仲間など）をあらわしています。現役時代の、貴乃花親方にも出ていました。

ただ、結婚線が大きく下がって、感情線の下まで下降しています。これは現在、配偶者やパートナーとの関係が上手くいっていないか、相手が病弱であることを示しています。薬指の下の感情線に島があるのは、視力低下や眼病疲労など、眼の病気を患っている事を暗示していますのでご自愛下さい。

また、感情線が中指の下から下降して、生命線の起点あたりについています。これは、自分の愛情を相手に押しつけて、干渉しすぎることから、相手にうるさがられて、恋愛が破局となりやすいことを示しています。親切心がお節介にならないよう、相手の気持ちを思いやるように心がけましょう。

（09.7.16　ＪＥＵＧＩＡカルチャーセンター　千里セルシーにて）

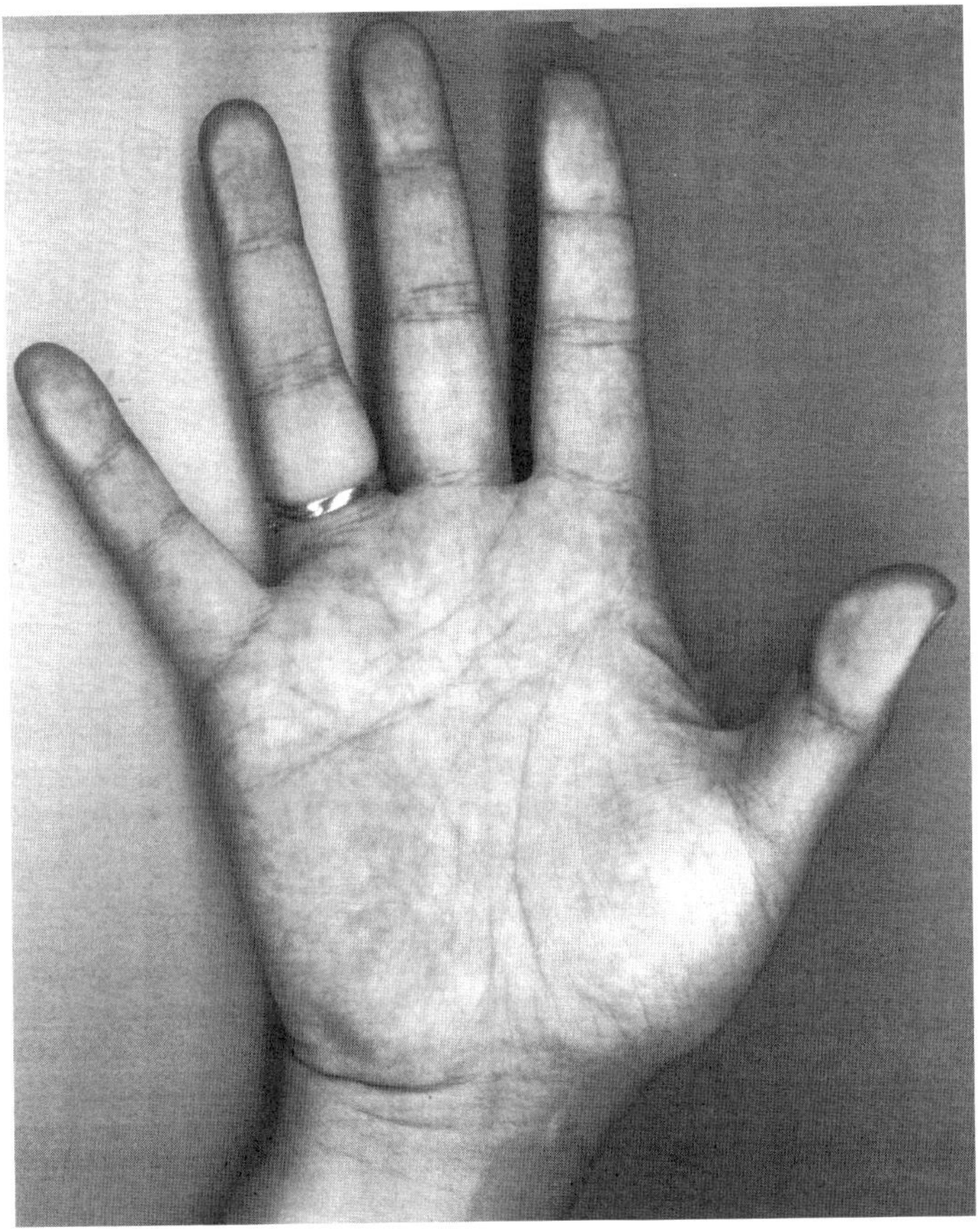

実践鑑定・生徒さんの手相 ⑥

Yさん　三十代　女性

生命線の下から、生命線と平行して下降しているのは頭脳線で、非現実的な浮世離れした傾向をあらわしています。生命線と頭脳線が大きく離れていて、頭脳線が、一本は真っ直ぐ斜めに伸びており、もう一本は人差指と中指の下から大きく枝分かれして下降しています。これは、行動的で常に変化を求める性格と、頭脳線が二本あることで二重頭脳線となり、二つの仕事があることや、現実的と空想的の両方を有しており、物質面も精神面も両面追求していけることを暗示しています。

また、枝分かれした頭脳線からも支線が出て、それぞれが月丘や手首線に向かって下っています。これは、一人二役や、色々な異なった能力を併せ持っているマルチ人間であることを示しています。生命線と平行して伸びている線を、二重生命線と見る向きもあると思われますが、この人の場合は、華奢な身体つきと手全体の細さから判断して、二重頭脳線と判断した方がよいと思われます。枝分かれした頭脳線は、一見、運命線のようにも見えるのですが、中指の付け根の木星丘に向かっておらず、頭脳線上で完全にストップしていることから、これも二重頭脳線とみた方がよいでしょう。

（08.12.18　近鉄文化サロン阿倍野にて）

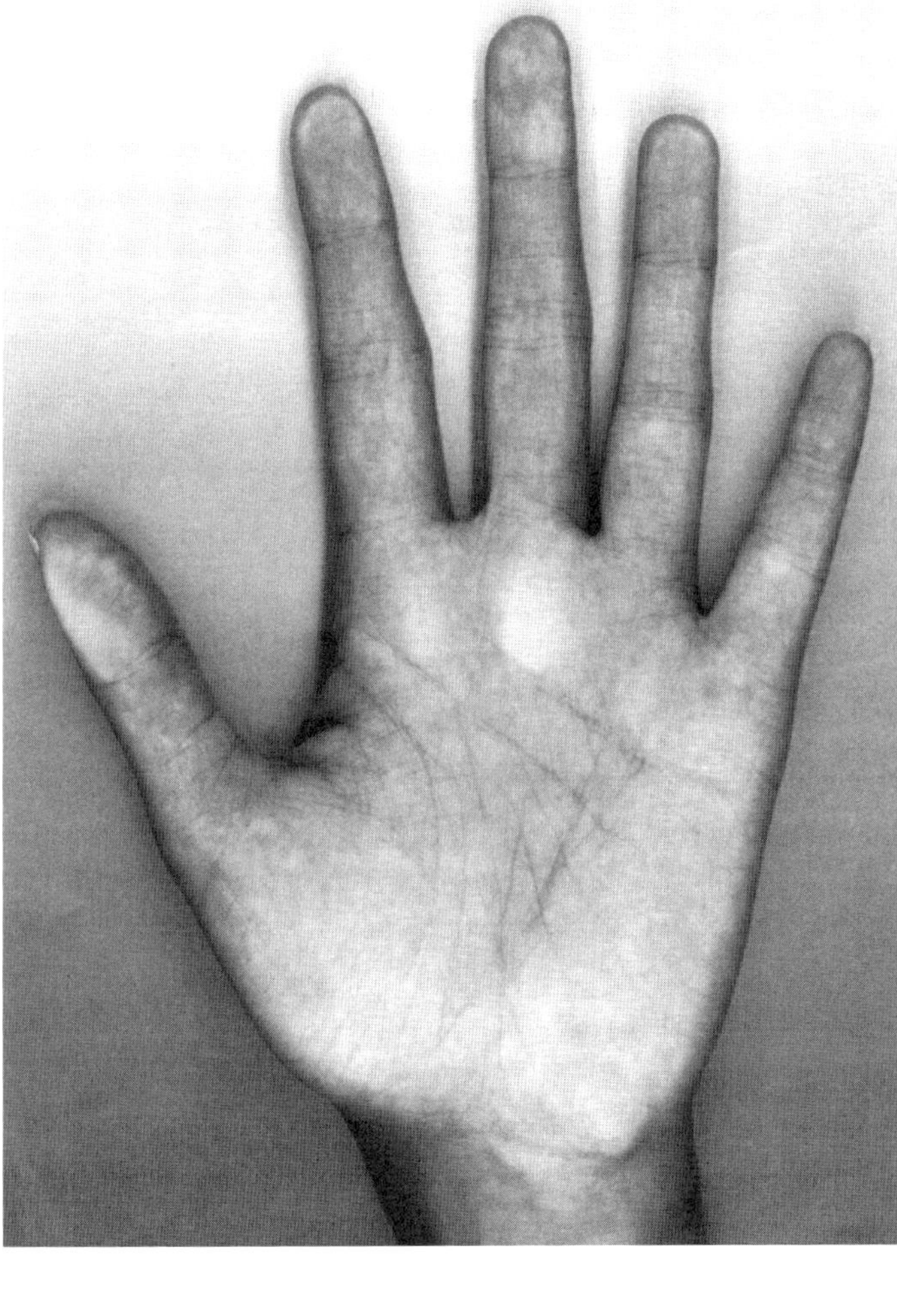

実践鑑定・生徒さんの手相 ⑦

Sさん　五十代　女性

生命線の下の方から立ち上がる努力線が、頭脳線のあたりで二股に分かれ、一本は中指の付け根に、もう一本は薬指の付け根に伸びています。

これは、三十代中頃に一身上の変化が生じて、それまでの自分と異なる人生を歩んできたことをあらわしています。努力線の支線が、運命線と太陽線に分かれているので、自分の努力が社会的に認められることを示すと同時に、自分に責任が振りかかるような立場になることも暗示しており、身内や他人の世話をするなどのご苦労も多いことでしょう。

生命線の外側に、生命線と同じように弧を描いて平行して伸びる線は、二重生命線のように見えるのですが、位置から考えると、頭脳線が生命線側に、大きく下降しているとみるのが妥当です。これは、聡明ですが考え過ぎるところがあり、思い込みが激しく、自分の殻に閉じこもる傾向があることを示しています。努力線が二股に分かれていることも併せて判断すると、大変迷いの多い人で、絶えず二者択一に頭を悩まされておられるのかもしれません。ただ、女性にしては三大線がどれも太くてしっかりしており、一家の大黒柱の相で、男勝りの責任感の強い肝っ玉かあさんのように思われます。

（09.8.2　西武池袋コミニュティカレッジにて）

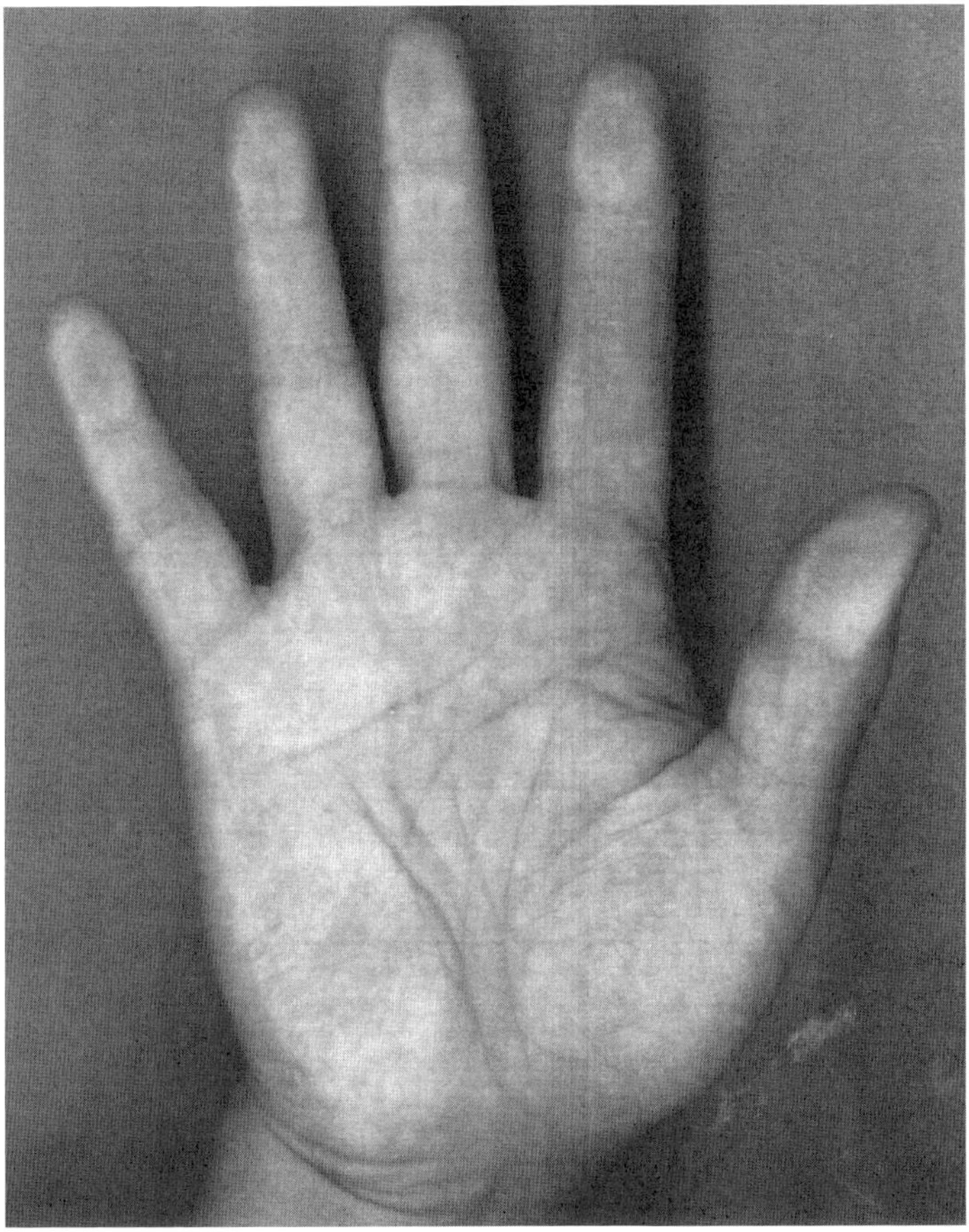

実践鑑定・生徒さんの手相 ⑧

Mさん　六十代　女性

頭脳線と感情線が交わって一本になり、手のひらを一直線に横切ってマスカケ線となっています。しかも、マスカケ線から頭脳線が出て、月丘に向かって下降しています。

これは二重頭脳線となり、二つ以上の才能を持っていることをあらわしています。

また、マスカケ線一本だけある場合と比べて、常識的で感受性が強いことを示しています。そして、マスカケ線から感情線が出て、木星丘に向かって伸びています。

これは、二重感情線となり、気持ちの切り替えが早く、仕事と家庭の両立ができることをあらわしています。また、明るくて性格的に強いので、逆境に強いことを示しています。

薬指の下辺りから出て、木星丘に向かって斜めに伸びる線は向上線です。向上心や野心が強く、常に目標を持ち続けて、指導的立場になる人であることをあらわしています。

金星丘の下にあるほくろは、身内や親戚から絶えず迷惑をかけられるという暗示です。

それと、少々お疲れで散財がちなことをあらわしています。

（09.8.2　西武池袋コミニュティカレッジにて）

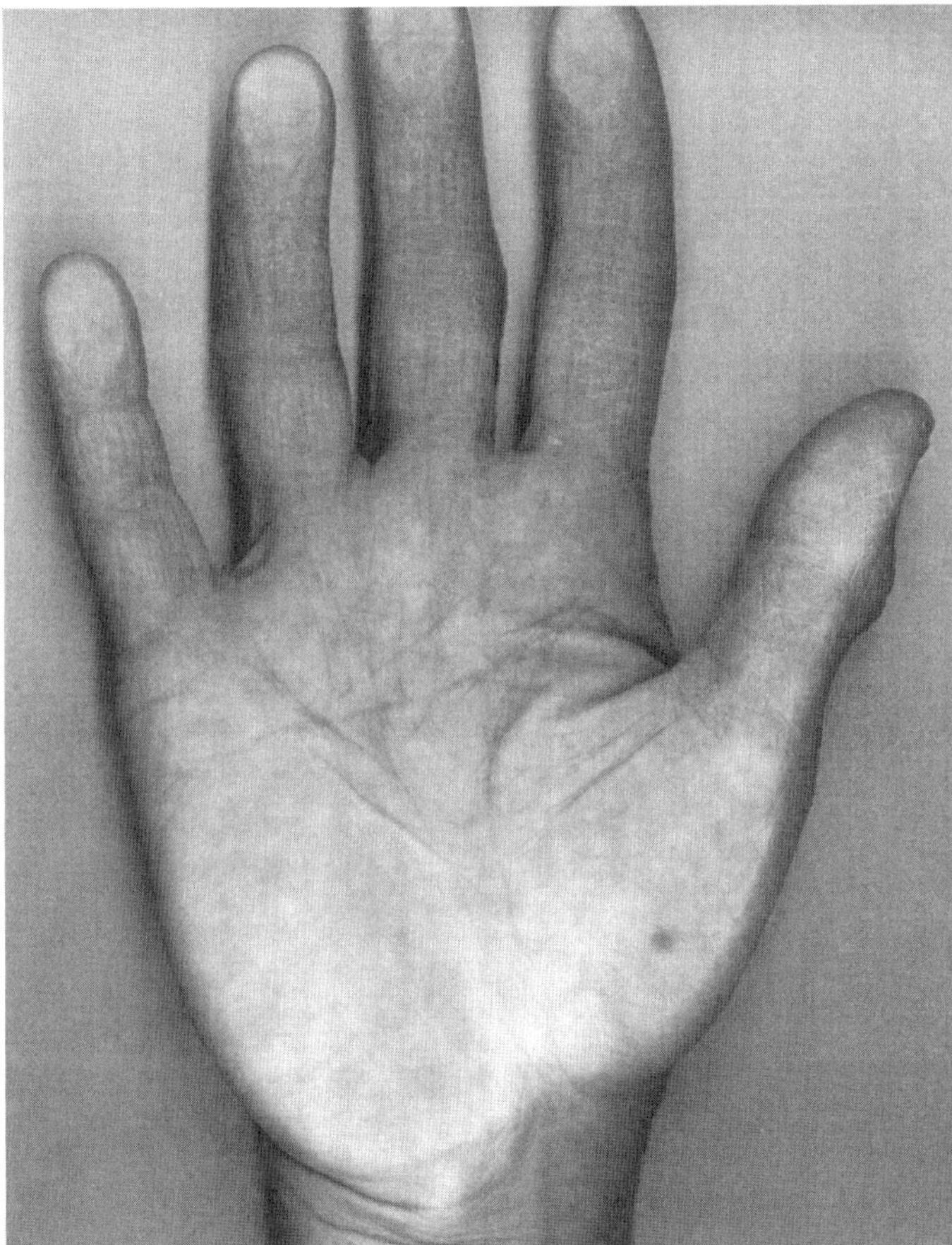

実践鑑定・珍しい手相…!?

Kさん　三十六歳　女性

とても珍しい手相で、左手が「二重マスカケ線」になっています。実は右手もよく似た形になっているのですが、右手はマスカケ線ではなく「二重感情線」になっています。

この方は、「よみうり文化センター」のスタッフの女性で、「私の手、ちょっと変わっているんです」と言われて、手を見ると「二重マスカケ」でした。以前、どこかで手相を見てもらったところ、「貴女の手相はわかりません」とプロの占い師に言われたそうです。

確かに、どの手相の本にも載っていない線（水落英雄先生の著書に記述あり）で、私自身もそれまで見たことのない手相でした。

「二重感情線」は、二つ以上の才能を持っており、多芸多才なマルチ人間という判断をしております。この「二重マスカケ線」も「二重感情線」の一種なので、いろいろな才能を持ち、数多くの仕事を同時にテキパキとこなしていける、キャリアウーマンタイプの女性と思われます。しかも「マスカケ線」が二本あるわけですから、どの分野でもトップクラスに入れる人で、人の上に立つと力を発揮する器の大きい人なのです。だから、優秀なスタッフが揃っている仕事場の中でも、一際目立って有能な人のはずです。

私は一度、「貴女は本来ここに長くいる人じゃないかも…」と冗談めかして言った事がありますが、実は、かなりマジだったのです?

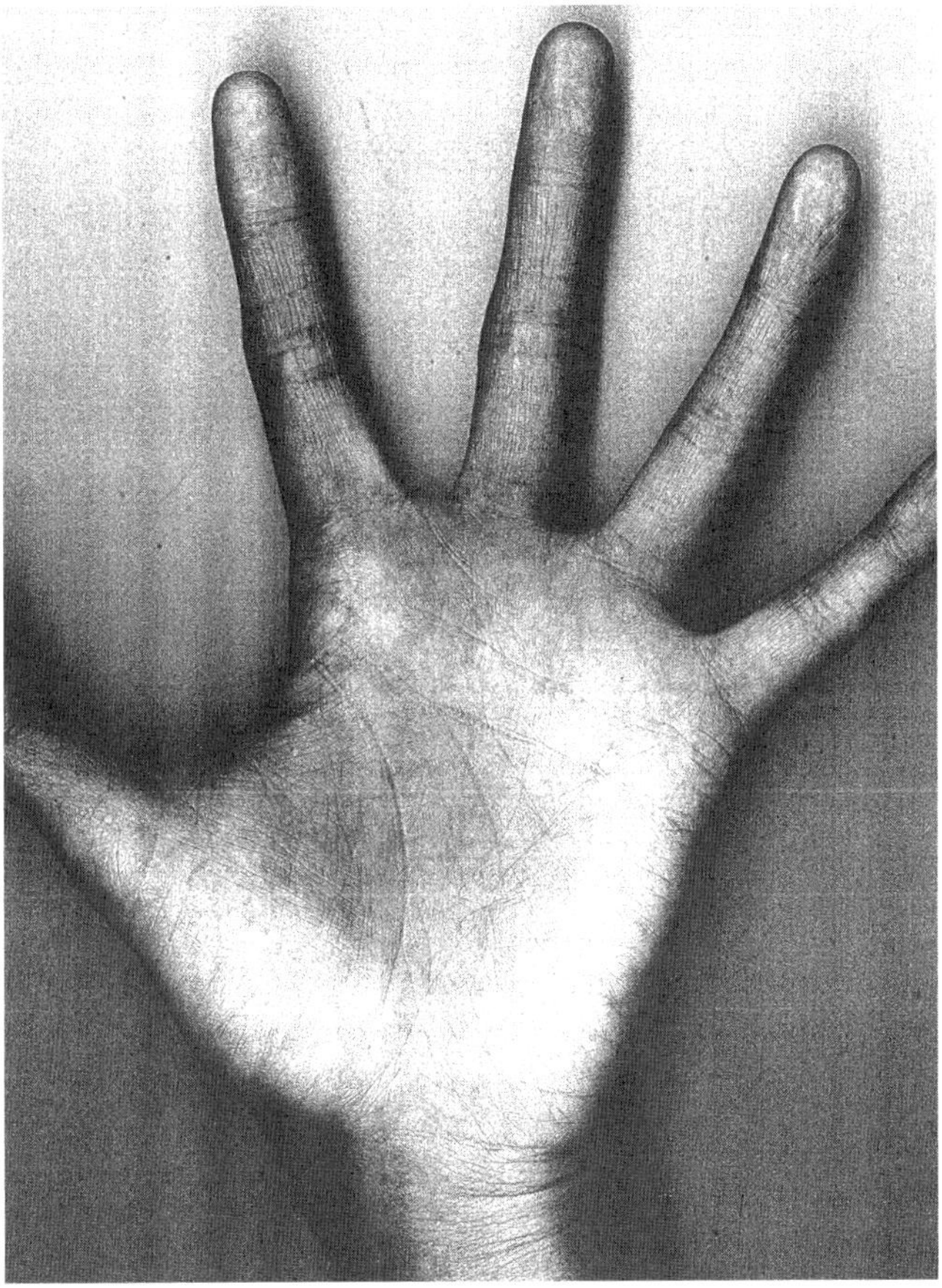

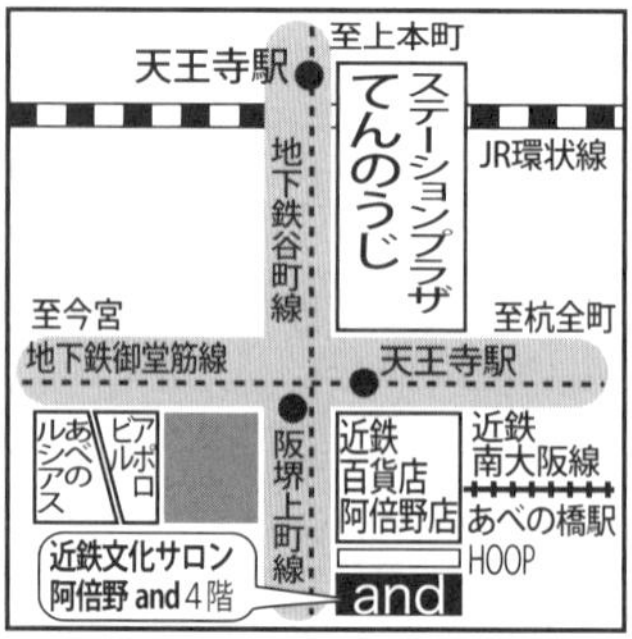

①近鉄文化サロン阿部野

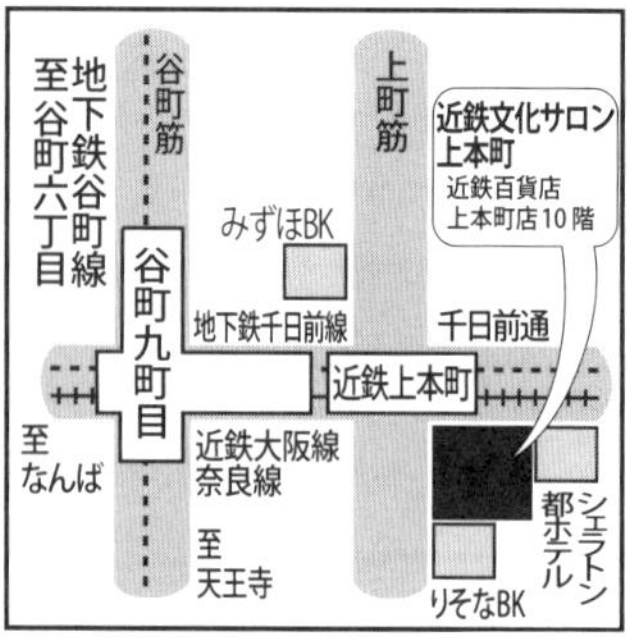

②近鉄文化サロン上本町

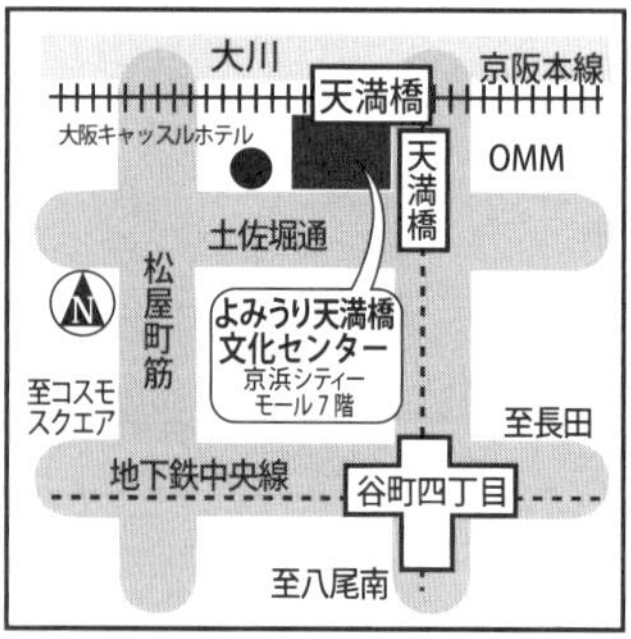

③よみうり天満橋文化センター

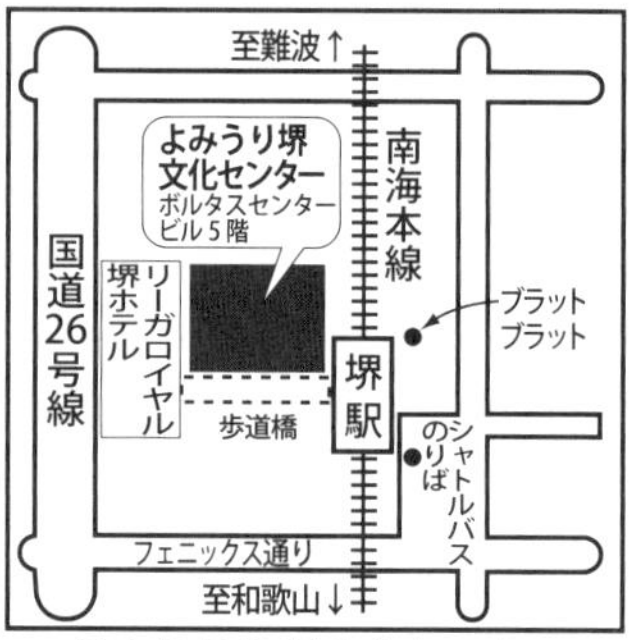

④よみうり堺文化センター

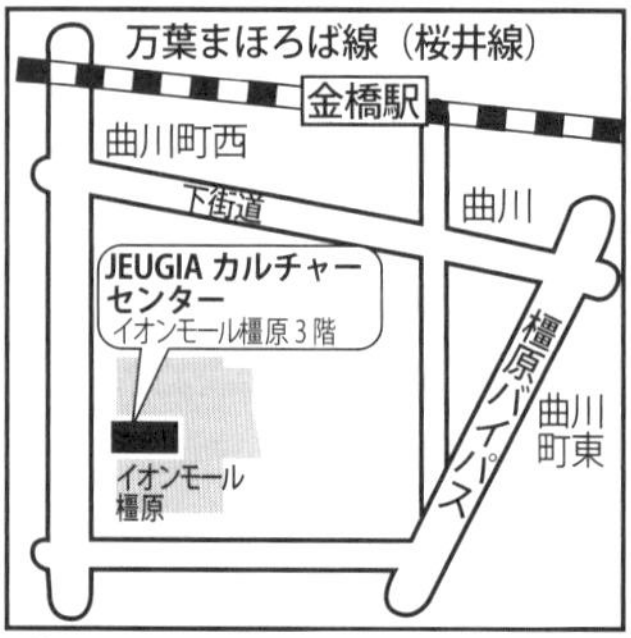

⑤JEUGIAカルチャーセンターイオンモール橿原

⑥イオンカルチャークラブ池田駅前店

「基礎から学べる実践手相学」が学べる教室一覧

1, あべの教室・近鉄文化サロン阿倍野
大阪市阿倍野区阿倍野筋 2-1-40 and(アンド) 4 階
TEL06-6625-1771

2, 上本町教室・近鉄文化サロン上本町
大阪市天王寺区上本町 6-1-55 近鉄百貨店上本町店 10 階
TEL06-6775-3545

3, 天満橋教室・よみうり天満橋文化センター
大阪市中央区天満橋京町 1-1 京阪シティーモール 7 階
TEL06-6941-1112

4, 堺教室・よみうり堺文化センター
堺市堺区戎島町 4 丁 45-1 ポルタスセンタービル 7 階
TEL072-222-2030

5, イオンモール橿原教室・JEUGIA カルチャーセンター
イオンモール橿原
奈良県橿原市曲川町 7-20-1 イオンモール橿原 3 階
TEL0744-24-3025

6, 池田教室・イオンカルチャークラブ池田駅前店
大阪府池田市満寿美町 2-2 ダイエー池田駅前店西館 3 階
TEL072-752-2033

7, 伊丹昆陽教室・JEUGIA カルチャーセンター
イオンモール伊丹昆陽
兵庫県伊丹市池尻 4-1-1 イオンモール伊丹昆陽 2 階
TEL072-782-8820

＊ご案内は、2018 年 9 月現在の内容で変更する場合もあります。
最新情報は HP でご確認ください。http://www.yamada-kosei.com

お得な情報がたくさん！
モバイル会員募集
モバイル会員登録はどなたでも簡単に登録できます。
会員限定の甲斐四柱推命学院の最新情報やお得な情報がゲットできます。

あとがき

ちょうどこの本を執筆中の、二〇〇九年九月二十三日。読売新聞の編集手帳の記事を見て、ハッとしました。なぜなら、それは、私が常日頃に思い描いていたこと、そのものだったからです。まさに、心のシンクロと言える現象が起こったのです。

読まれた方も多いと思いますが、編集手帳の内容はこうです。

〝「本も、いろいろ、だろう」という書き出しから始まる。村上春樹さんの『1Q84』が発売から十二日間で一〇〇万部も売れている。片や、初版六〇〇部を売り切るのに八年もかかった本がある。それが心理学者のジグムント・フロイトが書いた『夢判断』という書物。当初、出版社から相手にされず、やむなく自費で出版し、フロイト自ら売り歩いたと伝えられている。その著書はその後、不朽の名作になったことは言うまでもありません。フロイトが死去したのは、七十年前の九月二十三日だったと…〟

こういう内容の記事です。

確かに、今日の出版不況のさなかに、発売して十二日間で一〇〇万部も売れるということは、それはそれは凄いことです。しかし、著者が死後七十年経って、今なお評価されるということは、それ以上に凄い凄いことなのだと、私は思うのです。

私自身、かねてより、今売れる本よりも、死後何年も経ってから評価されるような本を書きたいとずっと思っていました。この本が、一度で読み捨てられるような本ではなく、いつまでも読み続けてもらえるような本になれば、著書の喜びはこれにまさるものはないのです。

最後に、この本の出版に携わっていただいた知道出版のスタッフの方々や、手相の実例にご協力いただいた生徒さん達に心より感謝致します。

著　者

著者に鑑定を希望される方は、JR天王寺駅地下一階、天王寺ミオプラザ館、「占いさいら」（電話〇六‐六七七三‐五八九六）へ直接いらして下さい。

著者の鑑定日時は、毎週月曜日のみで、午後一時から午後八時迄となっております。予約制ではありませんので、先客がある場合は、少々お待ちいただくことになりますので何卒ご容赦願います。遠方からお越しになられる方は、事前（当日）に、著者が出演しているかどうかご確認の上ご来店下さい。

尚、著者は現在、自宅で鑑定や教室は行っておりません。電話やFAX等によるご質問や鑑定にはお答えできませんので悪しからずご了承下さい。

著者略歴
山田凰聖（やまだ こうせい）
甲斐四柱推命学院学院長
よみうり天満橋、堺文化センター、近鉄文化サロン阿倍野・上本町、JEUGIAカルチャーセンター奈良・橿原・伊丹昆陽、イオンカルチャークラブ池田などで「基礎から学ぶ実践手相学」の講座を担当。
主な著書に『よくわかる四柱推命占い』『幸せを呼ぶ易タロット』『万年暦』（いずれも知道出版）などがある。
HPアドレス　http://www.yamada-kosei.com

甲斐四柱推命学院　検索

よくわかる手相《てそう》の見方《みかた》
初版第1刷　2010年3月15日
初版第2刷　2018年8月15日
著　者　山田凰聖
発行者　鎌田順雄
発行所　知道出版
〒101-0051 東京都千代田区神田神保町1-7-3三光堂ビル4F
TEL 03（5282）3185
FAX 03（5282）3186
印　刷　ルナテック

ISBN978-4-88664-213-4